英語教育と
文化・人種・ジェンダー

Culture, Race and Gender
in English Language Teaching

久保田竜子【著】
奥田朋世【監訳】

くろしお出版

はしがき

　言語教育は，常に国内外の政治情勢やイデオロギーに影響されている。しかし，日本の外国語教育や日本語教育に関する研究では，指導効果や学習過程に焦点が当てられがちで，言語教育のはらむ政治性やイデオロギー性に注意が払われることはまだ少ない。筆者は，1990年代からアメリカとカナダの大学で日本語教育・第二言語教員養成および教員研修・応用言語学研究などに携わりながら，当時，北米などで盛んになってきた批判的応用言語学の見地から，言語教育における文化の位置づけを吟味してきた。批判的応用言語学は，ポスト構造主義やポストコロニアリズムなど，カルチュラル・スタディーズで論じられる現代思想を社会言語学や言語教育の理論化に応用している。本書は著者が1999年から2010年までに英語で出版した学術雑誌論文及び編集本の章の中から，文化・多文化主義・ジェンダー・人種などのテーマを選び，日本語訳した。発表された時代の政治・経済・社会状況を踏まえて，それぞれの章を読み進めていただきたい。

　本書は3部から成る。第1部「文化の表象」では，文化の捉え方をクリティカルに論じている。第1章「言説によって作り出された日本文化―応用言語学研究と英語教育への示唆―(1999年出版)」はTESOL(teaching English to speakers of other languages: 外国語・第二言語としての英語教育)の読者を対象に，英語学習者の文化が「他者」の文化として言説的に構築されるとともに，「他者」自身も自文化を本質主義的(ステレオタイプ的)に捉えていることに批判を投げかけている。第2章の「言説的に構築されるアメリカの教室風景のイメージ(2001年出版)」では，TESOLや教育研究の文献の中に表象されるアメリカの教室風景が，アジアの教室風景と対比される時とされない時では，そのイメージが異なることを指摘しながら，言説によって構築される文化的イメージについて論じている。

　第2部「人種・ジェンダー・多文化主義と英語教育」では，第1部で取り上げたテーマである「文化」の肩代わりをすることの多い「人種」の概

念に注目しながら，さらにジェンダーと多文化主義にも焦点を当てて議論している。第2章「第二言語ライティングにおけるジェンダー・階級・人種への新しいアプローチ（2003年出版）」では，第二言語でのライティング指導において，ジェンダー・階級・人種がどのような影響を及ぼすかを吟味する。第4章「批判的多文化主義と第二言語教育（2004年出版）」は，多文化教育の分野で繰り広げられている議論を第二言語教育に当てはめながら，広く受け入れられているリベラルな多文化教育のイデオロギー性を検証し，批判的多文化主義の言語教育への示唆を論じている。第5章「第二言語教育における人種と文化とアイデンティティ―研究と実践への序論―（2009年出版）」は，著者とAngel Linの英語での共編著本である『第二言語教育における人種・文化・アイデンティティ―批判的視点に根ざす実践を探って―』の序章である。この序章は人種の諸問題と文化・アイデンティティとの関連性に焦点を置き，人種や人種差別の定義，人種問題の言語教育への関わりなど，それまで海外でも言語教育ではあまり論じられてこなかったテーマを取り上げている。

　第3部「第二言語ライティングと文化」では，第1部で触れた文化を固定的に捉える文化本質主義が，第二言語ライティング教育にどのように関連しているかを検証した。第6章「未完の知識―バーバラの物語―（2003年出版）」では，アメリカの大学でライティングを教える架空の教師が，留学生や研究者との出会いを通して，文化に対する意識を変革していく様子を物語手法で描いている。第7章「批判的比較修辞学に向けて（2004年出版）」はAl Lehnerとの共著である。それまでTESOLの分野で議論されてきた文章構成の文化的差異を取り上げ，そこに潜む本質主義的方法論に疑問を投げかけるとともに，ライティングにおける文化の問題を批判的に捉えることを提唱している。続く第8章「ライティングの比較文化的視点―比較修辞学―（2010）」でも，さらに最近の論文を参照しながら，比較修辞学の問題点を探っている。

　本書は言語教育の諸相をクリティカルに検証し，従来の固定的な言語・文化観に疑問を投げかけ，言語や文化の多様性や雑種性（ハイブリディティ）さらに言説による構築性に注目する必要を説いている。その点で，近年の海外の応用言語学研究において，多言語主義・雑種性・トランスランゲージング（translanguaging）といった従来の規範的言語観を問い直す概念が盛んに論じ

られているのは歓迎できる。しかしその一方で，この傾向を手放しで賛美することにも筆者は疑問を感じ始めている。まず，これらの多様性・雑種性を言語教育に組み入れたところで，学習者や研究者などが言語を使用する際，現実に求められる規範への遵守と折り合いがつかない。さらに，多様性・雑種性・柔軟性などのコンセプトは，世界的に貧富の差をもたらしている新自由主義と親和性がある。つまり，境界なき資本の拡大やグローバリゼーションによって必然的にもたらされる多様性や柔軟性を積極的に活用する傾向は，新自由主義的多文化主義とも呼ばれ，自由な経済活動の進展のかぎとなっている。この国境なき経済活動が経済格差を拡大しているのだ。そのうえ，このタイプの多文化主義には，人種的・階級的不平等を自己責任に帰し正当化したり，社会的・経済的に都合の悪い多様性は排除したりするという問題もある。こうした問題を考えると，言語・文化の多様性や雑種性に対しては慎重にならざるを得ない。

とはいえさらに別の角度から考えると，従来抑圧されてきたマイノリティ・グループが新自由主義的多文化主義を占有することによって，マジョリティ・グループと平等な一員として経済活動に参画する可能性もある。つまり「多様性」にも正と負の意味合いが複雑に絡み合っているのだ。これを言語教育と関連させてさらに研究を深めていく必要があるだろう。

さらに，本書におさめられたいくつかの論文はポスト構造主義に基づいて，文化などのイメージが言説的に構築されていることを批判的に論じている。この理論は海外の応用言語学でも広く認められるようになり，言説あるいはディスコースのクリティカルな分析も盛んになっている。ただし，このような批判的アプローチは，不平等のような社会問題への取り組みをことばの分析で完結させてしまい，それらの問題が社会経済的構造や人間活動にいかに関わっているのかを問うことはあまりない。言語教育研究におけるポスト構造主義の限界あるいは問題点も吟味していく必要があるだろう。

最後に，本書は数多くの方々や機関からの支援の賜物である。まず，経済的支援を与えてくれた勤務先のブリティッシュコロンビア大学教育学部ならびに言語・リテラシー教育学科に感謝したい。また，本書は世界各地で活躍する大学院生や大学教員の献身的な翻訳協力によって出版にこぎつけた。仕事や勉強の合間を縫って翻訳に協力して下さった次の方々に心から感謝したい。奥田朋世さん，近藤明さん，佐藤龍一さん，瀬尾匡輝さん，瀬尾悠希子

さん，松本由美さん，南志穂さん，村川康二郎さん，柳瀬陽介さん，米本和弘さん。さらに本書のアイディアの機会を作って下さったプリンストン大学の佐藤慎司さん，ならびにココ出版の吉峰晃一朗さん，くろしお出版の岡野秀夫さん，斉藤章明さん，池上達昭さん，そして最後に，翻訳，編集，ならびにプロジェクトのコーディネートに献身して下さったブリティッシュコロンビア大学の奥田朋世さんに深く感謝したい。なお，他の拙論にさらに興味のある読者は，本書と同時に出版される翻訳書，久保田竜子(著)『グローバル化社会と言語教育―クリティカルな視点から―』(くろしお出版)も参考にされたい。

目 次

はしがき iii
キーワード xi

第 1 部　文化の表象

第 1 章　言説によって作り出された日本文化　　3
―応用言語学研究と英語教育への示唆―

はじめに 3
1. 応用言語学研究に見られる日本文化 5
2. 言説によって構築された「他者」の文化的表象 10
3. 「他者」によって占有された言説―日本文化の特異性― 13
4. 近年の日本の教育研究からの反証 17
5. 教育的論点―文化と言語に対するクリティカルなアプローチ― 20
6. 結論 25

第 2 章　言説的に構築されるアメリカの教室風景のイメージ　　27

はじめに 27
1. 応用言語学研究におけるアメリカ教室風景のイメージ 30
2. 普通学級に関する研究とアメリカの教室風景 34
3. 言説によって構築されるイメージ 42
4. アメリカの教室風景のイメージと植民地主義の遺産 44
5. 考察 48

第 2 部　人種・ジェンダー・多文化主義と英語教育

第 3 章　第二言語ライティングにおける
　　　　　ジェンダー・階級・人種への新しいアプローチ　　55

　はじめに 55
　1．第二言語研究とジェンダー 58
　2．社会階級と人種との関連性 62
　3．第二言語ライティングへの応用 64
　4．結論 73

第 4 章　批判的多文化主義と第二言語教育　　75

　はじめに 75
　1．リベラル多文化主義への批判 76
　2．批判的多文化教育 83
　3．ホワイトネス研究への批判と批判的多文化教育 90
　4．第二言語教育・学習への示唆 91

第 5 章　第二言語教育における人種と文化とアイデンティティ　　97
　　　　　―研究と実践への序論―

　はじめに 97
　1．人種，民族，文化 98
　2．人種分化（racialization）と人種差別（racism） 102
　3．英語指導・学習における人種問題の理論的方向性 108
　4．第二言語教育における研究テーマ 114
　5．結論 119

第 3 部　第二言語ライティングと文化

第 6 章　未完の知識—バーバラの物語— 123

はじめに 123
バーバラの物語 125

第 7 章　批判的比較修辞学に向けて 133

はじめに 133
1. 比較修辞学における批判的見解 135
2. 比較修辞学における指導上の問題 140
3. 批判的比較修辞学の理論的基盤 145
4. 同化主義的指導からカウンター・ヘゲモニーへ 151
5. 結論 156

第 8 章　ライティングの比較文化的視点—比較修辞学— 157

はじめに 157
1. 比較修辞学研究の前提と知見 158
2. 調査の方法と課題 160
3. 歴史的背景 164
4. 比較修辞学の前提に対する批判およびその批判の論拠 167
5. 比較修辞学から異文化間修辞法への最近の発展 172
6. 比較修辞学が修辞法の変化に与えたイデオロギー的影響 175
7. 教師・学習者・研究者への示唆 177

参考文献 180
翻訳協力者紹介 206
著者・監訳者紹介 207

キーワード

> 本書に登場する専門用語のうち，内容理解に特に役立つであろうと思われるものを以下にリストアップした。

言説（discourse） 1章，2章，3章，4章，5章，6章，7章，8章
　「言説」はポスト構造主義で用いられる用語。特定の意味を産出させる言語や記号などの情報の形態・体制で，一定の権力関係や自己の主体性を構築，強化，または転覆させたりする。

行為主体性（agency） 1章，3章，4章，5章，7章，8章
　個人がある社会状況の中で行動を起こすことのできる能力。ポストコロニアル理論などで論じられる。下記の「主体性」の概念では，個人の行動が自己の意志だけに基づくというより，自由意志以外のものにも規定されているという見方であるが，「行為主体性」は個人の行動可能性に焦点を当てている。

構成主義（constructivism） 3章
　新しい知識の形成は，固定的な知識総体の上意下達的な伝達によるものではなく，自己の持つ体験や既存知識を土台に，学習によって新しい枠組みに構成していく営みであるという考え方。

主体性（subjectivity） 1章，2章，3章，4章，5章，7章，8章
　ポスト構造主義における「主体性」は，自己の有り様に関する意識で，個人を取り巻く言説によって構築され個人の思考や行動を一定の方向に促す。その一方で，権力の作用を可能にさせる言説を占有（下記参照）したり，それに対抗したりする意志の発現との両局面があると考えられる。主体性は，時間的・空間的に固定的なものではなく，流動性を持つと考えられる。

占有（appropriation） 章，4章，7章，8章
　ある目的で編み出された考え・表現・表現方法などを，他の目的達成のた

めに利用すること。たとえば，支配者の考えや言語表現などを，被支配者が抵抗や変革の目的で転用すること。

想像の共同体（imagined community）　5 章
　政治学者のベネディクト・アンダーソンが，近代国民国家の編制にナショナリズムがどのように関与したかを論ずる中で用いた概念。ある国家の中で，遠くに暮らし直接的な相互関係を持たない人々が，言語の標準化や国旗などの制定を通して，同じ共同体に帰属しているという仮想を持つことを意味する。

中心円・外周円・拡張円（inner circle, outer circle, expanding circle）　5 章，7 章，8 章
　応用言語学における「世界英語」（world Englishes）を構成する英語変種の分類を指す。1980 年代からブラジ・カチュルらによって議論されてきた。カチュルによると，世界で使用されている英語の変種は大きく分けて中心円・外周円・拡張円の3種類に分けられる。「中心円」はイギリスからの人口移動で広まった英語で，アメリカ合衆国，カナダ，オーストラリア，ニュージーランド，アイルランド英語などが含まれる。「外周円」は植民地主義によってアフリカやアジアに広まった英語で，ナイジェリア，ケニア，インド，マレーシア，シンガポール英語など。公用語のひとつであることが多い。「拡張円」はそれ以外の国で，英語は公用語としての地位はなく，外国語として学ばれている。「世界英語」の概念は，特に「外周円」の英語の正当性を認めているが，英語の特徴を国単位に分類することの問題も指摘されている。

プロセス・ライティング（プロセス・アプローチ）（English）　2 章，3 章，7 章
　ホール・ランゲージ・アプローチに付随する作文教育の方法。以前の作文教育では，書く作業の終着点である文章，つまりプロダクトの質だけが評価されていたが，意味表出を重視する立場から，プロセス（書く過程）が指導・評価の対象となる。プロセスは題材や内容の構想から始まり，下書き，指導者または他の学習者（ピア）からのコメント，推敲のサイクルを何度か経て文章を仕上げ，それをさまざまな形の発表を通して読者と共有することで完結する。意味表出を重視することから，年少者の作文には，厳格な文法やスペリングを強要せず，自由なスペリングなどを許容した。

ホール・ランゲージ・アプローチ（English） 2 章，3 章

　1970 年代から，アメリカで盛んになった英語のリテラシー教育。アルファベットと音の関連性の学習を重視しスペリングなどの正確さを求める機械的な読み書きの指導法を改め，意味の理解と表出を第一義的にする人間主義，生徒中心主義に基づく教育方法。読みでは，読み訓練のために特別に編集された教科書ではなく児童文学など既存の生教材を用い，意味の理解を重視する。作文指導では，正確さより自己表現に重点を置き，単語を自由なスペリングで書くことを許容したり，正確さのみならず意味も吟味するために，プロセス・ライティングが提唱されたりした。後に，意味のみを重視する指導法は，社会経済的に低い地位に置かれた生徒達にとって効果的でないことが問題視され，意味だけでなく言語形式・形態も指導するバランス・アプローチが提唱されるようになった。

本質主義（essentialism）・本質化する（essentialize） 1 章，2 章，3 章，4 章，5 章，6 章，7 章，8 章

　さまざまな事物には変化しない本質的な実体が潜在的に存在しており，それがその事物の性質を規定しているという考え。ある集団の特徴を固定的に捉え，その本質は不変であると見なす。文化・民族・ジェンダーなどが固定的に解釈され本質化される傾向がある。

ESL 対 EFL（English as a second language vs. English as a foreign language） 1 章，2 章，3 章，4 章，5 章，6 章，7 章，8 章

　ESL 教育は，英語圏の国で英語以外の母語を話す学習者に英語を教える活動であるのに対して，EFL 教育は，英語圏以外の国で，外国語として英語を指導することを指す。

第 1 部

文化の表象

言説によって作り出された日本文化[1]
―応用言語学研究と英語教育への示唆―

　(日本では)ことばは自己表現のための道具としてよりも，集団的連帯と共有された社会的目標を表現するための媒体として理解される傾向にある(Tobin, Wu, & Davidson 1989: 189)。言語教育において子どもたちは個人的なことよりも社会的に共有されたものを表現することが求められる。一斉朗読や暗唱はこれらを達成するための指導技法である。(Carson 1992: 41-42)

　私が日本の小学3年生だったとき，日記に日課のトイレ掃除について書いた。教師は「とても上手に書けましたね。次は自分の気持ちについても書きましょう。何をしたかだけではなくどう感じたかも書いてください」とコメントしてくれた。それ以来，私はどう感じ，どう考えるのかについても書くようにした。
　中学校3年生のとき，担任の教師が私たちにこんなことを話した。「皆から好かれることばかりを考えるな。若者は，他人に嫌われても正義のために立ち上がらなければならない時もある。年を取って介護が必要になってから，他人に好かれようとすればいいんだ。」(日本の公立学校で教育を受けた著者)

　今や問題は科学性や真実の範疇に分類される言説の問題と，別の範疇に入る問題とを区別することにあるのではなく，真実の効果がそれ自身は真でも偽でもない言説の中でいかに生産されるかを歴史的に俯瞰することにある。(Foucault 1980: 118)

はじめに

　過去数十年の間，TESOL(teaching English to speakers of other languages)に

---

(1) Kubota, R.(1999). Japanese culture constructed by discourses: Implications for applied linguistic research and English language teaching. *TESOL Quarterly, 33*, 9-35. (翻訳協力：松本由美，村川康二郎)

おける研究および教育実践において，英語圏の出身でない ESL 学習者が学習場面で見せる文化的特徴について関心が持たれてきた。1960 年代以来，文化に関するテーマは比較修辞学などの分野で探究されてきた(Connor 1996; Kaplan 1966 参照)。第二言語ライティングと批判的思考力(critical thinking)に関する近年の研究の中には，ESL 学習者の母語と文化に影響されていると見られる作文上の特徴に焦点を当てて指導に関する提言をしているものもある(例：Atkinson 1997; Ballard & Clanchy 1991; Carson 1992; Carson & Nelson 1994; Fox 1994; McKay 1993; Ramanathan & Kaplan 1996)。これらの研究では，ESL 学習者の社会的および教育的背景が，英語圏の地域の実情と異なる点が強調される傾向にあり，アジア圏の文化は一般的に集団主義を重んじ，さらに自己表現・創造性・批判的思考には重点を置かないのに対して，西洋の文化は正反対の特徴を備えていると論じられる。このような文化的差異から引き出される指導に関する提言のひとつは，ESL 学習者を英語圏に特有なディスコース(文章の組み立て方)に適応させることであり，そのために規範のディスコースを明示的に教え込むべきだという考えである(Atkinson 1997; Ramanathan & Kaplan 1996)。もうひとつの提言は，学習者の文化を尊重し，英語のディスコースに修辞的多元主義を吹き込もうというものである(McKay 1993)。

　人々が体験することがらのあらゆる面に文化の違いが表れることは否定できないだろうが，その文化的差異を定義することは複雑な問題であり，批判的検証を要する。当然視されている文化的差異を再考するには，ポスト構造主義とポストコロニアリズムの視点が参考になる。これらの視点では，文化は画一的・固定的・中立的・客観的なカテゴリーではなく，むしろ動的な有機体で，権力が行使される言説の場に存在していると見なされる。言説は，ひとつの文化の中，および文化と文化の間に見られる権力のせめぎ合いを映し出しているのだが，この言説が，ある文化の特徴を定義づけたり補強したり，あるいは疑問視したりするのである。文化的差異に関する知の言説的性質をこのように理解することは，近年の応用言語学の文献に見られるような，言語と文化を過剰に簡略化し一般化する傾向に疑問を投げかけることにつながる。この点で，批判的多文化主義と批判的リテラシーがもたらす教育的視点は，文化についてもうひとつの洞察を与える。つまり，より公平で多元的な社会の到来のために，権力の社会文化的関係を変革することを目標に

据えながら，学習目標言語の支配的な表現形式を批判的な視点から指導することである。

そこで，本章では日本文化を例にとり，応用言語学の文献に見られる日本文化の諸特徴を吟味し，次に ESL 学習者に対するライティングと批判的思考の指導に関する議論に見られる文化の本質主義的表象を批判していく。本章では，文化適応主義的アプローチと多元主義的アプローチの間に見られる指導上の緊張関係に折り合いをつけることもめざしている。そのため，まず，応用言語学の文献で助長されている文化の二項対立法は，特定の権力関係を反映すると同時に，それを生み出す言説によって構築され，その権力関係の中では支配的な集団が従属的な集団をエキゾチックな他者として描いていることを論じる。2 番目に，その他者が西洋化への対抗として文化的特異性を自ら取り入れていることを指摘し，それを 1960 年代以来日本で盛んに議論されている日本文化の特殊性に関する言説との関係で論じる。3 番目に，日本の学校教育に関する最近の研究は，文化に対する新しい理解を対抗知識として生み出していることを論じる。最終的に，(a)教育場面における文化的差異を理解する手段としての批判的多文化主義の視点，および(b)批判的リテラシーの観点から第二言語教育への提言を考察する。

1. 応用言語学研究に見られる日本文化

応用言語学の文献で描かれる文化の概念は，西洋の文化，特にアメリカの文化と，東アジアの文化の一部としての日本文化の間に厳格な境界線を引き，二項対立化させる傾向にある。日本文化は伝統的で，均質で，調和を重んじる集団志向として特徴づけられているが，この見方では，集団の目的が個人の関心より優先されるので，日本人は自己表現と創造性を重視しないということになる。一方，欧米の文化は，個人主義・自己表現・批判的思考を重んじると特徴づけられる。このような見方は，比較修辞学などで支持されている文化の二分法にはっきり見られる。比較修辞学では日本語の文章は，回りくどく，あいまいで，帰納的とされるが，これに対して英語の文章は直接的で演繹的とされている(日本語文章の表象に関する要約は Connor 1996; Kubota 1997 を参照)。近年，高等教育での ESL 指導と学習を文化の観点から説明する試みが応用言語学の文献に頻繁に見られる(例：Atkinson 1997; Ballard & Clanchy 1991; Carson 1992; Carson & Nelson 1994; Fox 1994;

McKay 1993; Ramanathan & Kaplan 1996)。

1.1 文化決定論の見方

　第二言語リテラシーの教授法の観点から，Carson(1992)は母語リテラシーの習得過程が第二言語のリテラシーの習得方法に影響を与えると主張している。日本語のリテラシーの習得過程に見られる特徴として，日本の学校教育は個人的関心よりも集団的目標を重んじると Carson は主張する。Tobin, Wu, and Davidson(1989)などを引用し Carson は，学習活動，またはそれ以外の活動に見られる協働作業，日本の国語の授業で行われる音読活動，そして幼稚園や保育所で観察される子どもの自己表現よりも共感に重きを置く言語使用は，集団の協調関係を維持する姿勢を表していると述べている。国語の授業では，創造力や新しい知識を育む教育よりも，暗記・反復・ドリルなどの伝統的な教授法を重視しているとし，日本人学習者を教える教師は，このような文化的差異を認識し，受け入れ，指導時に適宜活用するべきだと提案している。

　さらに，Carson and Nelson(1994)は第二言語によるライティングの協働作業に注目し，同様の議論をしている。日本や中国などのアジア圏文化は集団主義を重んじると評されているのにもかかわらず，アジア圏出身の ESL 学生はライティングの授業におけるグループ活動が苦手だという。なぜなら，建設的な批評を通して個人のライティングを向上させるという目標が，集団内の調和を維持する集団主義的文化とかみ合わないからだという。また，アジア圏の学生は，内集団とは対照的に外集団へは冷めた態度を取るため，これが恣意的に作られた外集団であるライティンググループ内での敵意と競争心につながり，協働学習によい影響を与えないという理由も挙げている。

　同様の文化イメージは McKay(1993)によっても提示されている。ESL ライティング指導におけるイデオロギーの問題に触れ，McKay はリテラシーを社会的・文化的実践と見なすことによって，第二言語による作文法に関するイデオロギーが考察できると提言している。McKay は，Land and Whitley(1989)に倣い，イデオロギーの観点からリテラシーに取り組むことは ESL 学習者の母語と文化を正当化し，英語のディスコースの規範に多元論を設けることができると主張する。ライティングの文化的・知的側面の一例として，McKay は Ballard and Clanchy(1991)を引用しながら，おのお

のの文化は「知識の保存」(conserving knowledge)を重視するベクトルから「知識の拡張」(extending knowledge)を重視するベクトルへと至る連続体のどこかに落ち着くと主張する。この観点からすると，アジア圏の文化では「知識の保存」に価値が置かれ，暗記と模倣を強調する学習の再生産的様式が好まれる。対照的に，西洋文化の多くでは，その連続体の中間地点および反対側(すなわち「知識の拡張」)の間に落ち着き，批判的思考や仮説の設定のような方策を用いる分析的・推論的な学習方法が好まれるとしている。

　ライティングの分野でも，Ramanathan and Kaplan(1996)は，英語の母語話者に向けて書かれた作文法の教科書に見られる「読み手」(audience)と「書き手の声」(voice)の概念と，これらの概念がESL学習者に対して及ぼす影響について，文化的差異の観点から批判している。筆者らによると，英語の母語話者向けのライティングの教科書では，批判的思考力を働かせ，読み手のニーズを考慮しながら，首尾一貫した力強い議論を作り上げることが重視される。対照的に，日本語では，書き手が読み手にとってわかりやすい文章を書くより，むしろ読み手に文章を理解する責任があるため(Carson 1992; Hinds 1987)，文化的に好まれる文章様式は「読み手」や「書き手の声」の概念と折り合わない。しかし，英語の母語話者向けのライティングの教科書は，「読み手」と「書き手の声」の概念を間接的にしか扱っておらず，学習者に作文方法を自ら発見させる方法を採っている。したがって，ESL学習者は特定のジャンルに特有な文章を実際に多く読んだり書いたりすることが必要であると筆者らは提案している。

　ESLにおける批判的思考力の指導に関してAtkinson(1997)は，その根底には，文化的に特有な価値観が存在することを指摘し，そのような価値観はアジア圏の文化的価値観と折り合わないと主張している。つまり，批判的思考力は個人主義・自己表現・ことばを通じた学びを想定しているが，すべての文化がこのような価値観を共有しているわけではないため，ESL指導者は批判的思考力を文化的な慣行として捉えるべきだとも論じている。Atkinsonは，Clancy(1986)の日本の子どもの社会適応に関する研究や前述のCarson(1992)の研究をもとに，日本の文化は集団的秩序と暗記・暗唱のような伝統的学習法に価値を置く一方，批判的思考力に必要な自己表現と創造性を重んじないと述べている。そのため，批判的思考力の指導が広まっていくと，マイノリティの学生たちは孤立無援の状況に陥りかねないことに注

意を喚起している。そして代替案として，模範を示したり指導したりしながら思考力を高める「認知的見習いアプローチ」を提案している。

　Fox(1994)も ESL 学習者の文化的背景とアメリカの文化的習慣の違いを強調し，ESL 学習者がアメリカでの学術的ディスコースの習得に苦労している様子を描いている。Fox は，日本人学生のことばを借り，日本語の書きことばによるコミュニケーションを，「間接的で，あいまいであり，礼儀正しさを重視すると同時に，批判的思考力が欠如している」と描写している。このような文化的特徴を念頭に置くと，2つの教育議論の対立が見られる。ひとつは大学が多様なコミュニケーション様式に対して寛容的になること，もうひとつは学習者が社会文化的規範を習得できるよう指導をすることである。Fox は前者の価値を認めながらも，組織的・社会的変化が起きるまで学習者を待たせておけないとの理由から，後者を支持している。そのため，文化的差異を認識し，直接的表現・正確さ・分析・批判的思考・独自性に代表される西洋のライティングの文化的特徴を明示する指導法を提言している。

　上記の研究は，第二言語学習における文化的差異の重要性を指摘しているという点で，応用言語学の分野に多大な貢献をしている。しかし，このような議論は西洋と東洋の文化を二項化し，両者の間に厳格な境界線を引くことになる。つまり，一方において個人主義，自己表現，批判的・分析的思考，知識の拡充のような特徴を西洋の文化に当てはめ，もう一方において集団主義，調和，間接性，暗記，知識の保存をアジアの文化一般に当てはめることになるからである。この種の議論に通底しているのは，あらゆる文化には，その成員が思考し行動する際に従う体系的で文化的に特有な様式があるという概念である。

1.2　決定論的考えに反対する立場

　上記の観点は，決定論的な考えとして疑問視されており，文化の固定的，静的，また美化されたイメージを助長するだけでなく，学生を文化的伝統に固く縛られた存在と見なすと批判されている(Raimes & Zamel 1997; Spack 1997b; Zamel 1997)。たとえば，Spack(1997a)の研究では，ある日本人女子学生が，アメリカの大学で成功するために自らさまざまな方策を編み出したことが報告されており，ESL 学習者は自国の文化習慣にしか従わないという固定的なイメージが疑問視されている。また, Raimes and Zamel(1997);

Spack(1997b); Zamel(1997)などは第二言語による作文の複雑性・特異性・多様性・予測不可能性を強調している。他の研究者たちも固定観念を反証している。たとえばSusser(1998)は，EFLの研究は日本文化や日本人学生の他者化・定型化・歪曲化・本質化を助長し，その論拠は実証的な研究から得られた事実ではなく，オリエンタリズム(東洋の特異性)に関するディスコースに依拠していると見ている。さらには，比較修辞学における研究によって助長されがちな通念，つまり，日本語の文章は「読み手の責任」，「起承転結」，「論点の先延ばし」のような文化的特徴を備え(Hinds 1983, 1987, 1990)，そのため英語のディスコースとは著しく異なるという考えは，反証されている。(例：Kubota 1997, 1998b; McCagg 1996)。このような批判は他のアジアの諸言語の文化的表象を再概念化する多くの研究と軌を一にしている(例：Bloch & Chi 1995; Kachru 1988; Kirkpatrick 1997; Mohan & Lo 1985; Taylor & Chen 1991)。

　しかしながら，文化の本質化とエキゾチック化，および文化の表象に関する決定論的な主張に対する批判は，全般的に，文化間の類似性，文化内の多様性，学習過程の特異で予測不可能な性質を強調する傾向にある。この種の批判には問題がある。というのも，このような議論では，同質性と異質性，多様性と均質性，非体系性と体系性のような二元論から逃れることができず，結局，西洋対東洋の二項対立を支えることになるからである。さらには，文化についての真理は必ず解明されるという実証主義的な考え方も支持せざるを得なくなる。したがって，この問題を解決する有益な方法は，文化的表象を言説によって構築された特定の真理，または知識として批判的に理解することである。しかし，ここで文化的差異や人間の行為主体性がまったく存在しないと言っているわけではない。人の考え方・話し方・書き方・行動は，育った文化の影響を確実に受けており，ある種の文化的差異は実際に存在する。また，人は独立した行為者として，同じ文化の他の成員とは異なる個々の経験と「声」を持つという考えを否定しているわけではない。また，文化には，人種・民族・言語・階級・性別・年齢・地理的状況・異文化の影響を受け，多様性が存在するということを否定するつもりもない。文化的類似性・文化的多様性・個人的要因・文化的差異は考察に値するが，ここでは異なる視点から批判を試みたい。すなわち，言説および知／権力の観点から文化的表象の批評を試みることにする。

2. 言説によって構築された「他者」の文化的表象
2.1 固定的かつ客観的に描かれる文化

　上記の文献で描かれている文化的特徴は，次の考え方に基づいている。つまり，ある文化には他の文化とはまったく相容れない特徴があるという視点である。この見方では，文化的特徴は真理として描かれている。しかし，文化に関するそのような知識は真理でもなければ科学的なものでもなく，ましてや中立的なものでもない。むしろ，特定の文化についての知識は，権力が循環し行使されることによって形作られる言説として理解されるべきである。この意味で，文化的表象に関する知は政治的であり，意味づけのせめぎ合いと真理を求める意志とを表している。すでに応用言語学と第二言語教育に関する文献の多くが，権力と知に関するこの考えを取り入れている（例：Canagarajah 1996; McKay & Wong 1996; Peirce 1989, 1995a; Pennycook 1989, 1994, 1996）。そのような知識を，Foucault(1980: 132-133)は「真理の体制」，すなわち「真なるものと偽なるものを分離し，真なるものに権力の特殊な効果を付与する規則の総体」と見なしている。いかなる体制も「その体制を生産し維持する権力構造と循環的に関連し合っている」。一般に，権力は言説によって威力を削がれることもあれば，伝播・生産・補強されることもあり，実のところ，「権力と知が融合するのは言説においてである」(Foucault 1990: 100)のだ。

　そのため，物珍しく描かれる他者の文化は，「他者」を定義する特定の言説を通して構築されたものとして捉えることができる。文化を二項対立化させるような記述は，単に文化の違いを説明しているというよりも，文化差を作り上げ，永続化させる機能を果たしている。さらにこれは「他者の構築」とも解釈でき，植民地主義の言説を形成しているとも考えられる。植民地主義における他者の構築と，文化・人種・民族・ジェンダーに関わる「他者」の主体性は多くの批評家によって議論されている（例：Bhabha 1994; Fanon 1967; Memmi 1967; Minh-ha 1989; Nandy 1983; Said 1978）。そのような議論の中で，たとえば，「他者」として「女性」がいかに構築されるかを論じたHartsock(1990)のフェミニズム理論からの観点は，「知識の拡張」や「知識の保存」のような文化的特徴の構築と，そのような表現の背後にある植民地主義的意味合いに関して批判を投げかけている。Memmi の『植民者と被植民者』(1967)と Said の『オリエンタリズム』(1978)に倣い，Hartsock は，啓

蒙主義において女性像は「無価値な他者」として白人男性支配階級によって作られたと主張している。同様に，植民地の入植者たちは，被植民者を自分たちとは違い，後進性・低知能・理性の欠如のような負の性質を備えた他者として人為的に構築し，非人間化的集団と見なしてしまった(Memmi 1967)。Said(1978)も東洋(Orient)の概念は，ヨーロッパの入植者・旅行家・作家などによって，西洋とは異なるものとして構築されたと論じている。その概念は彼我の区別を生み出し，東洋に対する西洋の優位性を確立させるものであった。さらにSaidは東洋に対する画一的で固定的な観点が「オリエンタリズム」という概念を構成すると論じている。この観点に立つと，インド・ヨーロッパ語族は脈動する「有機的」な存在であるのに対して，セム・オリエント語族は「非有機的」なものとなる(Said 1978: 143)。この点で，Memmi(1967: 71-72)は「我々」と「彼ら」を二項化する過程についてこう述べている。

> ひとたび入植者を特徴づけ，入植者を被入植者と対比させる行動的特徴または歴史的・地理的要因が切り取られると，その結果として生じる溝はそのまま維持されなければならない。入植者と被入植者の植民地的関係は，両者に関する本質主義的な見解に依拠しながら，決定的なカテゴリーとなり，どちらも変えることができなくなる。

前述の「知識の拡張」と「知識の保存」の二項化は，「他者」が，不平等な権力関係の中で「自己」とは異なるものとして構築されているという解釈と軌を一にする。ここで重要なのはこれらの用語が持つ比喩的意味である。「知識の拡張」という表現は，知識は常に発展し，新しい知の総体によって取って代わられるということを暗示している。これに対して，「知識の保存」という表現は，受け継がれた知識は保持され，不変であり続けるという意味を含んでいる。その結果，知識の拡張を重んじる西洋諸国は新しい知識の創造と発展に挑み続けるのに対して，「知識の保存」を重視するアジア諸国は常に西洋から後れを取ることになる。アジア諸国は決して伝統的枠組みを離れることはなく，また西洋の知識を共有することもない。この論理に従えば，「他者」は「非自己」という厳格に規定されたカテゴリーに閉じこめられ，進化や変化といった歴史的変遷をたどることもなく，また特定の権力関係は覆されることもない。

このような観点に立つと，文化は非常に限定的な意味しか持たない概念となり，固定的・客観的・均質的・非歴史的・非政治的なものと見なされる。文化に関するこのような概念が度外視しているのは，文化が持つ有機的で多元的な性質であり，その性質は，政治的・イデオロギー的な力と，ある時代の文化内および文化間の複雑な権力関係に影響を受けるのである。この点で，植民地主義的言説に対する批判は示唆に富む。というのも，文化として定義されるもの，または文化を構成しているものは，だれが文化を定義し，どのような権力関係が文化の定義者と被定義者との間に存在するのかという問題と切り離せないことが明らかにされたからだ。

2.2　カテゴリー間の矛盾

　ある時代の文化に見られる矛盾だらけのさまざまな言説や社会的実践を考察してみると，「知識の拡張」対「知識の保存」，「集団主義」対「個人主義」，「分析的思考」対「暗記」のような固定化された二項対立的カテゴリーの問題が明らかになる。たとえばアメリカでは，Hirsch(1987) と Bloom(1987) が，学校や大学で教えるべきものは多様性のある作品や見解ではなく，伝統的なヨーロッパの文学・哲学・歴史であると主張しているが，このような保守的な論調は「知識の拡張」の概念と相容れない。

　同様に日本では，1980 年代半ばから進められた教育改革において，教育上の焦点が戦後の学校教育で重視されてきた論理的・客観的思考の育成から情緒的・愛国的思考の育成へと移されており，後者への移行は小学校の理科教育で自然現象を分析することよりも自然に敬意を示すことや，6 年生の社会科教育で天皇への敬愛の念を深めることに重きが置かれていることからも見て取れる(梅原 1990)。現行のカリキュラム(1999 年時点)の国語教育にも特異な矛盾が見られる。国際化への対応として，論理的思考とことばによる自己表現の育成が強調されている一方，文化的伝統・愛国心・日本人としてのアイデンティティのような愛国的価値観の育成も推進されているのである(梅原 1990)。教育改革に対するこのような批判が示唆しているのは，教育の重点が戦後の学校教育を支えてきた分析的・論理的・批判的思考から情緒的・愛国的価値観へと移行した政治的動きである。同時に，国際化の言説で重視されている自己表現は，日本が自己の位置づけを「西洋諸国」対「日本」と捉えていることの表れであると言ってよいだろう。

矛盾のもうひとつの例がアメリカに見られる。1980年代以降，アメリカ人学生が消極的な学習態度で大学の授業に臨んでいることが指摘されてきた。Gimenez(1989: 184)によれば，「多くの学生は学習内容に関心を示さないように見え，教師の言ったことを無批判にせっせと書きとっている。学生たちは教師の説明や教科書に書かれている内容に対して異議を唱えることはほとんどない。異議が出るとすれば，それは成績や単位に関することである」という。このような矛盾が示しているのは，自己表現や批判的思考力はアメリカの現実を表すのではなく，アメリカ人がこうありたいと望む姿を映し出しているにすぎないということかもしれない。さらに，Pennycook(1996)が言うように，西洋の学術界における自己表現や個人の創造性といった概念は矛盾をはらむ。つまり，独創性と創造性が要求される一方，研究分野の固定的な既存知識への準拠が同時に求められるからである。さらに，「書き手の声」は生のままの自己を表すのではなく，言説によって構築されたものであるという新しい見地から見ると，独創性と創造性とは実際に何を意味するのか，その定義は困難になる。

3.「他者」によって占有された言説—日本文化の特異性—

他者の表象は，不平等な権力関係を含む植民地主義的オリエンタリズムの言説だけでなく，「他者」自身によっても構築され，その結果「自己オリエンタリズム」(self-Orientalism)を作り出している(Iwabuchi 1994)。日本人と日本文化がどのように特徴づけられるのかという問題は，日本で長年議論されており，日本の特異性に関する言説は応用言語学の文献に見られる日本文化のイメージと重なる。しかし，日本文化の特徴についての一般論は，1980年代以降，多くの研究者によって批判されている。その批判によると，日本人と日本文化の特徴は国民の間に均一性と和をもたらすイデオロギー的構築物であり，そのため政府や大企業にとって有利に働いていると言えるのだ。

3.1 日本人論—日本人に関する学説—

日本人のアイデンティティと国民性に関する問題は，海外との接触が急増した明治時代(1868年—1912年)以降，論じられるようになった。近年では，産業化と西洋化を伴う高度経済成長をもたらした1960年代，1970年代に，

日本人論(日本人に関する学説)が人々の興味を引いた[2]。アメリカだけでなく，日本の研究者，批評家，教育者たち(例：土居 1971，金田一 1975，中根 1967; Reischauer 1978; 角田 1978; Vogel 1979)が日本の経済成長を説明するためにこのテーマを論じ，日本人と日本文化は，対人関係・集団心理・社会行動・生活様式・言語使用・ビジネス経営の点で特異性を持ち，さらには脳の機能においても生物学的特異性を有する(南 1994 参照)という考えを広く普及させた。

　一般に日本人論の言説において，日本文化は，集団的目標に従う集団主義あるいは非個人主義，そして文化内に存在する多様性を軽視する均質性で特徴づけられるとされる(Mouer & Sugimoto 1986，杉本 & マオア 1982)。日本人論の論者たちは，日本人は個人的欲求や個人的達成よりも集団的利益を重視すると主張した。また，日本文化の特異性は言語の使用にも見られ，非論理的・非言語的・共感的なコミュニケーション様式を好み，西洋人の論理的・断定的・客観的な様式とは正反対の集団主義と同質性を反映していると論じられてきた(Yoshino 1992 参照)。

3.2　日本人論に対する批判

　1980 年代以降，日本人論を社会政治学的観点から批判的に考察しようとする動きが知識人の間で見られた(例：ベフ 1987; Dale 1986; Iwabuchi 1994; Kawamura 1980; ラミス & 池田 1985; Mouer & Sugimoto 1986, 1995; 杉本 & マオア 1982)。日本人論によって生み出された日本文化の画一的・本質主義的・短絡的な理解が批判され，日本人論は，文化的ナショナリズム(Yoshino 1992)の一形態として，西洋化の過程で起こりうるアイデンティティの危機から日本人を救済し，さらには政治的・経済的利益のために利用されてきたとされている。

　たとえばベフ(1987)は，戦後の急速な産業化と西洋化の中での伝統的な価値観や習慣の喪失という危機感から日本人論が生まれたと主張している。戦後，西洋的な生活様式がますます公的な場を占めるようになり，さらには

---

[2] ここで言う「西洋化」は，「西洋(特に政治力と経済力を持つ西欧諸国)を発展のモデルとして行われた社会的・文化的・政治的・経済的な変革全般」と定義する。「西洋」をひと括りにして考えるのは問題であるが，西洋化の過程で模範とされたのは間違いなく西洋の国々であり，世界の他の地域ではない。

衣・食・住のような私的な領域にも影響力を広げてきた中で，日本人と日本文化は特異であるという概念は，日本と西洋の権力関係によって脅かされた日本人のアイデンティティを救済する役割を果たしてきたと考えられている。

　さらに，イデオロギーとしての日本人論は政治的・経済的利益のために，国内外で利用されうると批判されている(ベフ 1987; Mouer & Sugimoto 1986; 杉本 & マオア 1982)。つまり，和・集団主義・同質性という概念には，国への忠誠心を促し，日本社会にある対立関係を緩和する機能がある。また，文化的特異性に関する概念は，国際的な場で政治・経済面での意見の相違に遭遇した場合に，日本の立場を正当化するための便利な言い訳として利用される。たとえば，建築・スキー用品・牛肉などの品目で日本に市場を開放するよう迫る国際的な要求を退けるため，日本政府は「日本の国土は特異である」「日本の雪質は特殊である」さらには「日本人の腸は西洋人に比べて長い」(石澤 1997)というような言い訳を使っている。日本人論の言説は，日本人が西洋化によって脅かされた文化的アイデンティティを取り戻し，国際社会で権力を手に入れようとする葛藤を如実に表している。

3.3　日本文化論と教育改革

　日本人論と同義の日本文化論(日本文化に関する学説)もまた教育改革に影響を及ぼした。日本文化論は，超自然的存在(天皇に匹敵)に対する畏敬の念や文化的伝統への愛情のような保守的な価値観を奨励しており，それは近年の初等・中等学校教育課程の改革案に盛り込まれている(森田 1988, 梅原 1990)。この傾向を理解するには国際的な権力関係を考慮する必要がある。1980 年代に日本と西洋，特にアメリカとの経済摩擦に直面した日本政府と大企業は，西洋と対等な関係を築き，世界に日本的価値観を教えこむことで国際化を果たすべきだと考えた。そのため国際化は，日本人のアイデンティティをさらに脅かす西洋化と日本人のアイデンティティを守ろうとする文化的ナショナリズムの両側面を含んでいる(Kubota 1998c 参照)。新しい教育課程で進められている愛国的価値観は，将来国の経済的繁栄を担う若い世代が陥るかもしれないアイデンティティの危機に対する処方箋となりうる(森田 1988 を参照)。しかし，日本人論に関するこのイデオロギー論は手放しで受け入れられるわけではない。日本人論の提唱者が持つ本来の意図(たと

えば，操作や洗脳）と日本人論の消費者が行う解釈のしかたを推測するのは困難だからだ（Yoshino 1992）。Yoshino が指摘しているように，さまざまな人々が複数の視点から日本人論を解釈し，さまざまなレベルでその重要性を見出すからである。

3.4 「せめぎ合いの場」としての書き手の声

　前述の日本人論への批判は，日本文化という概念を言説の点から再検討する必要があることを示している。つまり，集団志向・和・均質性といった特徴を示す日本文化という概念は，その構築と正当化が権力関係によって左右されるひとつの言説なのである。たとえば，日本のエリート層は日本人論を占有することによってアイデンティティを取り戻し，権力関係を覆そうとする。もちろん日本人論の中での個人の立ち位置はすべてが同じではないが，日本文化の特異性を言説と見なすことによって，学生の真の「声」（voice）を客観的事実として，あるいは社会的・政治的・観念的な側面から切り離されたものとして解釈してしまうことに警告を与えてくれる。学生の「声」の例は，Fox（1994: 56）に見られる。

> 私は批判的な性格のため，日本ではよく罪悪感を抱いていました。日本では教師は教え，学生はノートを取ります…（中略）…いい質問をすると無礼だと受け取られることもあります…（中略）…日本人は和をとても重視します。いかなる理由があってもその和を乱してはいけないのです。

日本人論を言説として理解すると，この「声」は言説の表れなのであって，その言説がこの学生の主体性を形成していると解釈することができる。またこの「声」には「個人主義」対「集団主義」という二項対立的図式だけではなく，公の場での議論を可能にしたり阻んだりする権力の問題も提起している。権力に疑問を投げかけることは西洋においても反発を招く可能性がある。疑問を投げかける者が人種・性別・階級によって特定の地位に縛られている場合は特にそうである。そのためこの「声」という概念は，真の文化的本質の表れとしてではなく，「個人の主体性が，ことばと言説の狭間で形作られるさまざまな可能性と対峙しせめぎ合いを繰り広げる場」（Pennycook 1994：296）として理解される必要がある。ある特定の文化の本質を語る「声」が，社会的，歴史的，

観念的にどのように構築されるか，その過程を批判的に検証しなければならない。

4. 近年の日本の教育研究からの反証

前節では日本文化の知識は言説の場において構築されることを考察した。しかし，権力は一方向に働くものではなく，言説もまた画一的ではない。言説の場にはさまざまな知識形態や権力関係を築いては塗り替える働きがあり，その働きは「対立し合う意味づけ」(Weedon 1987：35)であると言える。言説の場では，新しい真理が生まれ，そして支配的になるのか抑圧されるのかふるいにかけられる。応用言語学の分野で言うと，日本語やその他のアジアの諸言語に関する本質化された文化的表象は，新しい観点や実証研究によってますますその正当性が疑われている。日本の学校教育に関する教育学研究の分野もまた新しい知識を生み出し，日本の教育に関する本質主義的文化のイメージに疑問を投げかけている。

4.1 初等教育

応用言語学の文献では，日本の教育はアメリカの教育に比べて創造性・自己表現・個人主義・批判的思考をそれほど重視しないと描かれてきた。しかし，日本の学校教育に関する近年の研究ではそれと異なる観察がなされており，機械的学習や暗記が重視され，個人主義・創造性・問題解決能力育成が欠如しているなどのイメージが疑問視されている。たとえば，Lee, Graham, and Stevenson(1996)は，日本の学校教育に関する固定観念は数世紀も前に存在した貴族や武士階級の時代には当てはまるのかもしれないが，少なくとも初等教育では明らかに時代遅れであると述べている。実際，幼稚園，保育所，および小学校の教育課程は創造性・独創性・自己表現の育成に力を入れている。(例：Easley & Easley 1981; Lee et al. 1996; Lewis 1992, 1995, 1996; Sato 1996; Stigler, Fernandez & Yoshida 1996; Torrance 1980; Tsuchida & Lewis 1996)。

このような主張を裏づけるかのように，日本の小学校や幼稚園・保育所の教育課程では，音楽・身振り・ことば・感覚など多岐にわたる分野で自己表現の育成に力を入れていることが報告されている(Lewis 1988; Torrance 1980)。Lewis(1992: 249)の授業観察記録によると，「小学1年生の国語の

授業で，ある男の子が持っていた宝物の物語を読んでいるときに，児童は自分たちの宝物についても活発に議論していた。また作文の授業で芋掘りの体験を振り返るときには，匂い・感情・視覚など詳細にそのときの様子を伝えていた」という。Easley and Easley(1981)の研究では，算数や理科の授業で子どもたちが独自に考え出した問題解決法を教師たちが許容する様子が報告されており，子どもたちの創造性に価値が置かれていることがわかる。実際に，小学校の算数教育に関する国際研究によると，日本の教師はアメリカの教師以上にさまざまな問題解決法を児童に探させ，児童の答えを抽象的概念の理解のテコに使い，さらに法則の説明と探求のために言語を駆使しながら概念的内容を提示していることが報告されている(Lee et al. 1996; Stevenson & Stigler 1992)。さらには日本の教師はアメリカの教師ほどは反復練習を授業で用いていないことがわかった。また，Stigler et al.(1996)によると，日本の小学校の算数の教師は，「どのように？」や「なぜ？」という問いを投げかけることで子どもたちに長い発話で説明させ，アメリカの教師に比べてより多く考える機会を子どもたちに与えていた。同様に，日米の小学校での理科と社会科の授業を比較研究したところ，日本の子どもたちはアメリカの子どもたち以上に賛成・反対意見を明確にし，自分の意見を具体的に述べるよう促されていた(Tsuchida & Lewis 1996)。上記の研究の多くは国語以外の教科を扱っているのだが，日本の教育がことばの使用を通して分析的思考能力の育成に力を入れていることを示している。

「集団主義」対「個人主義」，「暗記」対「創造性」のような二項化，および異なる文化においてこれらの表象が持つ意味を捉え直そうとする研究も出てきている。Sato(1996)は集団志向と個人主義を二極化することに対して警鐘を鳴らし，個人活動と集団活動の両方が日本の初等教育において相補的な役割を果たしていると述べている。たとえば，共同体はその形成のために個人の専門的知識を必要とし，個人はその専門的知識を通して共同体形成に貢献する。この相補的な関係は日本の初等教育に見られる集団と個人の役割に関して新しい見解を与える。子どもたちは，さまざまな学校行事や個々の集団内での自分たちの行動を監視・規制する権限を与えられ，それによって大人からの自立と集団の連帯感の両方を育んでいるのである。教室で日々行われる「反省の時間」で子どもたちは，共同体の一員として自分たちのふるまいや思いを個人で振り返り，集団的観点からも自己評価している。また，

Lewis(1995, 1996)によると，日本の小学生たちは家族のような親密な集団に所属しているという安心感を持っているからこそ，日々授業の中で積極的に自己表現ができる。このような弁証法的な考察によって，既存の言語・芸術形態を模倣することで独創的表現を生み出せるという関係性も説明できる。反復練習することで堅固な土台が作られ，子どもはそこから何か新しい独創的なものを生み出せるのだ。Sato(1996: 146)が言うように，「個人・権威・認識・能力のようなことばは，ひとたび別の文化で吟味されると新たな意味を獲得することになる」のである。

4.2 中等教育

日本の初等教育に比べて中等教育では入学試験を控えているため，暗記に重点が置かれている。中等教育では主に事実や既成概念の暗記に力が入れられており，創造性・独創性・自己表現は課外活動を通して育成されることが多くの研究者によって報告されている(例：Rohlen 1983)。Lewis(1992: 242)は試験のための暗記学習が批判的・分析的思考力にもたらしている影響について次の3つの可能性を挙げている。(a)「批判的・分析的思考力は確かに教えられてはいるが，高校の授業であまりそれらを応用する機会がない」(b)「(暗記が優先されるため，)生徒は批判的・分析的思考力を高校よりも後の段階で学ぶ」(c)「暗記に重点を置く教育は批判的・分析的思考力習得の妨げになる」。試験のための暗記学習が分析的思考力に与える影響に関して参照できるデータはないが，前述の研究から予測できるように，日本の生徒たちは仮説形成のような数学的分析能力において他国の生徒たちより優れていると示す研究結果がある(Walberg, Harnisch, & Tsai 1986)。そのため，中等教育における暗記重視の教育が言語的創造性と自己表現に負の影響をもたらしているのかどうかは，議論の余地がある。Lewis(1992: 251)が言うように，「日本人は独創的でないという既成概念は，どの程度目につきやすい均一的な行為(たとえば制服や給食など)に由来するのか，また，どの程度日本の教育は多様な意見に寛容な態度を育成するのかまだわかっていない」[3]。

上記の研究は，今日の応用言語学の代表的な文献に見られる「均質性」

---

[3] 米国の教員養成で強調されるのは，教員は授業で帰納的質問，経験的学習，学習者中心の活動を通して，より高次の思考能力を培う機会を学生に十分与えなければならないという点である。これを裏返せば米国の中等学校でも伝達型の教育は行われている。

「集団主義」「自己表現・創造性・批判的思考力の欠如」などの文化的表象に疑問を投じている。また，これらの研究から，このような文化的表象は客観的事実ではなく知識の一形態であるため，それに相反する知識の存在も認識すべきであることがわかる。さらに，特定の文化内で「個人主義」や「創造性」のような概念が何を意味するのかを理解することの重要性も訴えかけている。また，日本の学校で子どもたちがどのように言語能力や抽象的思考能力を伸ばし，どのように学校での生活に適応していくかについても研究が行われており（例：Austin 1998)，この種の研究から得られた成果は，文化的表象の既成概念にさらなる批判的考察を加えることになるかもしれない。

5. 教育的論点―文化と言語に対するクリティカルなアプローチ―

　本章で吟味した英語教育に関する文献には，文化的差異の概念を批判的に検討することなく，一定の教育理念に基づき，文化的に多様な学生たちに第二言語としての英語教育を施そうとする傾向が見られる。その教育理念には相反する2つの立場が存在する。ひとつは英語圏の言語と文化にESLの学生たちを適応させる「文化受容モデル」であり，もうひとつは英語圏の主流社会に修辞的・文化的多元主義を広めることをめざす「多元主義モデル」である。「文化受容モデル」は，文化的差異の概念に基づき，ESLの学生に未習得の言語と文化の主流な型を教え込むため，学生たちの文化は劣っていると見なされる。一方で「多元主義モデル」は，ESLの学生たちが持つ文化的・言語的伝統を尊重し，その維持に取り組む。しかしながら，このモデルも文化的差異を構築されたものとして批判的に考察しておらず，そのためESLの学生たちが主流の言語形態を習得することを阻んでいる。これに反して，「批判的多文化主義」と「批判的リテラシー」は，文化に関する複雑な問題とその教育的意義を考慮に入れており，「文化受容モデル」と「多元主義モデル」に代わる教授法となりうる。以下これら3つの教授法を詳しく見ていくことにする。

5.1 文化受容モデル

　文化受容モデルは，ESLの学生に英語圏の慣例を明示的に教えることで文化的差異を克服させることに重きを置いている。このモデルでは，ESL

の学生が持つ文化的価値と伝統は，アメリカ人学生を対象にした教授法の文化的前提(例：「読み手の意識」「書き手の声」「批判的思考」)とは異なるという考えに基づいている。推奨される教授法には，「分野別アプローチ」(discipline-oriented approach)(Ramanathan & Kaplan 1996)と「認知的見習いアプローチ」(cognitive apprenticeship approach)(Atkinson 1997)があり，この2つのアプローチでは英語圏の学術的言語使用がESLの学生たちに明示的に教えられる。すなわち，当然文化的差異は存在し，その差異を克服するためにESLの学生には特別な教授法が必要であるという認識のもとに成り立っている。そのため，このモデルは英語母語話者への指導法として広く認められている「読み手の意識」「書き手の声」「批判的思考」の概念をそのままESLの授業に応用することに対して批判的である。しかし，この立場は結果的にESL学習者の母語や文化を学習上の障害と見なし，これらの言語や文化には欠陥があると決めつけ，学習者を文化的に遅れた者として扱う傾向にある(Zamel 1997)。

5.2　多元主義モデル

対照的に，多元主義モデルは文化的差異を尊重し，ESLの学生たちに自分たちの文化特有の方法で自己を表現することで英語圏の主流社会に修辞的多元主義を確立させようとのねらいがある。この目的を果たすために，たとえばLand and Whitley(1989)は，ESL教師はESL学生が書いた文章の読み方，フィードバックの与え方，そして評価の仕方などを変える必要があると述べている。また，McKay(1993)は，教師と学生がライティングの文化的慣例について率直に話し合い，その話し合いをもとに教師はさまざまな文化的伝統に対する認識と敬意を教室内外で醸成していく必要があると述べている。このような良心的な意図はあるものの，多元主義の言説では，特定の文化的表象が構築されたものであるという観点は十分に吟味されておらず，また「支配的」あるいは「従属的」な修辞的慣例の識別にはらむ権力関係も考察されていない。つまり，このモデルを用いても，英語圏の読み手の中にさまざまな文化的伝統に対する理解と寛容さを育む以上の変革はできない。

修辞的多元主義はESLの学生に自らの「声」を発信させるための指導法として確かに考慮されるべきである。しかし，異なる文化的伝統を既成事実として安易に認め尊重するのではなく，個々の文化を区別する文化イメージ

が，いかに言説やさまざまな権力関係によって構築されたものであるか，批判的に考察する必要がある。また，支配言語を教えながら同時に学生の文化的アイデンティティの保持に取り組むという教師の指導上の課題についても検討が必要である。一方で，後述の批判的多文化主義および批判的リテラシーは，ESL の学生にアカデミック・リテラシーを教える際の文化差の捉え方や指導上の課題に関して提言を与えてくれる。

5.3 批判的多文化主義

3 つ目のモデルの批判的多文化主義は，文化的多様性に対して単に認識と敬意を育むだけでなく，文化的伝統・学校カリキュラム・学生が経験する日々の生活と，それらを産出かつ正当化する社会的・経済的・政治的状況との関連性を批判的に検討することをめざしている(Kanpol 1997)。批判的多文化主義において文化の表象は，意味づけをめぐる社会的せめぎ合いの産物である。さまざまな意味は，特定の政治的および思想的価値や比喩を表し，文化の表象は「意味づけがなされる社会的・文化的・組織的関係を変革するという目的を持つ」(McLaren 1995: 42)。この視点に立つと，「集団主義」や「和」のような文化の標識や比喩は中立でもなければ非政治的なものでもなく，社会的権力により生産・強化されたものと考えられる。そのため，批判的多文化主義は，文化的差異を自明の理とするリベラルな考えを退け，代わりに差異が不平等な力関係の中で，いかに生産・正当化・除外されるのかを理解することに焦点を置く(Giroux 1988, 1995)。批判的多文化主義がさらに示唆する点は，ESL 教師が単に他者の文化を認識・尊重し，他者の「真の声」(authentic voices)を美化することに満足してはならないということである。文化的差異が知識の一形態としていかに生産され，永続化しているのか，そして教師はそのような現状を変革するために何ができるのかを批判的に検討しなければならない。

5.4 支配的規範の習得

社会変革を目標とした批判的多文化主義では，支配的な言語・文化規範を ESL の学生に教えるべきか否かという問題と向き合わなければならない。前述したように，文化受容モデルが ESL の学生の「声」を発信させるよりも主流社会の学術的慣例を明示的に教えることを重視するのに対し，多元主

義モデルでは文化的・言語的規範よりも学生たちの「真の声」を重視する。対照的に，批判的リテラシーでは学生の「真の声」を受け入れると同時に，その「声」を批判的に考察し，さらに主流文化の言語規範を教えることも否定しない。Freire(1993)は従属的集団の言語的・文化的慣習を尊重し，正統なものとして受け入れなければならないと主張する。しかし，支配言語を習得したいというマイノリティ学習者の意志を否定してはいけない。マイノリティの学習者たちが「自分たちを従属的な立場へと追いやる物質的・歴史的状況を変革する目的で，支配的言語の知識を効果的に利用できる」(Freire & Macedo 1987: 128)ように，ESL教師は支配集団の文化・言語規範をわかりやすく解説し，教えていかなければならない。批判的リテラシーの視点では，言語の支配的な型は文化受容を促す目的で教えられるわけではない。つまり「銀行型教育」のように，銀行口座に資金を入れるごとく情報を無批判に学生に教え込み，既存の不平等な力関係を永続させるような教授法が適用されることはない。支配的言語は，学生たちが「不公平で無慈悲な社会を変革するために」(Freire 1993: 135)自らの「声」を発信する手段として教えなければならない。批判的リテラシーでは，教師と学生たちはともに，文化的差異に関する既存の知識がいかに形成されているのか，そして支配的または従属的な文化や言語の形態にどのような意味づけがあるのか，読んだり，書いたり，話し合ったりしながらクリティカルに検討する必要がある。同時に，教師と学生たちは支配言語の習得についても批判的に考え，それに取り組む必要がある。

　批判的リテラシーと類似した概念は，その他の教育者によっても提唱されている。たとえば，米国でマイノリティの学生の教育に携わっているDelpit (1986, 1988, 1995)とReyes(1992)は，マイノリティの学生たちは自分たちの文化を維持すると同時に，英語圏で成功するための技術を身につけるべきだと主張している。また，Rodby(1992)は英語を占有することで英語の支配的規範を学びながらも，英語の母語話者が持つ権力に対抗できる英語教育を推奨している。さらに，批判的多文化主義の分野では，Grant and Sachs(1995: 100)はLamont and Lareau(1988)を引用して，「学生たちは，ある文化的信念・価値・経験の習得が，特定の仕事・資源・社会的地位の獲得に関係しているということを認識しなければならない」と論じている。

　ただし，言語と文化の支配的規範は，植民地主義的または同化主義的言説

に基づいて指導されるべきものでもなければ，模倣・穴埋め・暗記のような機械的学習を通して教えられるべきものでもない。McKay and Wong(1996)や Valdés(1998)が言うように，アメリカの ESL の授業でもよく見受けられるこのような指導法では，学習者が意欲的に学習に取り組めないばかりか，主流の規範をなぜ学習しなければならないのかをクリティカルに考える力も育成されない。規範の指導に携わっている教師は，何よりもまず文化やことば（または方言）には優劣など存在すべきではないという認識に立つ必要がある。それに加えて，文化と言語の規範を習得することは学習者の文化的・言語的アイデンティティの喪失を意味するわけではない。学習者が文化と言語の規範を自分のものにすることで，文化および言語の平等を社会で広く推進できるようになるということも心に留めておく必要がある[4]。Delpit(1995)によると，マイノリティ教育における理想の教師像には次のような特徴がある：

- 学習者がストレスを感じることなくのびのびと主流言語の習得に取り組めるような環境づくりをする
- 現実的な目標を設定する
- 教科書に固執しない
- 学習者に自ら考えることを促す
- 学習内容を学習者の生活に直結させる
- 学習者と対話を持つ
- 学習者の過去の経験を尊重する

このような批判的リテラシーの視点に立つと，多元主義は支配的言語および文化を学習の対象から外すことによってもたらされるのではなく，学習者が

---

[4] 言語の支配的な型を教えること自体が権力へのアクセスを保証するものではない。オーストラリアの初等教育の教育課程では物語文が占める割合が多いが，それ以外の社会的・教育的に価値のある説明文などを直接指導の対象とする「ジャンル中心のライティング指導法」（genre-based writing）が広まっている。しかし，この運動は，ジャンルの持つ力を絶対的に捉えてしまうことと，技能の伝達を通して特定のジャンルを無批判に固定化してしまう危険性に対して批判が向けられている（Luke 1996）。Luke(1996)は，Bourdieu(1986)が提唱する「資本」の概念を利用して，権力が象徴されるジャンルを学ぶことで獲得した文化的および象徴的資本が，必ずしも権力へのアクセスを可能にするわけではないと述べている。「ジャンル中心ライティング指導法」の是非をめぐる議論において，経済的および社会的資本についてより批判的に吟味し，学習者の社会・経済的状況の変革についても考えなければならないと Luke は主張している。

主流社会に持ち込む自分たちの知識のレパートリーに主流の言語形態を加えることで達成されるのだ。

　文化と言語の多様な規範を尊重し維持していくことは，平等な社会を作る上で必要である。しかし，ESL を取り巻く環境が保守的傾向を強めていく今日，この目標は ESL の専門家によって実現されることはあっても，ESL 教室外の教師・管理職・大学教授・労働者・経済界の指導者・クラスメートなどから理解を得るのは難しいかもしれない。ESL 教師は学習者に主流社会で活躍するのに必要な能力を身につける機会を与えるように努めなければならない。それに加えて，教師と学習者は支配言語の使用が社会や文化にもたらす影響に対してクリティカルな意識を高め，これまでの既成概念とは異なる意味を創出するために支配言語を用いる方法を模索する必要がある。コミュニケーションや社会化は双方向に作用するものである。適応を求められるのは学習者だけではない。適応には他者の歩み寄りも必要であり，学校・組織・社会全般にわたって「同化なき適応」(Nieto 1996)が可能になるような方策を採らなければならない。

6. 結論

　本章では，応用言語学の文献で画一的に描かれる日本文化のイメージを，言説によって構築された知識の一形態として捉え，クリティカルな視点から論じた。「西洋」対「東洋」という文化的表象は植民地的言説によって作り出されたものであり，「日本的」と見なされる特徴も「他者」を定義する植民地的言説から派生したものである。その「他者」自身，言説によって作り出された文化的特異性を真理として受け入れており，その一例として，高まる西洋化の波に対抗する日本独自のアイデンティティの主張が挙げられる。また，西洋の研究者が文化的特異性を強調するこのような「他者」の「声」を「真の声」と捉えることによって，さらなる他者化を助長することになる。その一方で，これまでとは異なる角度から文化の概念に取り組む研究は新たな知を生み出し，日本の教育に関する固定観念を疑問視するようになった。この文化的差異に対する批判が ESL 教師と研究者に促すことは，文化的差異を紛れもない事実として受けとめるのではなく，批判的に検討することである。その点で，批判的多文化主義と批判的リテラシーは，文化を意味づけに関わる政治的および思想的せめぎ合いの場として捉えている。また，この

2つの批判的アプローチは，支配的文化と従属的文化両者の表象を批判的に検討することで，従属集団の文化を継承しながら支配言語を教える教育基盤を形作る。

　最後になるが，本章で扱った内容は複雑であり，明快な答えを出すのは難しい。本章を書くにあたり，著者は第二言語として学術英語を学んだ日本人女性として，英語を学び，教え，そして読み書きした経験を振り返ってみた。その際，次のような質問が絶えず頭に浮かんだ。「本章で試みた批判は日本人らしくない行動なのではないか」「日本文化には実は特異性があって，応用言語学の文献は日本文化を誤って表象しているのだろうか」「本章を日本語もしくは修正しないまま発表したら，読者は私の『真の声』を聞き取ることができるのか」「本章を西洋の著名な男性研究者を引用することなく書き上げたら，私の『声』は読者に届くのか」「英語学習者の場合はどうだろう。特にESLの教室外において主流の言語様式を習得したりそれに関わりを持ったりしなければ，学習者たちの『声』ははたして人々に聞き入れられるのか」これらの質問に対する暫定的な答えは本章の随所で述べたつもりである。筆者を含め言語教育に携わるすべての教師や研究者が「他者」の文化を本質化することなく，文化の政治性に関する問いを批判的に検討していくことを切に望む。

第 2 章
言説的に構築されるアメリカの教室風景のイメージ[1]

はじめに

　ESL/EFL(English as a second language/English as a foreign language)教育の分野において，文化は関心の高い問題のひとつである。学習者の文化とアメリカをはじめとする英語圏の主流社会の文化は大きく異なるものであるという認識があり，それゆえにその文化差を解明しようとする努力がなされてきた。たとえば，教師の指導方法や使用教材，および教室内のやりとりや生徒の学習活動などに文化的価値観や観念がどう表出しているのかというような問題や，文章の修辞的特徴や言語行為における文化の影響などの問題がこれまで取り上げられてきた(Hinkel 1999)。

　このような文化差を明らかにしようという動きは，学習者の文化背景を理解し考慮することでより効果的な指導に結びつけようという，あくまでも善意的な努力に基づいている。しかし結果的には，学習者の文化がアメリカなどの英語圏の文化と比べて異質なものだと捉えられ，本質化されてしまうという傾向につながっている。そしてこのような傾向は，学習者が東アジア出身である場合に特によく見られる。これはつまり，「他者」と「自己」(Pennycook 1998)の文化の本質化と対極化が起こっているということである。近年，応用言語学の分野では，このような他者化の問題についてさまざまな視点から批判の声が上がっている。(例：Holliday 1999; Kubota 1999; Pennycook 1994, 1996, 1998; Spack 1997a, 1997b; Susser 1998; Zamel 1995, 1997; 本書第 1 章)。

　他者化の批判の例として，ESL/EFL 学習者の文化や言語が「他者のもの」として言説的に構築されてしまうこと，さらには表面的な文化表象によって不平等な力関係が生じてしまうことが挙げられる。このような批判の観点からすると，文化は中立的で客観的なものではなく，知と権力を結ぶ言説の産物であると言える(Foucault 1990)。つまり，ある文化に関する共通の知識

---
(1) Kubota, R.(2001). Discursive construction of the images of U. S. classrooms. *TESOL Quarterly*, 35, 9-38.（翻訳協力：奥田朋世，南志穂）

は，客観的事実を反映しているのではなく，言説により構築されているのである。言説とは，「社会的慣行や主体，そして知識や異なる知識の間に内在する権力関係とともに知識を形成するてだて」(Weedon 1987: 108)である。それゆえに，言語や文化の言説的構築においては，特定の権力関係が正当化されることもあれば，反対に否定されることもある。Said は，オリエンタリズムという概念を学問的に論じた。Said(1978: 3)によると，オリエンタリズムとは，東洋と西洋を二元論的に対置させる言説であり，「東洋に対する西洋の支配様式」である。Susser(1998)は ESL/EFL 研究の文献における日本人学習者と日本文化の描写を分析し，このオリエンタリズムが日本人学習者と文化の他者化およびステレオタイプ化や本質化に顕著に表れていると主張した。同様に，筆者も他の論文において，西洋と東洋の二極対立化が，文化の差異を生み出し固定化させる植民地的言説を反映していること，文化ナショナリズムが本質主義的日本文化論に立脚していること，そして教育研究ではこのような本質化を否定する結果が出ているということを指摘した(Kubota 1999, 本書第 1 章)。英語教育に見られる植民地主義の言説を検証した Pennycook(1998)の主張によると，植民地主義は欧米・西洋の眼鏡を通した自己と他者のイメージを生み，優劣の権力関係を産出する基盤である。

　つまり，前述のような観点からすれば，文化とは，言説がせめぎ合う場であり，そこではさまざまな政治的・イデオロギー的立場が特定の文化表象を真実として正当化しようとしているのである。したがって，応用言語学で描かれる他者の特徴は，他者を定義する言説により構築された産物であると言える。ESL/EFL 学習者の文化と言語の本質化・他者化には，自文化(英語圏の文化)が標準・基準であるという前提が存在する。それゆえに，英語学習者の他者化と同様，他文化と相対して自文化のイメージが構築されることについても批判的考察が必要である(Pennycook 1998)。

　本章では，東アジアの教室風景の他者化の過程において，他者と対比され自己として構築されるアメリカの教室風景に焦点を当て，このようなイメージの言説的構築性を，第二言語学習者(応用言語学の分野)とアメリカの学校や大学における教育実践(教育研究および母語としての英語・リテラシー教育研究分野)に関する文献検証を通して明らかにしていきたい。一般に，TESOL 研究において「自己」といえば，Holliday(1994)の言う BANA

(British, Australasian, and North American：イギリス・オーストラリア・ニュージーランド・北米)の国々のことを指す。確かにこれらの地域における教室風景のイメージには共通する点があるかもしれないが，本章ではアメリカのコンテクストのみに焦点を絞る。主に教育目標・教師の役割・指導実践や学習者の特徴などをもとに，アメリカの教室風景のイメージがどのように表現されているのかを探りたい。

　相反するイメージを提示することは，批評対象となる研究分野を本質主義的に理解してしまう恐れがある。しかし，筆者の意図はあくまでもイメージの言説的構築性に焦点を当てることであり，各分野における知識を一般化することではない。つまり，本章の目的は，アメリカの教室風景の特徴の真実を定義することではなく，いかに言説がイメージを産出かつ利用し，特定の知識を真理として正当化しているのかを明らかにすることである。そこで本章では，実証研究や概念研究を通して構築されるアメリカの教室風景に関するさまざまな表象を，イメージという語を用いて表すことにする。アメリカとアジアの教室風景に関わる文化的イメージの言説的構築性を批評することは，文化という概念や文化研究の存在自体を否定しようとするものではなく，むしろ文化差の批判的な考察の必要性や，自己と他者の文化に関する知識の形成・維持に作用している権力関係を解明することの重要性を唱えようとするものである。

　本章では，まず初めに応用言語学の中での自己と他者の対比に関する文献を検証し，アメリカの教室風景がどのように描写されているのかを考察する。次に，応用言語学の中でも特にESL学習者に対する指導の問題を取り上げている文献において，アメリカの教室風景がどのように描写されているのかに触れ，さらに教育学とリテラシー教育の分野で行われてきたアメリカ主流社会における教育実践研究の文献を検証したい。アメリカの教育危機言説によってしばしば過熱してきたこの種の研究では，アメリカの教室風景が否定的に描かれている。この言説は，1990年代にいわゆる修正主義から反論を受けることになった。修正主義における文化観は，応用言語学に見られる文化差の言説と類似した，理想化されたものである。本章では，二項対立的な自己と他者のイメージの構築は，過去から現在まで続く植民地的言説の表れであるということを示し，最後に学習者と教師，そして研究者に対する示唆を考えてみたい。

1. 応用言語学研究におけるアメリカ教室風景のイメージ

　応用言語学では，これまで数々の研究がアジア人 ESL 学習者に関わる文化面での問題に焦点を当ててきたが，このような研究の多くにおいて，アメリカ（またはその他英語圏）とアジアの教室風景のイメージの対比が見られる。通常，これらの研究の目的は，アメリカの教室風景の特徴を明らかにすることではなく，学習者の行動を彼らの文化背景に照らし合わせて説明することであり，アメリカの教室風景のイメージは学習者の行動や価値観を対比するための基準として利用される。また，これらの研究で描写されるイメージは，異文化間の実証研究に基づいたものではなく，教室内における学習者の行動の理論的説明であることが多い。次項の文献検証で明らかにするように，アメリカとアジアの教室風景が異なるという考えはかなり広く浸透している。しかし，それに対して，アメリカの教育が ESL の学習者のニーズに応えていないというイメージはあまり浸透していない。

1.1　構築されるアメリカとアジアの教室風景と文化差
1.1.1　教育の目的

　文化的差異に焦点を当てた文献では，アメリカでの教育の主な目的は，論理的，分析的，批判的思考力を培うことであり，これは個人主義的価値観を反映かつ推進するものだと論じられている（Ramanathan & Atkinson 1999）。このような視点から見ると，個人主義とは人々が民主的な市民として自分の意見を述べ，創造力と革新力を育むことを意味する。そしてこれとは反対に，アジアの文化は，団体の協調性や伝統を重んじ，個人の意見よりも権力者の意見を尊重する集団主義であると認識されている。

　このような見解は，第二言語ライティングに関してしばしば見られる。これはおそらく，アカデミック・リテラシー（特にライティング）が，教育における認知的活動の中心であるからかもしれない。たとえば，アメリカの個人主義とアジアの集団主義の文化差が原因で，アジア人の学習者はライティングのグループワークが苦手であるという。なぜなら，アメリカの母語ライティング教育では，個人のライティングの向上を目的に，学習者に互いのライティングを批評させるピア・レスポンスと呼ばれる方法が取り入れられているが，このようなプロセスは協調性や和を重んじるアジアの文化には合わないからである，と説明される（Carson 1992; Carson & Nelson 1994, 1996;

Nelson & Carson 1995, 1998)。

　近年，文化的差異を根拠に母語ライティングの指導方法を ESL 教育にそのまま適用することに対して批判の声が上がっているが，このような声の中にも論理性や批判的思考や個人主義がアメリカの教育で重視されているという考えが顕著に表れている。たとえば，Ramanathan and Kaplan(1996)は英語の文章構成を検証し，一般にアメリカのライティング指導では，直線的で論文的な修辞法と批判的思考を培うことで個人の意見をはっきり主張することを目標としており，このような視点は ESL 学習者の文化背景と相容れないものだと主張した。また，他の多くの研究者たちも批判的思考や分析的なライティングは普遍的なものではなく，西洋特有の文化的習慣であり，それゆえにアメリカの大学で学ぶアジア出身の ESL 学習者には難しい技能なのだという見解を示している(Atkinson 1997; Atkinson & Ramanathan 1995; Fox 1994; Ramanathan & Atkinson 1999)。さらに西洋の教育は，推察を使って真理を追究し(Scollon 1999)，分析・考察・仮説立てを通して知識を発展していくことをめざしているという主張がなされている(Ballard & Clanchy 1991)。このような特徴は，ルールに沿った行動の実践結果をより重視するアジアの価値観と対比されている。

1.1.2 教師の役割

　前述のようなアメリカの教育に対する概念から浮かび上がるのは，学習者に一方的に知識を伝授しようとするのではなく，論理的なやりとりを促す対話的な指導法を用いる教師像である。このような教師像はソクラテスを想起させるため，Scollon(1999)は西洋と中国の高等教育を対比し，ソクラテス思想に基づいた西洋の教育では教師は問いかけによって学習者を真理へと導く役割を持つが，儒教思想が基盤となっている中国では教師は古代からの知識を生徒に一方的に伝授していく存在であると主張した。

　このような議論における西洋の教師像とは，単に正しい答えを学習者に伝える指導者というよりは，いわば質問やディスカッションを通して真理の追究に学習者を導くファシリテーター(引き出し役)のようなものである。教師をファシリテーターにたとえる考え方は，自主的な言語学習やコミュニカティブ・アプローチにおいても見られる。そして，このような教師のイメージは，生徒のニーズや気持ちに関係なく知識を伝授する権威者というアジ

アの教師像と対比される。探求型アプローチと教壇型アプローチの二極化は，教育実践に影響を与える文化的規範が，発展途上国も含めて英語が媒介語でない国と英語が媒介語である国の間でどのように異なるかを説明したHolliday(1994)によっても言及されている。

1.1.3 学習者の特徴

　これまでに挙げた文献からは，ある特定の理想的なアメリカの学生像が浮かび上がってくる。アメリカの学生には自立性・自主性・創造性などが理想的な知的性質として求められ，さらに分析的・客観的・批判的思考スキルを培うことが理想であるとされているため，学生たちは合理的に物事を分析したり，比較修辞学研究でよく主張されるように直線的で論理的かつ分析的で演繹的な文章を書き，自分の意見をしっかりと述べ，書物や教師，既成の論理などの権威に疑問を投げかけながら教室内のディスカッションに積極的に参加したりするものとして描かれているのである(Connor 1996参照)。

　このような特徴は，アジア人学生の特徴と正反対のものとして提示されている。つまり，アジア人学生は相互依存的で，知識を主体的に創造するよりも所与の知識を維持する傾向を持ち，権威的なものに疑問を挟むことなく，分析的思考よりも暗記を好むというのである(Ballard & Clanchy 1991; Carson 1992; Fox 1994など)。その他，独創性・創造性・個人主義などを強調する西洋の著作権の概念を持たないために，文章を盗用する傾向があること，無口かつ受身的で間接的なコミュニケーションを好み，教師の権威に疑問を投げかけるようなことはしないこと(Jones 1999)などの特徴が見られるとされている。また，書きことばにおいては間接的で帰納的な表現を用いるため，要点がわかりづらく論理性に欠けているとされている(Connor 1996参照)。端的に言えば，アジア人の学生は分析的・批判的思考によって真理を追究するよりも，権威を敬い，集団の和や対人関係を重視する傾向があると結論づけられている。

　これらの応用言語学の文献は，二極化されたアメリカとアジアの教室風景のイメージを生み出し，アジア人のESL学習者がアメリカの教室でとまどっているのは東洋と西洋の文化差が原因であるという典型的な主張を助長しているのではないだろうか。

1.2 アメリカの教育現場で看過される ESL 学習者のニーズ

応用言語学では前述のようなアメリカの教室風景のイメージが一般的であるが，アメリカの公教育における第二言語としての英語学習者に焦点を当てた研究では異なるイメージが示されている。これらの研究の多くは，中学・高校レベルに焦点を当て，英語学習者の教育機関内外での文化的・言語的知識の発達過程の複雑性を明らかにしており，エスノグラフィ研究のようにごく少数の教師の行動観察をもとに，教師と生徒，ESL 学級と在籍学級，ESL 学習者と在籍学級の生徒との間の権力関係を追求している。(例：Harklau 1994, 1999a, 1999b; McKay & Wong 1996; Valdes 1998)。たとえばある研究によると，ESL もしくは教科内容重視の ESL を担当する教師の中には，前述のイメージどおり，プロセス・ライティングとコミュニカティブ・アプローチを用いて授業をしている者もいたが，多くの教師は文法や語彙の導入，空欄補充，反復音読などの教師主導型の伝統的な教授法を用いていた(McKay & Wong 1996; Valdés 1998)。ESL 生徒が一般生徒とともに学ぶ普通学級では教師主導のディスカッションが主な活動であったが，この活動について Harklau(1994: 248)は「発言していたのはほとんど教師なのでディスカッションということばは適切ではないかもしれない」と述べている。これらの研究が明らかにしたことは，普通学級の教師と ESL 学習者以外の生徒がアジア人やヒスパニック系の ESL 学習者にあまり注意を向けていないという事実である。つまり，ESL 学習者の言語や社会化のニーズが満たされていないと言っても過言ではないかもしれない。

Zamel(1995)は，大学レベルでも同様に，教師が ESL 学習者の言語的・文化的な壁を認識することの重要性について言及している。Zamel の研究に参加した ESL 学習者に言わせると，大学の授業は主に講義形式で行われ，学生の理解度を深めるためのサポートもあまりなく，クラスのディスカッションは受身的で試験も短い回答や選択問題が主な形式であった。Leki(1999)がポーランド出身のある学生を対象に行ったケース・スタディでは，批判的思考力をのばす機会があまり与えられていない授業の様子が明らかになった。さらに，高校や大学の授業では，レポート課題はきわめて少なく，丸暗記すればいいだけの選択問題テストで成績が決まることが多かった。

これらの研究の共通点は，ESL 学習者が直面する問題の要因は文化面ではなく指導面にあるということを示唆していることである。したがって，こ

れらの研究が描くアメリカの教室風景のイメージは，他の研究の理想化されたイメージとは異なる否定的なものであり，次に述べる普通学級（＝ESL生徒の在籍学級）における指導や学習に焦点を当てた研究が提示するイメージと類似している。

2. 普通学級に関する研究とアメリカの教室風景

初等教育から高等教育にいたるまで指導実践に焦点を当てた研究[2]は数多くあるが，これらの研究から浮かび上がるアメリカの教室風景のイメージは，否定的なものであることが多い。このような否定的なイメージは，アメリカの教育危機と教育改革の言説によって構築されている。この章では，まず1980年代から90年代に行われた教育改革の中で浮上した教育危機言説について手短に触れ，次に学校教育および大学における指導実践やリテラシー教育に関する研究で提示される否定的なアメリカの教室風景のイメージについて論ずる。そしてさらに，アメリカの教室風景の否定的なイメージを否定し，肯定的なイメージを支持する修正主義の言説についても論じたい。

2.1 アメリカ教育危機と教育改革

1980年代から1990年代，とりわけ1983年に『危機に立つ国家（A Nation at Risk）』（National Commission on Excellence in Education 1983）が出版された後，アメリカの学校や大学の教育に対して大きな批判の渦が巻き起こった。もちろん，この何十年もの間，アメリカの教育は危機状態にあると言われており（Jaeger 1992），教育に対する批判は今に始まったことではない。しかし，ここ20年間の教育改革運動の原動力は，世界市場におけるアメリカの覇権を強める必要性に起因している（Goodlad 1997）。政治家や世論指導者は，将来ヨーロッパやアジアの競争相手たちと競合するための学力がアメリカの学生に足りないと考えたのだった。このような危機感は，アメリカとアジア諸国の子どもたちの数学と科学の成績の差が明らかにされてからより一層強

---

[2] 応用言語学におけるアメリカの教室風景のイメージは，高等教育をベースにしたものが圧倒的に多い。しかし，ここで紹介する文献には高等教育だけではなく初等・中等教育に焦点を当てたものも含まれている。初等・中等教育と高等教育では異なる面が多々あるが，応用言語学の文化差に関する言説が前提としているように，文化特有の教育に対する価値観は個人がその文化で受けた教育を通して培われる（Atkinson & Ramanathan 1995）と考えられる。したがって，初等・中等教育も本項の議論に決して無関係ではない。

まっていった。『危機に立つ国家』には，識字率の問題や他の先進工業国と比べて低い学力，高度知的能力の欠如などが問題点として挙げられている。特に最後の問題点については，「40％近くの学生は文章の読解力が欠如しており，論説文を書ける学生は5人に1人しかいない」と記されている(National Commission on Excellence in Education 1983: 9)。同じ時期に，高等教育の改革に関する報告書も発表された(Association of American Colleges 1985; Bennett 1984; Study Group on the Conditions of Excellence in American Higher Education 1984; Simpson & Frost 1993)。この報告書では，創造力・批判的思考力・自発的発見・問題解決能力の育成が提言されている。

　アメリカにおける最近の教育改革は，ジョージ・H・W・ブッシュ大統領が始動した「2000年のアメリカ(America 2000)」によって促進され，1992年の大統領選でブッシュがクリントンに敗れた後も「2000年の目標：アメリカ教育法(Goal 2000: Educate America Act)」としてクリントン政権に受け継がれた。この初等・中等教育改革計画では，主要教科のナショナル・スタンダードが選定され，多くの州がカリキュラムをその標準にあわせた[3]。さらに，このナショナル・スタンダードをもとにした教育改革では，学校と生徒がそれぞれ学習成果に対する自己責任を強化することが求められたため，多くの州で学力テストが取り入れられるようになり，成績の良否が生徒の進学や指導者の勤務評価などに重大な影響を及ぼすようになった。このテストが実際にどのような影響を及ぼしているかを明らかにする調査はまだ行われていない[4]が，このような状況のもとでは，批判的思考を培うことよりも学習内容の暗記やドリル練習などの基礎的学力を強調した指導が行われる傾向が強まることが予想される(Miner 1999)。ここで浮かび上がるアメリカの教室風景のイメージは，前述した理想的なイメージとは相反するものである。

2.2　アメリカの学校や大学における教室内指導の研究

　アメリカの学校および大学における指導実践に焦点を当てた研究には，否

---

(3) アメリカでは教材選択やカリキュラム編成などを含む教育行政は基本的に州に委ねられている。
(4) ノースカロライナで行われたある研究(Jones et al. 1999)では，学習プロジェクトやレクチャー，教科書，ワークシートなどを使う度合いは教師によって異なるが，教師は全体的に体験学習やグループ・ディスカッションなどを含む学習者中心の指導法を取り入れる傾向があり，学力テストが指導方法にどのような影響を及ぼすのかについて明確な結果は出なかった。

定的な教室風景のイメージを伝えるものが多数ある。筆者が教育学およびリテラシー教育の指導に関する資料を調査する中で気づいたことは，1980年代には該当する研究が多数あったが，1990年代には数が減ったということである。その理由として，学校の教育水準に関する研究の焦点が，1990年代にはすでに優れているとされている学校の長所を明らかにすることにシフトしたということが考えられる。しかし，過去数年間に発表された研究には，ここで述べたような否定的なイメージが根強く表れている。

2.2.1 教育目標

前述のような否定的なイメージとは異なり，教育目標を通して描かれる理想的な教室風景のイメージは応用言語学の文献で描かれているイメージと類似する点がある。Goodlad(1984)は歴史的調査と州政府の出版物の分析をもとに，これまでに掲げられた学校教育の目標をリストアップした。そのリストを見ると，一部の応用言語学者が主張するような，合理的，論理的，批判的，かつ自立した思考および独自の問題解決スキルの発達などが教育目標として挙げられてきたことがわかる。しかし，それと同時に応用言語学者らの主張と相反する点も明らかになった。それは，応用言語学者らが個人主義を強調しているのに対し，他者との協力が教育目標として掲げられていたのである。つまり「他者に対して尊敬と思いやりの気持ちを忘れずに，また互いに協力し合って良好な関係を築くこと」などが強調されていた(Goodlad 1984: 55)。実際，学校での協働学習が近ごろ強調されているが，これは個人的な目標よりも共通の目標に向かって一緒に取り組むという考え方が基盤となっている(例：Johnson & Johnson 1994)。

2.2.2 教室内指導の特徴

1980年代に発表された初等・中等教育に関する研究では，教師中心型のアプローチが一般的であったことが明らかになっている。そのよい例のひとつとして，Goodlad(1984)やSirotnik(1983)が言及している「学校教育調査」(A Study of Schooling)と呼ばれる大規模調査がある。授業観察の結果から明らかになったことは，主な授業形態はあくまでも教師主導型であるということである。たとえば，教師はたいてい教壇に立って事実の説明を行い，教材や授業内容も教師が独断で決めていた。また，教師と生徒とのやりとり

も，教師が事実に関する質問をしてそれに生徒が答えるという形のものが多かった。このような特徴は学年が上がるほど強まる傾向があった。Sirotnik は5分間の授業内のやりとりを分析し，自由回答形式の質問を通した教師と生徒とのやりとりがいかに少ないかを指摘した。さらにこのデータで，教師が生徒の理解度を増すために必要な補正フィードバックをあまり行わないことも明らかになった。このような教壇型アプローチおよび教科書やワークシートの多用傾向については，Sizer(1984)の行った高校における研究や，Taylor, Teddlie, Freeman and Pounders(1998)の初等教育に関する研究など，その他の研究でも明らかにされている。

　これらのイメージはアメリカでは過去1世紀を通して変わっていないようである。Cuban(1993)は1890年から1990年までのアメリカの教育現場における指導実践に関する歴史的調査を行い，教師中心型の指導方法[5]がどの程度残っているのか，またその理由についても考察した。その結果，小学校では1980年代から1990年代初めにかけて広まったホール・ランゲージ・アプローチを取り入れるなど，徐々に児童中心のアプローチが取り入れられるようになってはいるが，「主要な指導法の傾向は，教師中心型のアプローチである」(Cuban 1993: 245)ことが明らかになった。Cuban はその理由として，教師がクラスをコントロールするためには自らの権威を行使しなければならないと考えがちであるため，このような傾向が生じるのではないかと考えた。

　ただしアメリカのすべての教室風景がこれに当てはまるというわけではない。Boyer(1984)の行った研究では，上層階級の子どもが通う高校では，多くの教師が生徒の創造性や生徒中心の参加型学習を強調した，革新的で知的好奇心を刺激するアプローチを取り入れていた。これは理想的なアメリカの教室風景のイメージとまさに合致する。しかし，実際こういった教育を受ける機会が得られるのは，特権階級の子どもだけである。Oakes(1985)が行った中等教育における能力別編成クラスに関する調査でも，前述のような授業を受けられる機会は特進クラスの生徒の方が下のレベルの生徒より多く与えられていることがわかった。

---

(5) 教師中心型の指導方法の主な特徴として，教室内の発話は圧倒的に教師が占めていること，個々の学習者のニーズがあまり顧みられないこと，活動や教材は教師が単独で決める傾向にあることなどが挙げられる。

教師主導型の授業は大学教育においても一般的なようである。たとえば，Boyer(1987)は授業観察および教職員と学生を対象に実施した全国規模のアンケート調査結果から，教授の講義を学生が受身姿勢で聞くという授業形態が主流だということを明らかにした。特に大学でよく見られる大人数のクラスでは，講義型の授業は避けられないようである。しかし，Boyer の調査結果には，学生と教師が活発に意見を交わすディスカッション型の授業例も報告されている。このような授業例はアメリカの教室風景の理想像を反映してはいるものの，あくまでも少数派であった。Chiseri-Strater(1991)が行ったアカデミック・リテラシーに関するエスノグラフィ研究や Anderson et al.(1990)の大学 1，2 年の学生と教授に関する調査でも，大学では対話型より知識伝達型の授業の方が一般的であるという報告がなされている。さらに，Applebee(1996)は，文学教育に関する調査結果をもとに，学校教育および大学では暗記や機械的学習など内容を文脈から切り離したような教え方が主流であると述べている。全般に，ここで浮かび上がるのは知識の権威的伝達者としての教師像であると言っても過言ではない。このようなイメージと次項で述べる生徒像は，普通学級における ESL 学習者の問題に焦点を当てた応用言語学の文献と類似している。

2.2.3　生徒の特徴

　前節で引用した研究から浮かび上がるのは，活発かつ創造力豊かで自立性があるというイメージとは正反対の，おとなしく受身で従順な生徒像である。Goodlad(1984)は，主要な授業活動は，ワークシートなどの筆記作業や課題準備，そして教師の話を聞くことであり，個人的学習は同一の課題に個々の生徒がそれぞれ取り組むというような，あくまでも表面的なものでしかないと報告している。Goodlad は，この研究に参加した生徒らについて，「生徒たちは自分たちが先生に言われたとおりのことをただこなしていると捉えているようだ」と述べている(Goodlad 1984: 110)。高校レベルにおいても生徒が真剣かつ知的なディスカッションに参加することは稀であり(Boyer 1987)，教師の講義は「だれも聞いていないモノローグのようなもの」(Sizer 1984: 158)である。Boyer(1987: 147)は，「このように個性が阻害されてしてしまうような授業で，いったいいかに生徒の批判的思考や創造力を育てられるのか」という疑問を投げかけている。

受身的な学生の姿は大学でも一般的なようである。Boyer(1987)は，多くの学部生は授業には積極的に参加しないのに，成績には神経を尖らせ，成功のために喜んで決まりに従うという傾向があると指摘している。これは，調査に参加した学生の次のコメント，「学部生は議論を恐れて，活発な意見交換の場に参加することを避ける。一番大切なことは試験対策をすることだと思っている」(Boyer 1987: 141)からも明らかである。ディスカッションが始まったとしても，たいてい数人の男子学生が活発に意見を交わし，あとの学生は聞いているだけであった。Anderson et al.(1990)や Chiseri-Strater (1991)などの研究からも同様のイメージが報告されている。

　たとえば，授業で読み書きの時間が少ないことや(Boyer 1984; Goodlad 1984; Sizer 1984)，大学の1，2年生のクラスではエッセイ課題があまりないこと(Anderson et al. 1990)，さらに大学生の読み書き能力が欠如していること(Boyer 1987)などが報告されている。学校では相当な時間が作文に割かれてはいたが，活動の中心は文章を構成することよりも，質問に答えたりワークブックの問題を解いたりするような，ごく単純な筆記作業であった。これらの研究はホール・ランゲージ・アプローチが普及する前に行われており，その点を考慮すれば，結果をそのまま鵜呑みにすることはできないかもしれない。しかし，Harklau(1994, 1999a)と Taylor et al.(1998)は，学校で行われる読み書きの指導は相変わらず不十分であると指摘している。

　要するに，これらの研究では，文化の差異に焦点を当てた応用言語学の言説からかもし出されるイメージとは異なり，教師主導と生徒の消極性を特徴としたアメリカの教室風景が描かれている。Goodlad(1984: 109)によると，生徒は進級するに従い「より重要さを増す自己の教育に対する主体性を持とうとするのではなく，逆により受身的になる傾向がある」という。

2.3　修正主義の議論：正当化される自己と異端視される他者

　政治的主導に基づく教育改革と前述のような教育実践に関する研究から映し出されるアメリカの公教育のイメージは，いずれも否定的なものである。しかし，研究者の中にはメディアが強調する「危機」ということばが，公教育に対する政治的攻撃として利用されることに反論する者も出てきた。Baker(1997b)が修正主義者と呼ぶこれらの人々は，アメリカの学生が他国の学生に比べて学力が劣っているとする主張を疑問視してきた(例；Berliner

1993; Berliner & Biddle 1995; Bracey 1993, 1996b, 1997b; Rotberg 1990; Westbury 1992)。修正主義者らの観点からすれば，アメリカの教育危機は，国際的な学力の比較データなどを利用して現在の公教育を批判し，民営化を進め，新保守主義的な教育をめざそうとする右派の勢力によって作り上げられたものである。そのため，国内外の試験成績やアメリカの教育に関するその他のデータの再解釈を通して公教育を支持することが彼らの主な議論となっており，学校教育の否定的な描写に対しては，公教育を弱体化させる手段として利用されているとして強く反発している。

　このような修正主義者の主張は，1990年代に教育専門誌などで大きな議論を巻き起こした（例：Baker 1997a; Berliner & Biddle 1996; Bracey 1997b; Stedman 1997）。文化はこれらの議論の焦点ではないが，文化差の問題も議論に上がることがある。そのようなときに修正主義者が提示する文化的差異は，応用言語学に見られるような対極化されたものである。またさらに，学力の国際競争に関する議論では，まるでアジアの教育に対するネガティブ・キャンペーンのように，アジア文化に対する否定的な描写が繰り広げられている。しかし，修正主義者による教育改革に関する提言からは，彼らもアメリカの教育における問題を認識しているということがわかる。

　修正主義はアメリカの教育を擁護しているのだが，その理由として，アメリカの学校教育は問題解決能力や批判的思考をはぐくむのに対し，アジアの教育は固定的かつ権威主義的で試験や暗記に頼りがちであるとしている。たとえば，Berliner and Biddle(1995)およびBracey(1996b)は，アメリカと日本の5年生の子どもたちの算数能力を調査したMayer, Tajika and Stanley(1991)の研究を引用し，アメリカの生徒のほうが問題解決能力に優れていると述べた。確かに，算数の成績において，両グループを統計学上同位として比較した場合，アメリカの生徒の方が文章問題を解く能力は優れていたが，計算や文章問題の点数自体は日本人生徒の方が高かった。さらに，最も辛口な修正主義者のひとりであるBracey(1996a)は，アメリカと中国の生徒の算数能力を比較したCai(1995)を引用し，中国人の生徒は計算問題や簡単な文章問題ではアメリカ人の生徒よりも優れていたが，自由回答形式のようなより難解な問題においては違いが見られなかったとし，このような結果は中国・日本・台湾を含むアジアの国々でよく見られる機械的な暗記学習を反映しているのだと主張した。同様に，Berliner(1993)やBerliner & Biddle(1995)は，ア

メリカ人は子どもに豊かな創造力や自発性，社会性を持つことと，自分の意見をしっかりと持つことを期待しており，外国からアメリカの学校を訪れた人々はこのような子どもの姿に対して感銘を受けると述べている。

　しかし，これら以外にアメリカの教育に関する優れた点はほとんど言及されず，代わりにアジアの教育に関するネガティブな点ばかりが強調されている。たとえば，日本の高校では生徒の積極的な活動への参加や協力的学習が欠如しており，生徒は自分の意見を表現する力や自立的思考能力，さらに独創性や革新性に欠けていると述べられている(Bracey 1996a)。これらの特徴は，柔軟性にかけるカリキュラムや試験・暗記型の指導アプローチ，権威主義的で厳しい規律などが影響しているという(Bracey 1993, 1996a, 1997a; Young 1993)。Bracey(1997b: 21)は，「アジアの教育制度(およびすべての権威主義的・全体主義的な教育システム)の目標は服従である。この服従とは，日本では以前は天皇に対する服従を意味したが，現在では単に国や一般的な権威に対する服従を意味する」と述べている(同様の主張は Bracey 1998 にも見られる)。Berliner and Biddle(1995)は，共著 *The Manufactured Crisis*(危機の捏造)の冒頭で中高生が関わった悲惨な暴力事件の例を挙げ，後から実はそれらの事件がアメリカではなく日本で起こったものであることを明かした。そしてそれを根拠に，実際に危機的状況にあるのはアメリカではなく日本であり，アメリカの教育危機はあくまでも虚像であるという主張を繰り広げた。応用言語学研究の中立的な論調と異なり，アジア文化に対して否定的かつ侮辱的とも言えるような描写が用いられており，まさにアメリカの問題をあいまいにするためのアジアに対するネガティブ・キャンペーンのようである。

　しかし，皮肉なことに，修正主義者たちの教育改革への提言には，彼らが擁護しようとする肯定的なアメリカの教室風景のイメージは映し出されていない。Berliner and Biddle(1995)は，Goodlad(1984)や Boyer(1984)などの研究が虚像を生み出していると指摘しているが，教育に関する問題点についてはこれらの研究と同様の見解を示して，それに対する改善の道筋を提案している。筆者らは，生徒が高校を卒業する頃には「自立的思考・行動ができる意志と創造性を持ち」(Berliner and Biddle 1995: 301)，かつ効果的なコミュニケーション力と問題解決力が備わっていなければならないとし，Hirsch(1987)のような新保守的主義の改革者によって推進されている知識伝達型・記憶学習型アプローチに対して反論している。しかしながら，このよ

うな考えは「現在もアメリカの高校で主流な教師主導型アプローチとはかけ離れたもの」(Berliner and Biddle: 302)であり，「一部の教育者を含む多くのアメリカ人がいまだに教育とは知識を伝達することだと捉えている」(同：306)とも述べている。筆者らのねらいは教育危機に関する虚像を壊すことであるが，その中で明らかにされる主な指導実践は，前述した多くの研究により報告されている結果と皮肉にも一致している。

3. 言説によって構築されるイメージ

これまで明らかにしたように，さまざまな研究により2つの相反するアメリカの教室風景のイメージが産出されている。一方では生徒が受身的で教師主導型の教室風景が，そしてもう一方では生徒が積極的に授業に取り組む学習者参加型の教室風景が描かれている。しかし，後者のイメージは，実際の教室風景というよりも理想像としておおむね受け入れられている。そしてこの理想像が東洋と西洋の文化差を強調する際に利用されている。とりわけ応用言語学における文化的差異の議論では，この理想的なイメージだけが利用され，もう一方の，つまりより実際の教室風景に近いイメージについて触れられることはあまりない。その結果，アメリカの教室風景を肯定的に描いた理想像があたかも現実のものであるかのような印象を与えてしまっているのである。というのも，これらの研究では，客観性を装った実証研究や科学的な報告と類似した論証方法で議論されるからである (Canagarajah 1995)。

生徒中心型授業という理想化されたイメージとは反対に，教師指導型授業はアメリカの教育現場を反映したイメージであり，実は応用言語学者が描くアジアの教室風景のイメージと酷似している。このことを考えると，はたしてアメリカとアジアの教育実践には決定的な違いがあるのか，という疑問が浮かびあがる。このように，相反するイメージや別々の真実を語る議論が多数存在するため，アメリカの教育の特徴は非常に特定しづらいのである[6]。つまり，アメリカの教室風景のイメージは，あくまでも言説によって構築されたものであり，研究者の政治的・概念的立場を反映し，正当化していると言えるのではないだろうか。

---

[6] この問題は，日本の学校教育の特徴を特定しようとする際に生じる問題と類似している (Kubota 1999; LeTendre 1999; Susser 1998; 本書第1章参照)。

3.1 あやつられた言説

　これまでに見てきた先行研究では，教育や学習における文化的イメージの形成および解釈に関する言説のあやつりが明らかにされている。たとえば，応用言語学や修正主義の文化差を強調する議論では，アジア文化が「他者」と見なされ，都合のよいカテゴリーとして利用されてきた。またアメリカの教育危機における議論では，「自己」が何らかの影響を受けない限り「他者」の存在に目を向けられず，仮に「他者」について触れられることがあっても，たとえば豊富にある日本の教育に関するエスノグラフィ研究などをふまえた上での深い議論がなされることはあまりない(LeTendre 1999)[7]。さらに，アメリカの教育の優秀性を強調したい修正主義者の願望から，文化差が存在するためアジア諸国は国際的な学力の比較対象から外すべきである，という提言まで飛び出した(Bracey 1997b)。逆に，応用言語学研究に見られる文化差の議論では，アジア文化について言及されていることが多い。しかし，ここでもやはりアジアとアメリカの文化の二項対立化を通してアジア文化の他者化が行われている。

　言説のあやつりに関する2つ目の例として，「自己」と「他者」を比較することによって起こる二極化が挙げられる。前述したとおり，アメリカの学校や大学に関する研究で「他者」について言及されることはほとんどない。興味深いのは，これらの研究が描くアメリカの教室風景と応用言語学研究が描くアジアの教育風景は非常に似ているが，文化差に焦点を当てている応用言語学と修正主義の言説では「自己」と「他者」，つまりアメリカとアジアの教室風景がはっきりと対極化されていることである。しかし，応用言語学と修正主義の言説には明確な違いが1つある。それは，応用言語学研究が生む言説は中立的で相対的な論調なのに対し，修正主義の言説はアメリカ文

---

(7) 日本の学校教育や教員養成に関するエスノグラフィ研究は多々存在する(Hess & Azuma 1991; Lee, Graham & Stevenson 1996; Lewis 1988, 1992, 1995, 1996; Lewis & Tsuchida 1997, 1998; Rohlen, 1983; Shimahara & Sakai 1995; Stevenson & Stigler 1992; Stigler, Fernandez & Yoshida 1996; Tsuchida & Lewis 1996)。LeTendre (1999)によれば，これらの研究では，国際的学力比較の議論に見られるような単純でステレオタイプ化されたイメージとは異なる，複雑な現実が描かれているという。たとえば，日本の初等教育の現場では算数や理科を含むさまざまな教科で暗記型の学習よりも参加型活動や問題解決型学習が取り入れられているという。しかし，このような特徴は学年が上がるにつれ弱まり，反対にドリル練習などが増える傾向にある。同様の傾向がアメリカの教育現場においても見られることは，非常に興味深い点であろう。また，後述するように，これらの研究は日本文化を美化しているような印象を与えているかもしれない。

化を肯定的に，アジア文化を否定的に描いて比較している点である。

そして3つ目の例は，アメリカとアジアの文化間に不平等な権力関係を構築かつ維持するものである。文化を対極化する言説には，アメリカ文化が標準であるという前提が存在する。このような前提は修正主義者の論文によく見受けられる。たとえば Berliner(1993: 638)は，勉強だけに専念することを期待されている日本や韓国・インド・イスラエルの生徒に比べ，アメリカ人は「アメリカ特有の『正常な』児童期に対する展望を持っている」と述べた。リベラル文化相対主義の影響を受けた応用言語学でも，表面上は文化に優劣はないという立場がとられてはいるが，英語教育では結果的にアメリカ文化が標準として扱われているのが現状である。つまり，応用言語学の言説に見られる他者化および文化の対極化は，不平等な力関係を正当化する植民地主義的言説の影響を受けていると言えよう。

4. アメリカの教室風景のイメージと植民地主義の遺産

前述した，他者化，文化の対極化および本質化，自文化の標準化という3つの言説構築プロセスは，文化間の差異や権力関係に関する知識を生産かつ反映している。このような知識や権力は，植民地主義の言説につながっていると言えるだろう[8]。

4.1 植民地主義における文化の対極化

近年の研究は，植民地主義が決して過去のものではなく，現在においてもまだその名残があるということを示唆している。植民地主義的言説の連続性については，民俗学・教育学・歴史学・地理学・TESOLなどさまざまな分野で議論されている(例：Blaut 1993; Pennycook 1998; Thomas 1994; Willinsky 1998。詳しくは Pennycook 1998 参照)。また，対極的に描かれているアメリカとアジアの教室風景が，いかに「中心」と「周縁」を対比する植民地主義的対極化と共通しているかという点についても指摘されている。たとえば，Blaut(1993: 17)は19世紀頃に典型的であった二項対立に基づ

---

[8] 本章における植民地主義とは，特に英語帝国主義を含む西洋支配を指している。しかし，それ以外にもさまざまな植民地主義が存在していることは言うまでもない。そのよい例が日本の帝国主義によって進められた植民地主義である。第二言語としての日本語教育にも見られるように，現在でも社会，文化，経済，政治面においてアジア各国にその名残がある(川村 1994; Tai 1999; 安田 1997 参照)。

く植民地主義の考え方として，「創意性」対「模倣性」，「合理性・知性」対「非合理性・感性」，「抽象的思考」対「具体的思考」，「理論的推論」対「経験的・実務的推論」，「精神」対「身体」，「規律」対「恣意性」，「成人」対「児童」，「正気」対「狂気」，「科学」対「魔術」，「進歩」対「停滞」などを挙げている。アジアの教室風景と対比されるアメリカの教室風景のイメージは，植民地主義の文化構築物，もしくは一種の「植民地化ストラテジー」(Pennycook 1998: 166)とも捉えることができる。ではいったい，このような文化構築や描写はどのようにして生じるのだろうか。

　前述したように，アメリカの教室風景(自文化)がアジアの教室風景(他文化)と異なるように感じるのは，自文化が他文化と対比されたときのみである。実に，植民地主義が自文化，すなわちヨーロッパ文化を他文化とはまったく異なるものとして構築してきたのだと言える。またその一方で，「東洋は不変で西洋と完全に異なるものである」(Said 1978: 96)というオリエンタリズムのような非西洋人と非西洋文化に対する他者化も行われている。他文化と対比され生み出される自文化のイメージの植民地主義的構築は，西洋のフェミニズム研究において西洋女性のイメージが第三世界の女性と対比され構築されているのと類似している。Mohanty(1988)によると，西洋のフェミニスト言説は女性が男性中心主義の被害者であるという普遍的な概念を形成したが，自己(西洋女性)と第三世界の女性の描写の対比には植民地主義的な手法がとられている。すなわち，自己と他者の比較により，非宗教的かつ自由に自分の人生をコントロールできるという自己像の構築が可能になっているのである。さらに Mohanty(1988: 82)は以下のようにも述べている。

　　第三世界を「経済的依存度が高く未発達である」と定義できるのは，西洋が優位的立場にあるからこそできるのだ。第三世界を作り上げる言説がなければ(唯一無二で特権のある)第一世界は存在しえない。同様に，「第三世界の女性」の言説なしでは西洋の女性の自己像に問題が生じてしまうのである。

　この Mohanty の洞察からは，アメリカの教室風景の矛盾をはらむイメージとの酷似性がうかがえる。つまり，他者と比較されていないときの自己のイメージはネガティブであるが，比較されているときは反対に理想的でポジ

ティブなものとして描かれるのである。通常，固定化された劣等のカテゴリーに対して優位にあるものが標準となる。ここで明らかにされているのは，不平等な権力関係である。アメリカの教室風景を標準とする自己像によって権力が行使されているのである。

4.2 リベラル・ヒューマニストの目標とは

植民地主義的言説における権力は複雑なプロセスで広まっていく。前述したBlaut(1993)のカテゴリーは，中心と周縁の肯定的なイメージと否定的なイメージを対比するものであるが，常に周縁だけが否定的に描かれると言うわけではない。植民地主義的な描写にはさまざまな形がある(Thomas 1994)。たとえば，現代の西洋社会で他者をエキゾチックなものとして美化する傾向が見られるように，「同情や理想化するものや，相対主義的で，かつ自己の社会に対して批判的なもの」(Thomas 1994: 26)もあるという。それゆえに，植民地主義における権力は，単純に支配者から被支配者に押しつけられたものではなく，複雑かつ多様な方法で行使されているものとして捉えるべきである。たとえば，Pennycook(1998)によると，インドでは英語教育に関する植民地主義的な言語政策が議論された際，アングリシズム(英語の推進)とオリエンタリズム(過去のインドのエキゾチック化と母国語の推進)の矛盾の中で権力が行使された。しかし，これらの言説は善意的なリベラル・ヒューマニズムという類似したイデオロギーが基盤となっていた。つまり，リベラリズムの名のもとに未開人を啓蒙するという目的でアングリシズムとオリエンタリズムの双方がヨーロッパの知識や道徳観を植民地に広め，植民地的資本主義のための従順な働き手を提供し，社会構造の現状を維持しようとしたのである。

植民地主義言説が善意的なリベラル・ヒューマニズム基づいていた点は重要である。応用言語学研究も，ESL学習者の英語習得を促進することを目標とした善意的なリベラル・ヒューマニズムのもとに成り立っていることは明らかである。また，応用言語学と英語教育のヒューマニズム的な基盤はリベラル多文化主義に適合する。しかし，このような多文化主義は植民地主義の過去と現在の連続性を反映しているようである。リベラリズムに基づいた多文化主義にはリベラル多文化主義や多元多文化主義などがある(Kincheloe & Steinberg 1997)。前者は人種・階級・性別などを超えた人類の平等と共通性を強調し，結果として人種による差別などの問題をあいまいにしてし

まっている。後者は最も一般的な多文化主義の形式で，文化の違いを尊重し，文化相対主義を促進している。このような形の多文化主義では，グループ間に優劣をつけるようなことはしない。しかし，社会に存在する異なる文化に関する不平等や偏見，差別などに向き合い議論することもしない[9]。このように，現代のリベラル・ヒューマニズムは権力の問題をあいまいにしてしまうため，結果的に既存の権力関係が維持されてしまうのである。同様に，応用言語学者たちの論文の中でも研究者(自己)と被研究者(他者)の間の権力関係があいまいにされている(Canagarajah 1995)。

4.3 レイシズム

現代の言説は不平等に関する議論を避け権力関係を維持しているが，人種差別などの植民地的遺産は存続している。植民地主義によって人種が階層化されてきた点については，多くの研究者が指摘している(例：Blaut 1993; Pennycook 1998; Thomas 1994; Willinsky 1998)。さまざまなモノや世界における自然現象が植民地支配の下に分類されてきたのと同じように，人間も異なる人種に分けられ，優劣をつけられてきた。

この名残が現在に至るまで続いていることは，現代社会に人種差別が根強く残っていることからも明らかである。現代のリベラル・ヒューマニズムの言説はあからさまな人種的偏見は抑制する。van Dijk(1993)によれば，現代のエリートたちにとって人種差別とは公然とした差別だけを指す。そのため，政治や企業・学問・教育・メディアなどにおける彼らの言説はあからさまな人種差別の否定の上に築かれている。さらにvan Dijkは，現代の人種差別は，人種としてではなく文化として語られると指摘している。公民権運動後の現代社会は明確な人種差別や人種抑圧に対しては否定的であるが，さまざまな社会的・経済的領域において人種的支配と従属はいまだ存在している。van Dijkによれば，学問的言説は，人種差についての明確な議論を避け，言語使用・習慣・規範・価値観などの文化差に焦点を当てることで，人種の階層を維持する新しいイデオロギーを構築している。このような言説の裏には，文化に優劣を与える従来の人種的階層の思想が隠されているのである。

---

(9) カナダにおける例についてはMorgan (1998)を参照されたい。この論文の中でMorganは，ESL学生が批判的な議論に参加する能力があることを示し，社会正義の問題をESLの授業に取り入れていくための具体的なアイデアを提示している。

4.4 まとめ

本章では，矛盾するアメリカの教室風景のイメージが，いかに他者と相対する自己像の植民地主義的構築を象徴し，そしてそれがいかに植民地主義的二項対立性を産出かつ持続させてきたのかについて述べた。これらの対極化では権力によって標準や優劣が決められる。植民地時代には，世界を文明化するという善意的なリベラル・ヒューマニズムの建前のもとで，植民者の権力は複雑かつ多様な形で行使されていた。このリベラリズムは，公然とした人種差別を否定し，人種的・文化的差異や共通点を受け入れる現代の多文化主義の言説につながっている。文化差を強調する応用言語学の言説の多くは，リベラル・ヒューマニズムによって成り立っていると同時に，自己と他者の間の不平等な権力関係を正当化する植民地主義的遺産を強調している。

5. 考察

本章は，アメリカとアジアの教室風景のイメージにおける言説的構築性に焦点を当て，これらのイメージがいかに産出され利用されているのか検討した。したがって，本章の目的はアメリカの教室風景のイメージが中立的で客観的真実に基づいたものではなく，むしろ自己にとって都合のいい言説により構築されている点を明らかにすることであって，個々のイメージの真偽性や妥当性を問うことではない。応用言語学の議論に見られるような，アメリカの中流階級の規範や価値観を反映した理想的なアメリカの教室風景のイメージは，いわばnecessary convenience (Atkinson & Ramanathan 1995: 557)，つまり自己にとって必要不可欠で便利なものであるとも言える。ESL 教育に携わる者にとって重要なことは，理想化されたアメリカ文化のイメージに対して疑問を持ち，このようなイメージが学習者・教師・他分野の専門家たちにどのような影響を与えうるのか，批判的な視座を持つことである。

5.1 アメリカの教室風景の理想化が及ぼす影響

5.1.1 異文化間ミス・コミュニケーション

本来，第二言語教育とは異文化間コミュニケーションを促進するためのものである。しかし，理想化されたアメリカの教室風景のイメージは，反対に異文化間コミュニケーション摩擦を引き起こす原因ともなりうる。たとえば，日本人とアメリカ人の英語での会話行動を調査した Beebe and

Takahashi(1989)の研究では，日本人の方が率直に不同意の意を示したり相手を非難したりというように，対人関係を円滑にするための配慮に欠けた直接的な言語行動を取る傾向にあることが明らかになった。この結果について，著者らは日本人英語学習者たちが直接的と言われるアメリカのコミュニケーション・スタイルと英語の敬意表現の少なさを過剰に一般化してしまったことが原因ではないかと述べている[10]。

　この推論は的を射ており，ESL 話者の社会的成功に支障をもたらす可能性を示している。一般的にアメリカのコミュニケーション・スタイルは平等主義を反映していると捉えられがちであるが，実際には必ずしもそうではないからである。ESL 話者は，人種・文化・言語などに対する偏見によって，コミュニケーションの場，特に自分の印象が左右されるような状況において弱い立場に立たされやすい。だからこそ彼らはより巧妙かつ如才なくコミュニケーションを図ることが必要であり，英語話者がはっきり自己主張をするという点を強調しすぎてしまうと，ESL 学習者のためにならないのである。さらに，この逆は ESL 学習者のコミュニケーション・スタイルに対するステレオタイプ化である。たとえば，日本語の書きことばは間接的で帰納的であると一般的には信じられているが，筆者の過去の研究(Kubota 1992)では，演繹的な文章が好まれる場面でも，先入観にとらわれてか，帰納的なスタイルで書こうとする日本人学生がいるという結果が出ている。

5.1.2　異文化解釈

　自文化と他文化に関するイメージは，人々が異文化の社会的習慣をどう解釈するかということにも影響を及ぼす。そのことを示すよい例が，日本とアメリカの保育士を対象に行った Fujita and Sano(1988)の研究である。調査者らがそれぞれの国の保育士に互いの指導場面の映像を見せ，相手の指導方法に対する印象をディスカッションさせたところ，双方ともはじめに述べた印象は一般的なステレオタイプとは正反対のものであった。つまり，日本人保育士はアメリカ人保育士を厳格で規則に厳しいと表現し，逆にアメリカ人保育士は日本の保育園を騒がしくて秩序がないと描写したのである。しかし興味深いことに，ディスカッションが進むにつれ，特にアメリカ人保育士らが

---

[10] 英語でも敬意表現は使用される。たとえば，Belcher (1995)はブック・レビューなど著作物の評価において，否定的な批評をする際に婉曲表現が用いられる傾向があることを指摘している。

下した解釈にステレオタイプの影響が見られるようになった。たとえば，アメリカの個人主義に比べて日本は「組織的・家父長的・伝統的」であり，日本人保育士が子どもにあまり干渉しない理由についても，「社会全体が組織的だから，伝統的な価値観によって子どもたちをコントロールし，園の秩序も保つことができるのだ」(Fujita & Sano 1988: 90)という見解が述べられた。しかし，このような解釈は，日本人保育士ら自身の考える保育士像とは矛盾していた。日本人保育士らは臨機応変に状況に対応し，活動の流れを促進・維持することが，自分たちの仕事だと認識していたのである。つまり，異文化間の解釈が自己や他者に対する先入観に大きく左右されていることが明らかになったのだ。

さらにこの研究が明らかにしている重要な点は，文化的コンテクストが異なれば「個人主義」や「自立」の意味も変わりうると言うことである。たとえば，アメリカ人保育士は子どもに選択権を与えることで子どもの自立性を育むことができると考えていたが，研究者たちの観察では，実際には保育士が選択肢をあらかじめ絞っており，子どもたちの自由奔放な活動も認められていなかった。反対に，日本人保育士は子どもたちに選択権を与えはしなかったが，グループ活動への不参加を許可していた上，ほぼ何でもしたいことをさせていた。この2つのケースを見れば，どちらのほうがより自立性を育むアプローチであるかを判断しようとすることは不可能，いや無意味なことであるとさえ言えるのではないだろうか。このような点からも，個人主義・自立性・創造性などを含む文化的構成概念には複数の意味が存在しうると考えられるのである。

5.1.3　文化本質化の助長

　ESL教育の現場において，教師の持つ自己と他者に対する考え方や認識は，文化の本質化やESL学習者の他者化をより助長する可能性がある。たとえば，Harklau(1999b, 2000)は，大学のライティングの教師が，移民のESL学習者のアメリカにおける居住期間に関係なく，彼らに「あなたの国のすばらしいところ」や「あなたの国とアメリカの文化の違い」について書きなさい，といった内容の課題を与える傾向があることを明らかにしている(Harklau 1999b: 115)。教師はあくまでもよかれと思ってこのようなトピックを選んでいる。しかし，ESL学習者の中には幼少の頃アメリカに移民し

てきた者もおり，祖国に対する記憶や感情もさまざまである。また，中には部分的，もしくは完全に自分自身をアメリカ人として認識している者もいるかもしれない。したがって，無批判にこのような課題を与えることは，学生に特定のアイデンティティを押しつけ，文化の対極化を助長してしまうことにつながりかねないのである。また，Harklau(1999b)は，ある教師がベトナム系の学生間でベトナム文化に関する意見が食い違った際に，学生に意見が一致するまで話し合うよう指示したケースを取り上げ，文化に対する固定観念の問題を指摘した。つまりこのケースでは，教師はアイデンティティや文化の社会的・言説的構築性を無視して自分自身の思う「他者」のあるべき姿を学生に押しつけていたのである。

　さらに，文化差に関する特定の概念は，社会的支配層が持つ欠点を隠蔽することにもつながる。たとえば，ESL学生が授業であまり発言しないのは，自己表現を奨励しない文化が原因であるとされる(たとえば，Ramanathan & Atkinson 1999は，アメリカの高校に通う中国人ESL生徒のエスノグラフィ研究をしたHarklau 1994を引用した)。しかし，ESL学生の授業内での消極さは，文化背景よりもむしろ非受容的なクラスの雰囲気，および他の学生や教師のESL話者とのコミュニケーションに対する消極的な姿勢(Lippi-Green 1997参照)，さらにクラスのジェンダー構成やESL学生に対する他の学生の否定的な態度(Harklau 1999a; Lay, Carro, Tien, Niemann & Leong 1999; Leki 1999)などに起因すると考えられる。むろん文化は生徒の社会との関わりや学校の勉強においては重要な役割を果たしている。しかし，文化だけが問題の要因であると捉えるのは危険である。なぜならば，そのような考え方は，人種差別を永続させる支配層エリートの言説と同様に，被害者や被害者の文化を非難する行為(van Dijk 1993)と本質的に同じだからである。

5.2　ESL教育者が取るべき行動の指針

　ポップカルチャー，メデイア，そして教育などあらゆる分野で，文化の二極化は支配主義的言説の一部として存在している。国際比較教育研究では，アメリカの教室風景のイメージが理想化される一方，アジアの教室はステレオタイプ化され，否定的に描かれている。この原因として，研究者が実際にアジア人との関わりを持つ機会があまりないということが考えられる。ESL教育に携わる者は，普段から多様な文化に直接触れ合う機会を持っており，

文化に関して説得力のある議論ができるはずである。

　では，教育研究に関する講演会など ESL 教育以外の場で議論に直面したとき[11]，ESL 教師や研究者はどのような立場を主張することができるであろうか。1つ目は，対極的な文化差を認める議論に同調する立場である。そして2つ目は，中間的立場を取るか，もしくは「それぞれの文化グループには個人差や多様性があり，異なる文化をステレオタイプ化するべきではない。しかし，文化のグループにはそれぞれ共有する物の見方や社会的慣習があり，ある程度の文化差が存在するのも事実である。このような差異は文化の傾向と呼べる」と述べ，個人差と文化差について話し合うことである (Atkinson 1999)。

　3つ目の立場として，参加者に文化の批判的な議論を促すことが考えられる。このような立場からは，文化差や自文化と他文化に対する自分の認識を批判的に捉えることの必要性などを説き，私たちが持つ認識は単なる客観的事実の反映ではなく，あくまでも言説的に構築されたものであることを説得することができるだろう。また，特に自分の文化が優位な立場にある場合は，自分たちを標準視し，その優位な立場と他文化との差異を維持するために権力を行使してしまう傾向にあることや，文化差が特定の概念や力関係を正当化するために，いかに産出され利用されているかを理解することの必要性を訴えることも考えられる。

　ESL 教育者や応用言語学者は，自文化も含めて世界中の文化のイメージを活発に生産し消費する立場にある。そのため，西洋の文化や英語の支配的存在を擁護したり，非西洋の言語や文化を見下したりするような民族中心的な考えを持ってはならないと同時に，西洋と非西洋の文化差が言説によって作り上げられたものであるということを認識する必要がある。教育者や研究者は，文化の差異を肯定する考えの裏に存在するイデオロギーやその考えがもたらす社会・文化・教育への示唆をクリティカルに考えるべきである。

---

(11) ESL 教師や研究者が直接的もしくは間接的にこのような議論に直面する機会は大いにありうる。最も過激な修正主義者のひとりである Bracey (1997b) は全米各地で毎年30～40回ほど公開講演を行うという。筆者自身，Berliner and Biddle (1995) の著者 David Berliner の公開講演の場で，彼の激しいジャパン・バッシングを聞いた経験がある。

第 2 部

人種・ジェンダー・多文化主義と英語教育

第二言語ライティングにおける
ジェンダー・階級・人種への新しいアプローチ[1]

はじめに

　すべての言語学習者はジェンダー・階級・人種という社会的カテゴリーに関し，何らかの特性を持ち合わせている。バイリンガルの書き手は，意識的にではないかもしれないが，複合的，かつ常に変容しているジェンダー・階級・人種というアイデンティティを軸に，母語あるいは第二言語で書くという作業に取り組んでいる。教育現場において，これらの社会的カテゴリーは，カリキュラムと教材の開発や選択，教室での指導内容とその方法，また，学生・教師・管理職の募集などに，大きな影響を与えたり議論を巻き起こしたりする。

　それにもかかわらず，第二言語ライティングや，第二言語研究における一般的な論文などを分析すると，これらのカテゴリーはほとんど注目されていないことがわかる。一般に第二言語研究でのジェンダー・階級・人種に対する注目の欠如は，第二言語習得の入門書において顕著である。そこではジェンダー・階級・人種の問題は学習者要因として扱われているのだが，他の要因に比べあまり注意が払われていない。たとえば，Larsen-Freeman and Long(1991)では，第二言語学習に影響を与える要因について節を1つ設けている。この節では動機づけや態度，性格，認知スタイル，大脳半球機能分化，学習ストラテジーを含めた年齢，適性，社会的・心理学的要因に言及している反面，ジェンダー・階級・人種のうちジェンダーのみが「その他の要因」に含められている。Gass and Selinker(2001)による第二言語習得の入門書では，上記の要因を「非言語の影響」として挙げているが，ジェンダー・階級・人種にはまったく言及していない。しかし，第二言語習得と学習を社会文化的に，また批判的に理解しようとしている研究者はこれらの問題に注

---

[1] Kubota, R.(2003). New approaches to race, class, and gender in second language writing. *Journal of Second Language Writing, 12,* 31-47.(Reprinted in L. Wei (Ed.) (2011), *The Routledge applied linguistics reader* (pp. 262-274). London: Routledge.)（翻訳協力：近藤明，米本和弘）

目している。たとえば，Mitchell and Myles(1998: 20)は以下のように述べている。

> 学習者を社会的存在として認識することは，学習者のアイデンティティの中にある社会的に構築されたさまざまな側面に着眼することであり，学習者と学習の関係に着眼することでもある。つまり，階級，民族，そしてジェンダーは第二言語学習の研究において非常に重要なのである。

同様に，クリティカルな質的研究の前提のひとつとして，Peirce(1995b)は社会の不均衡な権力関係がジェンダー・人種・階級・民族・性的指向の不平等を生産・再生産していることを挙げている。第二言語研究者と教育者が言語学習の社会政治的な側面に注目するにつれ，人種，階級，ジェンダーの問題，また，これら3つのカテゴリーの相互関連性は必然的に研究の焦点となるのである。

3つのカテゴリーのうち，ジェンダーは他の2つに比べより研究が進んでいる。出版数は少ないものの，ジェンダーに寄せられる関心は，近年，母語としてのライティング研究分野と同様に，第二言語ライティングの分野においても高まってきている(Belcher 1997, 2001; Johnson 1992; Pavlenko 2001a)。母語としての英語のライティング研究とジェンダーの関係性は，文学の分野がフェミニズム理論から影響を受けたからであろうと Vandrick(1994)は述べている。つまり，大学で必修の文学とつながりが強いライティング授業を担当する教員の中に女性が多いことがおそらく関係しているのだが，これは第二言語としての英語(ESL)教育分野で女性の教師が多い点とも一致する。第二言語教育・習得とバイリンガリズムの分野を俯瞰すると，ジェンダーへの注目が高まっており，ジェンダーと言語の先行研究をまとめた論文(Ehrlich 1997; Pavlenko 2001b; Sunderland 2000)がそれを裏づけている。これらの論文は，ジェンダーと言語の固定的な見方を疑問視しながら，ある問題点も指摘している。それは，バイリンガル・マルチリンガルの状況下で男女がどのように言語を学習したり使用したりするかを調査する研究が，結果的に男女を二項対立化してしまっているという問題である。構築主義とポスト構造主義は，このようなジェンダーを生物学的性質として固定化されたものとする見方(つまりジェンダーの二極化)や，ジェンダーと言語

形態に一対一の関係があるとする見方を超えようと試みている。その中で，ジェンダーによる差異とジェンダー・アイデンティティが，どのようにして社会関係と言説(共通認識で統一された言語表現)の中で構築されるか明らかにしようとしている。このような視点を持つことにより，言語使用や言語学習の中に見られるジェンダーを流動的で，常に変化している社会的構成物として捉えることができるのである。

　本章では，まず，バイリンガリズム，第二言語習得，および教育の分野に最近見られるジェンダーに関する議論の主な概念をまとめる。そして，これらの概念を第二言語ライティング研究におけるジェンダー・階級・人種に関する問題に当てはめてみる。二項対立と本質主義を批判することは，さまざまな社会関係に存在する権力，政治性，そしてイデオロギーを暴くポスト・プロセス・アプローチ(ライティング教育におけるプロセス・アプローチを見直す方法論)の重要な部分を占める。ジェンダーと階級と人種はそれぞれ異なったカテゴリーである。しかし，構築主義とポスト構造主義におけるジェンダーと言語に対する取り組みは，人種や階級の問題を探求する際に有益な概念的枠組みを提示するだけでなく，これら3つの概念の相互構築を模索する上で有用となる。本章では数多くのテーマを扱うが，目的はこれら3つのトピックについての文献を包括的にまとめることではなく，鍵となる概念を精査し，第二言語ライティング研究の今後の方向性を模索することである。

　最初に，第二言語ライティングと第二言語習得の研究は焦点の違いが多岐にわたるため，この2つの分野は必ずしも交差しない点を指摘しておきたい。Carson(2001)によると，第二言語ライティングは主に，実用主義的な観点から見た談話レベルでの言語能力に関心を向けるのに対して，第二言語習得は形態統語論レベルでの言語能力に焦点を置いている。同様に，バイリンガリズムと第二言語ライティングも完全に一致するわけではない。バイリンガリズム研究は，2つの言語の発話がいかに使い分けられるのかを明らかにするため，心理言語学的，社会学的手法を用いることが多い。一方で，近年，バイリテラシーまたはバイリンガリズム研究において，研究者自らのバイリテラシーもしくはバイリンガル能力の発達を綴った内省的研究に対する興味も高まってきている(Belcher & Connor 2001; Pavlenko 2001a)。第二言語習得やバイリンガリズム研究を第二言語ライティングに直接当てはめるこ

とはできないかもしれない。しかし，第二言語習得やバイリンガリズムの発達過程と要因は，当然第二言語ライティングの根底にあり，それゆえ，これらの分野はお互いに影響しあっている(Silva, Leki, & Carson 1997)。特にCarson(2001)が示すように，第二言語習得と第二言語ライティングには類似点がある。第二言語習得と第二言語ライティング研究は，一般的に，ジェンダー・階級・人種への取り組みが希薄な点で共通しているが，最近の研究では，ようやくジェンダーに関する論点に注目が集まってきている。以下，第二言語教育・習得とバイリンガリズムの分野におけるジェンダーに関する議論を概観したい。

1. 第二言語研究とジェンダー

　第二言語・外国語教育，言語習得，バイリンガリズムの分野におけるジェンダーに関する先行研究を整理した論文が近年いくつか出版されている。Sunderland(2000)は第二言語や外国語教育の中での言語とジェンダーに関する研究を概観し，言語学習能力・モチベーションと投資・教師の認識・学習スタイルとストラテジー・教室内でのやりとり・教材・評価・学習者のアイデンティティ・男性らしさ・教授法など数多くのテーマの研究をまとめている。これらの研究は，データをもとに直接的にジェンダー間の差異を調査したものから，ジェンダーの偏見や不均衡な権力関係を批判的に探求したものまである。Sunderlandが挙げる問題のひとつに，言語使用における「ジェンダーによる差異」の二元的な見方がある。この見方は言語使用において，女性が劣っており，男性が優れているという固定的な見方を強固にしてきた。しかし，Sunderlandによると，ジェンダーは新たに理論化されてきている。そこで基軸になっているのは，学問上の新たな概念である。たとえば，アイデンティティの複次的かつ流動的な捉え方，ジェンダーの社会的・言語的構築性(「女性・男性である」ではなく「女性・男性になる」)，個人の主体性という概念である。さらには，本質化された男性らしさ・女性らしさというカテゴリー(Butler 1990)を否定し「パフォーマティビティ(遂行発話性)」(ジェンダーの規範が繰り返される行為)によって構成されるジェンダー・アイデンティティといった概念も論じられている。それにもかかわらず，ジェンダーと言語に関する研究のほとんどはジェンダーを二項対立的に捉えたままであることをSunderlandは指摘している。Sunderlandは，この

二項対立は，男女それぞれ同性内に存在する差異，逆に男女間に見られる類似性，意味が表出される状況，そして，ジェンダーが言語使用を規定するのではなく，言語使用によってジェンダーが形成される可能性などを見過ごしていると論じている。このような見方は，男女差の概念を，ジェンダーと言語間の相関関係という固定的，普遍的な認識から解き放している。

第二言語習得研究でジェンダーによる差異を固定化することの問題点にはEhrlich(1997)も言及しており，社会と言語によるジェンダーの構築に着眼するよう提言している。Sunderland(2000)に加え，Ehrlich は，男女差に焦点を当てることによって，差異が誇張かつ一般化され，言語活動におけるジェンダーによる差異に関して，固定化された概念を生み出し，言語の習得と使用の背景にある社会的・文化的・状況的背景をすべて無視してしまうと論じている。Ehrlich によると，近年の言語とジェンダーの研究は，「言語使用が社会的カテゴリーとしてのジェンダー間の差異を作り出す」(Ehrlich 1997: 424)とする構築主義に焦点を当てており，「個々人は文化や集団の規範に基づいた男らしさ，女らしさを想起する社会的実践に習慣的に関わることによって，自らを「女性」または「男性」たらしめている」(同: 436)と述べている。言語使用において，男女差を二項対立的に捉える固定的見方に対して，この理論的枠組みは，言語の使用者を規範に対抗できる存在であると解釈している。

言語使用において，ジェンダーによる差異が社会的に構築されることがさらに詳しく論じられているのは，フェミニスト的ポスト構造主義の研究方法においてである。この方法を通して，多言語環境におけるジェンダーと言語の関連性が探求されている(Pavlenko 2001b)。多くの研究に基づいてバイリンガリズムとジェンダーの関係を理論化した Pavlenko(2001b)は，言語とジェンダー研究の関連性を明らかにするフェミニスト的ポスト構造主義の方法論が掲げる前提を何点か挙げている。これらの前提は，ジェンダー，またはジェンダーの意味を，個人的特徴ではなく社会的関係のシステムとし，さらに社会的もしくは文化的に構築されたもの，流動的で常に変容するもの，そして常に文脈によって変わるものとして概念化している。つまり，ジェンダーと言語は一対一の関係ではなく，無数の関係と意味が存在する。言い換えれば，「ジェンダーと普遍的に関連づけられる言語習性・スタイル・行動というものは存在しない」(Pavlenko 2001b: 126)のである。フェミニスト

的ポスト構造主義のもうひとつの前提は，ジェンダーによる差異が言説の中で構築され交渉されるという点である。つまり，権力構造を包括するジェンダー・アイデンティティは，言説や，規範的また逆に反覇権的なジェンダーの概念を含む言語使用の中で生み出され，強化され，そしてときには疑問視される。

　上に述べたジェンダーと言語に対するさまざまな方法論の概要は，フェミニズムにおけるジェンダーによる差異を概念化する手法といくつかの点で類似している。Weedon(1999)が示したジェンダーによる差異に対するフェミニスト方法論のまとめがここでは有用である。まず，女性の言語が男性のそれよりも劣っているという考えや，男性の言語使用こそが規範であるとする考え方は，伝統的なジェンダーによる差異の考え方である。次に同性間のやりとりの中でジェンダー特有の言語使用に注目する方法は，公の空間におけるジェンダーの平等を提唱するリベラルなフェミニスト的考えとともに，従来の男女差を批判する「平等だが異なる」という議論と類似している。しかし，以下の例に示すように，このような議論に基づく立場は，深く根づいた家父長制度，または女性らしさや男性らしさの規範的概念に対して十分な批判ができていない。それに対して，単なる差異の認識を超え，女性の言語使用に対して肯定的な意味を付加する試みは，後に記述するが(Belcher 1997; Tannen 1998 参照)，女性の身体と心を解放し，女性特有のアイデンティティを認めるというラディカル・フェミニズムの考えに似ている。さらに，言語的性差が社会的・言説的に構築されるという見方は，フェミニズムのポストモダン的な考えを反映している。

　フェミニズム同様，言語使用におけるジェンダーによる差異を模索する方法論が議論されている。Sunderland(2000)が「ジェンダーによる差異を明示化する方法論」に対して批判的な態度を示したように，Pavlenko(2001b)も従来のジェンダーと言語の研究手法には限界があると指摘し，代わりにポスト構造主義的アプローチを提言している。従来の方法論では「欠陥」(deficit)または「支配」(dominance)の概念に見られるように，女性を先天的に劣っていると見なし，抑圧された言語使用者だとする考えを生み出してしまう。さらに，この根本的「差異」をもとにした枠組みでは，言語使用に見られる差異と言語使用者の性別が簡単に結びつけられてしまうのである。同様に，Wareing(1994)は，ジェンダーによる差異を重視する方法では，同性の話者

同士のやりとりを調査することによりジェンダー特有のコミュニケーションの規範を考察するのに対し、「支配」に注目する方法は男女間の会話を考察することにより、ジェンダーが生み出す権力関係の不平等を浮き彫りにしてきた。特に、差異を重視する方法は、中立性に重きを置く社会科学分野のさまざまな領域に根づいている。Cameron(1992)によると、ソシュールの構造言語学から始まった言語研究は、言語学的概念(例：「ラング(言語体系)」対「パロール(発話)」)から言語の要素(例：言語学の「最小対(ミニマル・ペア)」)に至るまで常に二項対立に焦点が置かれた。しかし、このような科学的かつ中立的な視点にもかかわらず、差異を強調するアプローチの裏には男性の言語使用が規範であるとする前提が潜んでいる。それゆえに、差異と欠陥を重視する方法はジェンダー・言語・権力の関係を浮き彫りにしてきたが、言語の使用においては、男性の優越性に対して問題を提起せず、女性が話し方を変えるべきだという議論を支持することになってしまう(Wareing 1994)。

　これまでに提示した議論が意味するのは、「差異」を強調するアプローチは論争を引き起こし、政治的であるということである。差異のみを重視した見方は「本質主義」的考えと同じである。つまり、ある集団が何か特異な要素や性質を持っているという考え方へと誘導され、その集団に固定化されたアイデンティティを植えつける結果になる。しかし、「差異」を批判することは必ずしも「差異」の学問的探究を否定するわけではない。ポスト構造主義は固定化した差異を批判するだけでなく、本質主義の持つ意味が固定化されることも否定する(Fuss 1989)。つまり、本質主義、もしくは差異を強調する見方が必ずしも否定的な結果に至るとは限らないのである。「差異」を強調する見方は、権力に対抗する手法として用いることにより、周縁化された人たちが共有するアイデンティティに肯定的な意味づけをすることができる。それゆえに、すでに存在する権力関係を正当化したり、それに立ち向かったりするために、戦略的に「差異」が作られたり、積極的に利用されたりすることがある。研究によって支持されたり疑問視されたりする政治的で戦略的な差異の意義を理解することが必要である。

　まとめると、近年における第二言語・外国語教育、第二言語習得、バイリンガリズム研究分野の言語とジェンダーの研究は、言語学習と言語使用のさまざまな問題に関して男性・女性という二項対立を作り出すことに対して警

鐘を鳴らしている。このような二極化した考え方は，男性・女性の属性を固定化してしまい，たとえ男性支配に反する姿勢を取ったとしても，最終的に男性の言語の使用が優れているという決定論的な見方に陥ってしまう。また，このような二極化は，男性と女性がある社会的状況の中で主体的に言語形式や行動を選択する行為主体性や個人の創造性を見落とし，女性と男性に割り当てられた規範的カテゴリーのあり方に変革をもたらすことができない。同時に，周縁化された集団が「差異」を戦略的に使用することで，対抗意見や対抗アイデンティティを生み出すことを認識することも大切である。要するに，言語とジェンダーの関係は社会的慣習や言説があってこそ作られるものであり，この関係は常に流動的で変容している。男性と女性の言語の学び方や使い方はジェンダーによって決定されるのではなく，社会習慣の中で形作られ，すり合わされ，あるいは変革される。そして，この社会習慣はある社会的状況，力関係，言説（ジェンダーの役割や期待されるものなど）によって決定されるのである。

2. 社会階級と人種との関連性

　ここまで見てきた言語とジェンダーの研究の議論は，人種と階級の問題を考察する上でも参考になる。人種や社会階級を固定的カテゴリーと捉える見方では，人種と階級がある特定の人種集団や社会経済的集団の第二言語使用や学習を規定すると説明される。それに対して，ポスト構造主義や構成主義は，人種や階級が社会的実践や言説によってどのように構築されるのか，また特定の人種的地位および社会経済的地位(socioeconomic status)に立つ者が言語学習や使用によって，どのように社会の中に位置づけられ，または自らを位置づけるのか，という見方を可能にしてくれる。第二言語習得におけるジェンダーと人種の構築のよい例が Ibrahim(1999)の研究である。Ibrahim はアフリカ大陸のフランス語圏出身でカナダの高校に通う移民の黒人男子生徒たちが，自分たちを黒人系アメリカのポップカルチャー，特にギャングスタ・ラップやヒップホップと同一視したり，黒人英語を第二言語として学んだりすることを通して「黒人になる」現象を描いている。しかし逆に，アフリカ出身の女子生徒は，ラップ音楽が性差別的であるとして，あいまいな感情を示していた。彼女たちも英語を学んだのは音楽を通してだったが，その音楽は違った種類の黒人ポップ音楽で，ラップよりソフトで，ほ

とんどはロマンチックなテーマのものだった。この例が明らかに示すように，人種と人種アイデンティティは固定的でなく常に流動的で，また，言語学習は人種アイデンティティ構築のプロセスの一部なのである。

　Ibrahim(1999)の研究は，ジェンダーと人種の複雑な絡み合いも検証している。前述した言語とジェンダーに関する先行研究をまとめた論文(Ehrlich 1997; Pavlenko 2001b; Sunderland 2000 参照)でも強調されているように，ジェンダーは社会階級・人種・民族・文化・セクシュアリティ・年齢などの他の社会的カテゴリーとも絡み合っている。本章で取り上げた他の多くの研究は，これらのカテゴリーの相互関係を指摘している。まさに「民族・ジェンダー・社会階級は，独立した個人の背景を示す変数なのではなく，複雑に相互に絡み合いながらアイデンティティの構築や発話に影響を与えている」のであり，その影響はライティングにも及ぶのである(Norton 2000: 13)。

　この章では関連するさまざまな先行研究を紹介したが，これらの研究は第二言語ライティング研究にいくつかの示唆を与える。まず，ジェンダー・階級・人種を問わず，相違性に関する研究をする場合は，方法論と結果の解釈に慎重さが求められる。というのも，このような方法で研究を進めると，「男性・女性」，「中産階級・労働階級」，「白人・非白人」などといった，固定化した二項対立的な見方を(再)生産する結果になり，さらに，ある特定の集団の人々が「どのように」，また「何」を第二言語で書くべきかという固定化した知識を広く植えつけることになるからである。しかし前述したとおり，ジェンダーや社会階級や人種の差異に焦点を当てる研究自体が，不必要かつ不適切なのではなく，これらの差異を，権力や言説といった背景に位置づけた上で解釈する必要があるのだ。ただ，この種の研究は，その根底にある差異の政治性を認識し，批判的に精査する必要がある。つまりこの種の研究は，二項対立的差異(「男女は根本的に違う」などという見方や知識)を中立的真実として確立させたり，その知識を固定化させたりしてしまう可能性がある一方で，逆にさまざまなカテゴリーの中での異なった意味を明らかにすることもできる。Wareing(1994)が述べるように，研究はジェンダーの差異を探ると同時に，支配者と非支配者の関係も批判的に考察できるような弁証法的枠組みを可能にする。このような枠組みを使うと，周縁化されてきた人々が使っている言語を肯定的に位置づけることが可能になる。

　次節では，この弁証法的研究手法を応用し，今後の第二言語ライティング

研究, 特に ESL や EFL 研究の今後の研究展開について論じる。ジェンダー・社会階級・人種といったカテゴリー内の差異を問うものや，これらの差異に関連する権力関係の問題にも触れる。ここでは，単にあらゆる研究テーマを羅列するのではなく，議論がさらに深まるような3つの研究テーマを提示する。一見それぞれ独立しているようだが，今まで強調してきたように，お互い関連し合っている。

3. 第二言語ライティングへの応用
3.1 ジェンダー

　ジェンダーによる差異を探ると同時に，その背後にある権力関係や政治性を精査する弁証法的研究手法を応用すると，第二言語ライティング研究者は，男女が第二言語で文章を書く際，プロセス(書く過程)とプロダクト(完成した文章)において，ジェンダーによる差異がどれほど表れるのかという問いを探求することができる。しかし，その差異は固定化されたものではなく，状況や権力関係に左右されると理解する必要がある。ジェンダーによる差異を探る研究は，指導・評価・インターネット・出版などのコンテクストの中で行うことができる。他にもさまざまな状況においてジェンダーによる差異を研究することができるが，プロセスとプロダクトに焦点を当てることもできる。ライティング・プロセスにおけるジェンダーによる差異を探る研究は，作文テーマの選定，書く準備，書く段階，ピア・エディティング(協働校正)，修正などが議論の中心である一方，プロダクト(完成した文章)に焦点を当てた研究は，語彙の選択，構文・論文の構造，読者の想定が中心である。研究は，質的・量的方法のどちらでも可能である。

　ジェンダーをテーマにした第二言語ライティング研究は数えるほどしかない。その中で，Johnson(1992)は，英語を第二言語として学習している女性を対象に，ピア・レビュー(文章の相互評価)をする際，ピア・レビューアー(評価者)のジェンダーによってどのように褒める度合いが変わるかを研究した。この研究はもうひとつのピア・レビューの研究(Johnson & Roen 1992)を補うものである。この Johnson and Roen(1992)の研究では，英語が母語である女性が書いたピア・レビューは，相手に対する肯定的評価，強意語，個人的言及が多く用いられていたのに対し，男性が書いたもの は女性のものほどの使用は見られなかった。つまり，ピア・レビューアーが男性か女性かに

よって評価方法に大きな影響が出ることがわかった。この研究での英語を母語とする女性の書き手のデータをもとに，Johnson(1992)は，英語のノンネイティブの女性の書き手の場合，ネイティブの書き手と比べて，相手のジェンダーによってピア・レビューの書き方がどう異なるか調査した。英語がネイティブの女性は，男性に対してレビューを書いたときより，女性に対して書いたときの方がプラス評価，強意語，個人的言及を多く使い，褒める評価で締めくくったのに比べ，英語のノンネイティブの女性が相手の性差によってストラテジーを変える程度やそのストラテジーの性質は，ネイティブの女性と同様ではなかった。

　この結果から，ESL の書き手は規範に従うべきかどうかという点で興味深い問いが浮かび上がってくる。Roen and Johnson(1992)の研究結果によると，英語のネイティブスピーカーが論文をピア・レビューする際，男子学生と女子学生ともに，女性的な褒め方を用いたペーパーは効果的ではないと判断する傾向がある。この研究に言及しながら，Johnson(1992)は，この場合ノンネイティブスピーカーの女性がピア・レビューをする際にネイティブの規範に従うと，彼女らのことばづかいが断定的かつ効果的ではないとして否定的に見なされる可能性があると述べている。上記のネイティブスピーカーの学生が，女性的なストラテジーを低く評価するという研究結果は，前述した「支配的アプローチ」と「差異的アプローチ」の前提に関連している。つまり，女性の言語使用は男性のそれとは単に「違う」だけではなく，「劣っている」という見方である。このような立場に立たされている女性は，いわば，板挟みにあると言える。ジェンダーが交差する状況において女性がジェンダーの規範を使うと，自らを劣った立場に陥れる可能性がある一方で，この社会規範を身につけないと，同性間でやりとりをする際，正統な参加者として見なされないかもしれない。Johnson(1992)は，この問題に対して ESL の書き手のための解決策を 1 つ挙げている。それは，男性と女性のネイティブスピーカーの書き手がどのような手法を使い，それらの手法が社会的に見てどう評価されているのかという認識を高め，その認識に基づいて自ら手法を選択することである。しかし，前述したように，ジェンダー化された言語使用は，多様で流動的であるがゆえに，違う角度からの問いかけをすることもできる。たとえば，「書き手はジェンダー化された手法の効果をどのように意識するようになるのか」「女性が使う褒める手法は，男女のやりとりに

おいて，必然的に劣るものなのか」「男性と女性の書き手はどのようにして，また，どうしてジェンダー特有の褒める手法を使うのか」「ノンネイティブの女性の書き手は，目標達成において，どのように戦略的に自己をジェンダー階層の中に位置づけることができるか」などである。

　Johnson(1992)の研究で明らかになったように，第二言語ライティングにおけるジェンダーの差異に焦点を当てた研究は，権力関係や公平さの問題を無視することができない。つまり，第二言語ライティングにおけるジェンダーによる特徴があるとするならば，その特徴が評価者によって高く評価されるかどうかを吟味する必要がある。その評価者とは，学習者（ピア・レビューの場合）・教師・作文評価者・査読者・出版社の編集者などである。これらを批判的に考えることで，ジェンダーに関する権力や特権が第二言語ライティングにいかに具現化されているのかを研究することにつながり，さらに，いかに既存の権力関係が変革されうるのかという新しい問題提起のきっかけにもなる。さらに，権力や政治性のもうひとつの側面として，ライティングにおける読み手のジェンダー性(gendership)に対する反応がある。Haswell and Haswell(1995)は，読み手がジェンダー・バイアス(性差への偏見)やジェンダー・ブラインドネス(性差を無視すること)などの先入観にどれほど影響されるのかを解き明かしている。この研究では，英語ライティングのクラスに在籍するネイティブスピーカーである男子学生1人と女子学生1人が書いたそれぞれ異性を装ったテクスト(男性だが女性のような書き方をしたもの，およびその逆)を学生に読ませて，その反応を見た。この研究は，性差ディスコースにおける書き手の立ち位置，著者のジェンダー性が単一でない可能性，そしてジェンダー・イデオロギーが読み手の解釈に与える影響などについて重要な問題を投げかけている。テクストは，著者の主体性と読み手の期待との交渉を経て新しい意味が構築される，まさに葛藤の場である。このような研究を第二言語ライティングの文脈で行ったとしたら，著者と読者の間のさらに複雑に入り組んだ関係が明らかになるかもしれない。なぜなら，Johnson(1992)が示すように，異文化間では，ジェンダーに対する期待感が異なる可能性があるからである。

　これによく似た研究に，第二言語ライティングとアイデンティティ形成との関係を調査したものがある。近年，*Journal of Second Language Writing*(第二言語ライティングジャーナル)の中で，第二言語ライティングにおけ

る「書き手の声」(voice)に関する議論(Belcher & Hirvela 2001)が提起された。その議論で明らかになったのは，ライティングとは社会的性質が強く，純粋に個人的あるいは自律的なものだけではないということである。つまり，ライティングとは社会的要因によって影響される活動なのである。書き手は自己表現するために，他者の考えや言語表現を新しく作り変えることによって，自分のテクストを社会に受け入れられるようなディスコースにすり合わせるのである(例：Prior 2001)。こうして見ると，書き手のアイデンティティは社会的に構築されたものであり，書き手はディスコース共同体のメンバーに与えられたアイデンティティに自らを位置づける(Clark & Ivanič 1997; Ivanič 1998)。ジェンダーの意味が複合的かつ動的であるように，書き手のジェンダー・アイデンティティも複数あり，複雑かつ流動的である。この例として，Norton(2000)は，カナダに移住してきた女性のアイデンティティと英語学習に対する「投資」について，彼女たちの日記やインタビューを通して描いている。

　ジェンダーが，書き手の数あるアイデンティティの構成要素の一部分であるからには，第二言語ライティングにおける書き手としての成長がどのようにジェンダー・アイデンティティに影響を与え，また，それを反映し構築しているかを探求することは重要な示唆を与えてくれる。たとえば，学術的・政治的ディスコースでよく使われるような，論争を招く敵対的なことば／ことばづかいは，男性らしさを反映していると指摘されている(Belcher 1997; Tannen 1998)。また，こういった男性主導の言語使用は女性の書き手のアイデンティティと相反し，女性が感じる不快感や葛藤やジレンマの原因ともなっている。女性の書き手が経験する葛藤を精査することは，コミュニケーションにおける男性の優位性を批判的に再検討することにつながる。また，いかにして教師や学習者が女性学習者のアイデンティティと調和する新しいライティングを作り出し提唱していくのかを探ることによって，新しい言語実践の可能性も見出すことができる。さらに，フェミニズムの観点からすると，女性教師と女性学習者は人種や社会階級の枠組みを超えて協力し合わなければならない。ノンネイティブスピーカーの女性の書き手がネイティブスピーカーの女性の書き手と連帯し，新しい言語の可能性を生み出すことが大切である。

　ライティングにおけるアイデンティティを探った他の研究分野として，

男女の書き手が自らの第二言語学習経験を綴ったものがある。たとえばPavlenko(2001a)は，個人の異文化経験を綴った出版された自叙伝を分析した。それによると，男性著者はジェンダーにそれほど注意を払わず，言語習得を個人的成果と捉える傾向があったのに対し，女性の書き手は友情や他者との出会いを通して異言語での新しいアイデンティティの構築について記述する傾向があった。この新しい研究のジャンルは，広く一般に読まれている自叙伝が，異文化間のジェンダーの差異に関する支配的見解を，いかに反映し再生産するかという問いに一石を投じている。この問いを受けて，これらの出版物の中で明らかになったジェンダーや文化や言語に関する言説が，文化や言語の境界を越えて第二言語で書く学習者にどのような影響を及ぼすのかを調査する必要がある。

3.2 社会階級

アメリカ合衆国における貧富の差は1980年台から1990年台初頭の間に劇的に広がり(U. S. Census Bureau 2001)，さらに貧富の差の問題は世界規模で広まっている(BBC Online 2001)。これは，第二言語の書き手の間でもローカルとグローバルの社会経済的格差があることを意味している。つまり，社会階級を考える上で，従来の定義に使われる基準(特定の国家での収入や職業など)だけではなく，世界規模で見た社会や経済における中心と周縁の境界区分も考慮すべきである。たとえば，Canagarajah(1996)も描いているように，出版をめざす研究者の中で，中心と周縁に位置する2つのグループの経済格差は，この問題を探る上で大事なトピックになるだろう。

リテラシーや作文教育の分野では，社会階級が主流社会の教育環境にいる個人の学習にどのような影響を与えるかという研究テーマが提起されている。例として，Heath(1983)はアメリカ南東部の数マイルしか離れていない白人労働階級のコミュニティと黒人労働階級のコミュニティに焦点を当て，子どもと大人たちが中産階級のコミュニティの人々と比べてどのようなコミュニケーション方法を使うか，その違いを調査した。また，Rose(1989)は自らの体験を通して，移民労働者階級出身の子どもとしてアメリカの教育システムの中で勉強していくことの辛さや，バイリンガル，バイカルチュラルかつ労働者階級出身の学生ばかりが机を並べる補習ライティングクラスでの苦難を綴っている。この2つの研究は，さまざまなディスコー

ス(Discourse)(Gee 1996)の衝突を表しており，これらの学生たちが家族・コミュニティ・教会などにおける社会的実践を通して習得した社会的・言語的慣習と，学校や大学で求められる考え方や言語使用との不整合を顕著に示している。これらの研究は，これまでに論じてきたように，社会階級が他のカテゴリーといかに複雑に絡み合っているかを示す例でもある。

　自らの社会階級を特定することはジェンダーの特定に比べてより複雑ではあるが，前述した社会階級の研究は，ジェンダーの研究課題と同様の問いを第二言語ライティング研究者に提示する。社会階級は定義の要素が何層にも重なっているため，書き手や書き手集団を固定的な社会経済的地位の定義で分類することは避ける必要がある。しかし，多様な社会経済的地位にいる第二言語の書き手たちが，プロセス(書く過程)とプロダクト(完成した文章)においてどれほど異なるのかというような研究テーマなら可能かもしれない。このような調査の場面としては，前述したように，指導・評価・インターネット・出版などがある。プロセスとプロダクトに関する研究では，前述したジェンダー研究と同様な課題を追究することができる。研究方法も同様に量的と質的のどちらでも可能である。政治的・イデオロギー的観点からすると，公平さの問題もここで明確にすべきである。たとえば，ある特定の社会経済的地位にいる集団が書いた第二言語ライティングの特徴が，学習者・教師・作文採点者・相互評価者・編集者などの評価者によってどのような価値をつけられるのか調査することができる。その他に「社会階級に起因する権力関係と特権は第二言語ライティングにおいてどのような形で表れるのか」「そのような権力関係はどうすれば変容できるのか」というような問いも考えられる。

　ジェンダー同様，書き手の社会階級はアイデンティティと結びついている。それゆえに，第二言語ライティング力を育むことが，書き手自身の社会階級アイデンティティにどのように反映され，影響を与え，その構築に関わるのかを調査することもできる。ジェンダー研究でも同じことが言えるが，社会経済的に恵まれない者が経済的に優勢な集団によって，またはその集団のために構築されたディスコースに自分をすり合わせようとすると，違和感・葛藤・ジレンマを感じてしまう。繰り返すが，社会経済的に恵まれない書き手が経験する葛藤を調査することにより，支配的なディスコースを批評し，それをもとに新たな可能性に向けた政治的行動を促すことができる。批

判的教育学が進展するにつれ，教育学において，人種的・民族的・言語的・社会経済的に少数派である学生たちのための反覇権主義的アイデンティティ構築に対する関心がおそらく増すであろう。関心が増すにつれ，主流社会において社会階層アイデンティティを肯定する新しいライティング・スタイルを教師や学習者がどのように作り出し，提唱していけるのかを探る手がかりになる。

　その反面，社会経済的地位は人種やジェンダーと簡単に対比できないという指摘がある。Soliday(1999)によると，人種的少数派や女性のアイデンティティを肯定的に認めたり，これらの少数派集団が支配集団へ強制的に同化されることを批判したりすることはできるが，その一方で，下層階級出身の学生がパソコンや教科書を買うことができない点を称賛したり，経済力を得ることを中産階級への同化であるとして批判したりは普通しない。学問的以外の場面では，労働者階級のアイデンティティは価値が認められ称えられるのだが，学校や大学などでは何の特権も与えられないのが現実である。これらの特権を持たない階級の者に押しつけられる社会政策や教育政策を，クリティカルな視点で見なおす必要がある。たとえば，アメリカの大学で基本的作文力が身につくまで補習的コースを履修しなければならないという規定などがそうである。これは大学で必要な基礎的スキルを身につけてもらうために善意で開講されたものだが，仕事と家の手伝いをしながら大学に通う下層階級の学生にとって，補習コースを科せられることは，経済的にますます困窮してしまうことを意味する。

3.3　人種

　ジェンダーと人種の議論の中で筆者が研究課題として最初に紹介したのは，ジェンダーや社会階級の違いがライティングのプロセスとプロダクトにどう影響するかというものであった。人種に関しても同じような問いができる。たとえば「人種の違う第二言語書き手のプロセスとプロダクトには，どんな相違があるのか」という問いである。しかし，このような問いはあいまいである。それは，「人種の違う第二言語書き手」が何を意味するのかがまず不明瞭だからである。社会学の定義によると，人種とは「社会的に定義された身体的特徴が，相対的に他者と区別できる集団」(Thompson & Hickey 1994: 231)である。そうすると「人種集団」は東アジア人・南アジア人・黒

人・白人・アメリカ先住民などに分類される。この分類に民族を含めるとどうだろう。民族集団が「血統・言語・宗教・風習・生活習慣など固有の社会や文化に違いにより区別できる集団」(Thompson & Hickey 1994: 232)と定義されるとすれば，「人種集団」は中国人，韓国人，日本人，ベトナム人，タイ人，ドイツ人，フィンランド人など，言語背景をもとに区別された人々と同義になる。実際，人種・民族背景と言語背景が関連づけられることはよくあり，人種集団より民族集団に焦点を当てたほうが，第二言語ライティングにおいてより意味のある探求ができるのではないかという考えに至る。よって以下，「人種」とは生物学的カテゴリーというより，言語や文化を包含する概念と解釈して議論を進める。そうすると，問題は次の問いとなる。「言語や文化背景が異なる第二言語書き手の書くプロセスとプロダクトに着目すると，どのような違いがあるのか。」

しかし，この問いはすでに第二言語ライティング研究において幅広く追究されている。たとえば，比較修辞学では，異なる言語の修辞学的慣例を調査した研究や(Connor 1996)，文化や言語背景の異なる ESL 学生がライティング課題に用いるストラテジーに焦点を当てた研究(Carson & Nelson 1994, 1996)が行われてきた。では，人種に焦点を当てた第二言語ライティング研究への新しいアプローチとはどのようなものであろうか。

この問いへの答えを探る前に，教育学や心理学研究分野における人種(または文化や言語)への一般的なアプローチをまずクリティカルに概観してみよう。人種(または文化や言語)の差異に関する研究者の興味は，人間の行動を遺伝学的に説明することにつながった。たとえば，学習達成度の人種差は 1960 年代に研究され(Jensen 1969)，さらに 1990 年代にも『正規分布曲線：アメリカの生活における知能と社会階層』(Herrnstein & Murray 1994)で再度研究された。女性や労働者階級の言語使用に対する「欠陥」アプローチと同様，これらの研究は特定の遺伝学的(人種的)属性を劣ったものと見なす一方，他の属性(たとえば「白人」)を標準として定めた。これらの研究は人種差別的な意味合いがあり，文化欠陥理論につながった。つまり，マイノリティ学習者に見られる学業不振の原因を，社会経済的・文化的・言語的に貧困化した環境に帰したのである(Ovando & Collier 1998 参照)。重要なのは，学習達成度の差を文化と結びつけて説明することは，「文化的人種差別」(cultural racism)につながる点である。文化的人種差別は，現代の人種差別

の形態であり，あからさまな人種差別的言動でない代わりに，集団間の差異を文化の違いから説明するという，いわば差別の変装した形態である (May 1999b; Van Dijk 1993)。まとめると，比較修辞学の伝統的なアプローチには，遺伝学的ないしは文化的な欠陥理論が根底に存在し，アメリカでの学校標準英語の規範からの逸脱が強調されている (Kaplan 2001)。

先にも述べたように，人種・民族・言語集団間の修辞や言語の差異に焦点を当てること自体には問題はない。問題なのは，故意であれ，無意識であれ，ジェンダーの場合と同様に，多様な集団に属する人たちが第一言語や第二言語でどのように書くのかに関して，固定化した考えを作り出し，言語間や民族的言語変種間の権力ヒエラルキーを正当化する点である。この差異を生み出すメカニズムの裏にある政治性を明らかにし，精査する必要がある。つまり，「欠陥」や「同化」アプローチとは異なり，人種や民族性に焦点を当てる第二言語ライティング研究の新たなアプローチでは，「人種」や「民族」という概念を，抵抗・自由の獲得・変革などのために用いることができる。批判的多文化主義，白人性研究，ポストコロニアル評論と同様，新しいアプローチでは規範の脱構築を研究の焦点として定めることができる。そして，白人の中産階級出身者が英語でどのように書くのかに対して「他者」が母国語でどのように書くのかというような人種・民族・文化の差が生み出す二極化したイメージの脱却にも貢献することができる。また，特権に恵まれない文化 (人種) の修辞法に，肯定的な価値を与えることもできる。例として，Comfort (2001) は，自らの価値や展望や表現方法を保持したまま白人主体のディスコースに取り組もうとするアフリカ系アメリカ人大学院生の心情を綴っている。この例は他の人種の第二言語書き手にも当てはまる。学界が民族や人種によって異なるさまざまな慣習を受け入れるようになるためにも，指導者がまず書き手のテクストとの向き合い方を変え始めなければならない。

文化・民族・人種を研究するための新しい第二言語ライティング研究アプローチは，以下のような課題を提示する可能性がある。「文化や人種に基づいた修辞法形式の規範と二極化された差異は，権力と特権に関連してどのように言説として構築されるのか」「それぞれの文化の (人種化された) 修辞法において，学生のアイデンティティは，人種・文化・言語などの競合するディスコースの中で，どのように構築されるのか」「どうすれば第二言語学

習者と非英語母語話者教師が協力して規範に変革をもたらし，新しい言語使用の可能性を創出できるのか」。この新しいアプローチを推し進めるには，英語の新たな修辞法の可能性を望む有色人種かつ非英語母語話者とともに，権力ヒエラルキーの下層部における疎外だけではなく上層部における特権をも研究しようとする意志を持つ白人研究者(Roman 1993)も巻き込む必要がある。

4. 結論

本章では，ジェンダー・社会階級・人種に関する第二言語ライティングの研究課題をいくつか提示した。これらのカテゴリーは重複する部分が多々あり，それゆえにカテゴリー間の関係を精査する必要がある。たとえば，Casanave(1992)は，労働者階級出身でありバイリンガルであるが英語の方が得意な若いプエルトリコ人女性が，ニューヨークの大学院で経験した悲痛な社会適応化過程を描いている。社会学専攻で博士課程に所属していた彼女は，白人中産階級のヨーロッパ人やアメリカ人男性研究者が推し進める実証主義ディスコースに従わざるを得ず，その結果，自分の研究体験を家族や友達に話せなくなってしまった。この例は，学生のジェンダー・社会階級・人種・アイデンティティと学術ディスコース習得の間で起こる衝突を示している。今後の研究は，これらのカテゴリー間のつながりに焦点を当てるべきである。

ジェンダー・社会階級・人種，そして，公平性に関連するあらゆる問題は，将来の研究課題としてさらに多くの研究者が取り組むであろう。非英語母語話者かつアジア人女性である筆者自身，将来的には第二言語ライティングの分野で次のような討論フォーラムを期待している。それは，白人・非白人の男性・女性研究者がジェンダー・社会階級・人種に関する研究を発表するパネルディスカッションである。さまざまな人種・文化・社会経済的バックグラウンドを持つ男性・女性が，これらの研究トピックに批判的な取り組みを積極的に推し進めることを願ってやまない。

第 4 章

批判的多文化主義と第二言語教育[1]

はじめに

　第二言語や外国語としての英語教育(ESL/EFL)，また一般に第二言語教育に携わる者は，文化や言語の多様性に関して本来寛容であると考えられている。言語教師はリベラルな考えの持ち主で，多文化主義や多様性を奨励し，同僚や生徒たちの手本となるべく努力しているというイメージである。このような教師像は「リベラル多文化主義」(liberal multiculturalism)に特徴づけられている。リベラル多文化主義は，多様な人種的・民族的・言語的背景を持つ人々への寛容で偏見のない態度を土台としている。また，あまりなじみのない考え方も受け入れ，異なる習慣や価値観を認めることが必要条件である。学校で行われる国際フェスティバルなどの行事は，リベラル多文化主義の表れだろう。また，教員研修でもリベラル多文化主義のアプローチが取られ，教師はさまざまな民族集団の文化・習慣・生活様式について学ぶことが多い。リベラル多文化主義は，文化差を受け入れ尊重する反面，その差異にかかわらず人々はみな平等であり，機会均等を保障するべきだという前提に立っている。このような平等主義では，学業や仕事に成功するかどうかは，その人の努力次第であると見られている。つまり，リベラル多文化主義のもとでは多様な文化を持つ人々に対する寛容性・受容性・敬意が重要視される一方，平等主義が尊重されているのである。

　筆者がアメリカの初等・中等教育の第二言語および外国語教員養成や研究活動をしながら接してきた語学教師は，「善良なリベラル多文化主義者」というイメージに当てはまる人たちが多かった。しかし，文化差に寛容であるとされる教師たちでさえも，ある種の問いを受けるととたんに差別された者の落ち度を責めたり，特定の学習者集団への特別扱いを否定したり，差別はどこにでもあるものだと主張したりする場合があった。その問いとは，たと

---

[1] Kubota, R.(2004). Critical multiculturalism and second language education. In B. Norton & K. Toohey (Eds.), *Critical pedagogies and language learning* (pp. 30-52). New York: Cambridge University Press.（翻訳協力：瀬尾悠希子，瀬尾匡輝）

えば「なぜ特定の教育プログラムで黒人やヒスパニック系生徒の数が少ないのか」,「ヒスパニック系生徒たちのために学校で母語支援を施すべきではないのか」,「言語的マイノリティの生徒たちは,なぜ特定の教育サービスを受けられないのか」といったものだ。これらの問いは人種・民族・言語・権力に関する問題を含んでおり,アメリカにおいて当然と考えられてきた実力主義と平等主義の言説に疑問を投げかける。前述したように,リベラル多文化主義のアプローチは多くの第二言語教育者に支持されている。しかし,このアプローチには限界があり,革新的で文化の政治性を探る批判的多文化教育 (critical multicultural education) の立場から批判されるようになってきた。

本章では,多文化教育は単に文化的な違いを尊重したり,民族の伝統や文化的産物などのよさを味わったりしながら文化に対する寛容な態度を養うだけではなく,もっと複雑な課題を投げかけていることを示したい。まず,リベラル多文化主義をクリティカルな立場から考察した後に,批判的多文化主義 (critical multiculturalism) を紹介する。さらに,近年学術的に注目され,批判的多文化教育の分野でも論じられているホワイトネス(白人性)研究を概括し,多文化教育の概念的複雑さを示す。そして最後に,第二言語教育への示唆を提示したい。本章では主にアメリカにおける初等・中等教育に関する先行研究を概観する。ただ,ここで吟味する多文化教育における問題点がすべての状況に普遍的に当てはまるとは限らない。社会的・歴史的背景は一様ではないため (Laine & Sutton 2000 参照) である。本章が与える示唆は,読者のおのおのの状況のもとで吟味してもらいたい。

1. リベラル多文化主義への批判

北米の教育学の分野では,これまでさまざまな多文化教育のアプローチがどのような理念に基づいているのか議論されてきた(例:Kincheloe & Steinberg 1997; McLaren 1995; Nieto 1995; Sleeter 1996)。多文化教育に対する立場は,大きく保守的・リベラル(自由主義的)・批判的の3つに分けられる。保守的な論客は,社会的分裂を招くものであるとして多文化教育を批判し,ヨーロッパ中心主義的な考え方や教育実践を擁護してきた。一方,リベラルな理念を持つ人々は,多文化教育において,さまざまな差異を尊重し認めることを推奨している。次節では,このようなリベラルな多文化教育の特徴を批判的多文化教育から検証してみる。

1.1　中身を伴わないポリティカル・コレクトネス（政治的公正さ）

　リベラル多文化教育を推奨する者は，多様性を表層的にしか捉えておらず，だれもがそれに賛同するものだと思い込んでいる。そして，「多文化」という用語が何を意味しているのかをしっかりと議論しないままに，当然のように使っている場合が多い。筆者が出席したある教授会での事例を紹介しよう。会議の議題は新設の教員養成プログラムの承認についてで，そのプログラムは「多文化的な」プログラムにする予定だと説明された。それに対して，どのような点で多文化的なのかという質問が出たが，それに対して，「私たちはみな，多文化教育には賛同していますよね」という答弁があっただけで，それ以上の議論には進まなかった。つまり「多文化教育」とは，実際に賛同しているか否かにかかわらず，全員が支持しなければならない実質のない名ばかりのルールなのである。多文化主義が否応無しに受け入れざるを得ない状況になっていることをNathan Glazer(1997)は「今や私たちはみな，多文化主義者である」とコメントしている。公の話し合いの場では賛成する者も反対する者も沈黙を強いられ，ことばが実際に意味する内容や理念は人々の頭からすっぽり抜け落ちているのである。これは政治的に公正な態度のように見えるが，実は中身が伴っていない。多文化教育の実際の理念について説明できないのは，リベラル多文化主義がこのように空っぽの概念であるからなのだ。

1.2　共通点に注目することで差異を覆い隠す

　リベラル多文化主義では，人種・文化・階層・ジェンダーにかかわらず，人間は本質的に共通の人間性を持ち，生まれながらに平等であることが強調される。そして，人々の間にある差異をなくし，「人類」という人種のみが存在する社会をめざしている(Kincheloe & Steinberg 1997)。アメリカの自由民主主義の理念である実力主義では人々の共通性に重きが置かれ，懸命に努力すれば出自や経歴などに関係なくだれでも社会的・経済的に成功できると唱えられている。そして，このような論理のもとで人種やその他の差異はしばしば覆い隠されたり消し去られたりするのである。

　この論理は普遍的かつ中立的，そしていかなる差異にも目を向けない制度主義として教育現場で展開されている(Larson & Ovando 2001)。教育者たちは，教育の機会均等のためには，学習者によって異なる対応をすることは避け，教育方針や教育実践を中立に保つべきだと主張する。日頃，教師

が口にする次のような発言からは差異が考慮されていないことがうかがえる。たとえば，「肌の色が白か黒か赤か紫かに関係なく，すべての子どもを平等に扱わなければなりません。子どもによって違うルールを作ってはいけないのです」(Larson & Ovando 2001: 65)，「外国人の子どもたちと英語を話す子どもたちを比べても，たいした違いはありません。個人によって違うんです。…(中略)…子どもは子どもですから」(Nozaki 2000: 365)などの発言である。これらの発言は，「その人の肌が緑色か黄色かなんて気にしません。給料に見合う労働をしてくれればそれでよいのです」(van Dijk 1993: 141)といった企業の言説や「友達というのは一緒におしゃべりする人です…(中略)…その人の肌が黒でも緑でも黄色でもピンクでも関係ありません」(Frankenberg 1993)という白人中産階級の女性たちの友情に対する考え方にも通じるものがある。ここで述べられている肌の色は現実にはありえないが，こうした言語的ストラテジーによって人種の違いは取るに足りないものとされ，あたかも人種間の関係は平等で階層など存在していないかのように見せかけているのである。

　しかし，普遍性や平等性が，人種的偏見や性差別をある程度和らげるのに一役買ったことは認めなければならないだろう。たとえば，アメリカの自由民主主義において女性と人種的マイノリティの選挙権は数百年にわたって認められていなかったが，平等を求める闘争の末に獲得することができた。同様に，アメリカの公民権運動は民主主義体制に長年温存されていた人種隔離や人種差別と戦った(Larson & Ovando 2001)。だが，差異に目を向けない制度主義こそが「権力の回避」(Frankenberg 1993)を強めてきたと言える。つまり，自分の持つ権力性をはぐらかそうとする人々は，たとえば白人に付与されている権力や特権を認める代わりに「私たちは肌の色以外は同じだし，文化も融合してきている。(肌の色や文化に関係なく)実際にアメリカ社会では，等しく機会が与えられている。…(中略)…だから，有色人種が自分自身を成功に導くことができないのは，彼らに何らかの落ち度があるからだ」(Frankenberg 1993: 14)と信じている。差異を見ようとしない限り，社会的・経済的な不平等や構造的人種差別が実際に社会や学校に存在していることに気づけないのだ。

　肌の色は関係ないと主張することによって，有色人種に対する人種差別を都合よく消し去ってしまう場合がある。たとえば，筆者は大学に勤める有色

人種の女性教員だが，白人の学生や同僚たちとの人間関係がうまくいかないと感じることがある。それは自分がアジア人だということが関係しているのではないかと白人女性の同僚たちに尋ねると，「ああ，そんなことは全然関係ないわよ」または，「彼は性差別をする人だから，どの女性に対しても同じよ」と返されてしまう。肌の色の違いを無視することにより，人種差別は否定され，存在さえ認識されなくなってしまうのである。

1.3 人種差を無視するESL教師たち—政治的葛藤の事例—

　アメリカ南東部の第二言語としての英語教師会の理事会が出したある意見書を例として考察してみよう。肌の色の違いを除外することによって平等性を強調していることがわかる。この意見書が出された背景を簡単に説明すると，アメリカ南東部におけるヒスパニック系人口の増加を受け，双方向イマージョン教育(2つの言語集団の生徒に対して施す2カ国語でのバイリンガル教育)を行うことをある南東部の州の教育省は考慮すべきだと主張する運動家がでてきた。彼らはThomas and Collier(1997)の調査をもとに，双方向イマージョン教育は従来の取り出し型のESLプログラムより優れており，長期的に見れば生徒たちの学力向上につながると論じた。生徒の学力格差解消が全国的課題として取り上げられている中，教育省はこの主張に関心を持った。しかし，その話し合いに英語教師会の代表者は招かれず，教師会の理事は疎外感を抱いた。そして，州政府の教育予算が現行のESLプログラムから新しいイマージョン・プログラムへと移行してしまうことを恐れ，理事会はESLプログラムの妥当性を示すために意見書を出したのである。

　意見書の趣旨は次のようなものだった。

　　州内において，英語能力が十分でない(LEP = limited English proficient)生徒たちの母語は多岐にわたっている。したがって，母語の異なるLEP生徒に英語という共通の言語を教え，社会的に統合させなければ，生徒たちを成功に導くことはできないだろう。ESLプログラムは，双方向あるいは移行型のバイリンガル・プログラムに比べて英語に接する時間が長い。言語的に多様で短期移動するLEP生徒が多い学区では，ESLアプローチの方が統合の目的に適している。したがって，現行のESLプログラムに予算を割り当て，強化する必要がある。

一見すると，この意見書は中立的な立場に立ち，英語学習者あるいは ELL（English language learners）をみな公平に扱うよう主張しているようである。だが，よく見ると，ヒスパニック系の生徒にとって何が必要なのか，十分に理解されていない。そのうえ，この意見書の論拠となっている目標言語の最大限接触理論（maximum exposure hypothesis：移民生徒に対して現地語だけを指導する方が，母語発達を並行して促すより，現地語習得に効果的であるという理論）は，すでに研究によって反証されている（Cummins 2000）。確かに州が抱える ELL 生徒の母語は多様だ。しかし，スペイン語話者が ELL の 70％ を占め，学力到達度が最も低い集団であることも事実である。双方向あるいは移行型バイリンガルプログラムがスペイン語を話す生徒たちにとって有益だろうと考えられるのに，理事会は ELL の母語が多様であることを理由に，このプログラムの導入に反対している。この見方は，学業的にふるわず社会的な偏見を受けているヒスパニック系生徒たちのための新たな教育モデルの模索を否定することに他ならない。ここで留意すべき点は，意見書を出した英語教師会の理事らは善良でリベラルな教育者で，多文化主義を推奨しているということだ。だが，ELL をみな同じように扱おうとするこの主張は，差異を無視するものであり，ELL たちの間に存在している不平等から目を背け，結果的に現状を維持することに加担してしまっているのである。

1.4　差異に注目し，他者を異質化・本質化する

　リベラル多文化主義は，人々の共通点や普遍的な人間性に焦点を当てる一方で，文化的な違いや特色を強調するという矛盾がある。Kincheloe and Steinberg(1997)は，共通点に焦点を置く「リベラル多文化主義」に対し，違いを強調する多文化主義を「多元的多文化主義(pluralist multiculturalism)」と呼んでいる。両者は多くの点で共通しており，教室内で共存しうる。たとえば Nozaki(2000)のエスノグラフィ研究では，アメリカの小学校で日本人生徒に接するアメリカ人教師たちが，文化的な違いよりもむしろ個性が大切だと述べる一方で，「日本人はこうふるまうべきだ」というステレオタイプを持ち，それに当てはまらない一部の日本人児童の行動を異常であると評していた。このようなステレオタイプは，文化的な違いに関するあらゆる書物に染み込んでいる言説によって形成されている。

多元論的なリベラル多文化主義では，しばしば文化的な違いを礼賛すること自体が目的になってしまう。そして，工芸品・祭り・慣習など文化の表面的な特徴だけが礼賛の対象となり，人々の日常生活や文化的アイデンティティをめぐる政治的せめぎ合いから切り離され，矮小化される。Derman-Sparks(1998)は，この状況を「文化観光(cultural tourism)」と呼び，観光客がめったに現地の人々の日常生活を目にしたり現地で行われている抑圧的で不当な慣習を経験したりしないことになぞらえている。文化を現実社会から切り離して表層的に扱う様子は，黒人歴史月間(Black History Month)やシンコ・デ・マヨ(5月5日：Cinco de Mayo)，国際フェスティバルなどの学校行事において見られる。これらの行事では，歴史上の人物や文化的産物が行事の中心に据えられている。ここでは，奴隷制度の遺物・抑圧・差別・不平等・グローバル経済による搾取・国際的な権力関係などの問題に注意が払われることはほとんどない。そして，人々の慣習や伝統のみに焦点が置かれる中で他者の文化は異質化され，人が敬意を払い，よさを味わうための中立的な対象へと矮小化されるのである。それと同時に，他者や他者の文化は本質化され，いかにも均質で昔から伝わる真正なものであるかのように扱われる。文化は多様で，常に変容するという事実は忘れられてしまっているのだ。この傾向は，西洋の博物館で非西洋の物が展示される方法とよく似ている。博物館では，西洋以外は伝統的・部族的・未発達であるという西洋人の解釈に基づいて非西洋の文化的産物が展示されているのである(Clifford 1988)。

　教員養成においても，他者を異質化・本質化するリベラル多文化主義の傾向が表れる。たとえば，さまざまな人種や民族集団特有の行動・慣習・思想・信仰について議論する場面で，「何が私たち(すなわち中流階級の白人文化)と異なるか」を強調するために，各集団の特徴が固定的で本質主義的なことばで表現される。この本質主義的な集団ごとの分類方法は，人種・民族・母語・社会経済的背景で定義される「落ちこぼれリスクのある」学習者集団を支援するための話し合いにも反映されている。もちろん生徒たちを支援しようとする努力は善意的な人道主義に基づいている。しかし，どの集団に属しているかによって生徒たちにラベルを貼って教育不可能と決めつけること(Nieto 1999b)は，今や差別表現となった「文化的に恵まれない」ということばと同義なのである(Franklin 2000)。

1.5 覆い隠される権力・特権の問題

　リベラル多文化主義は，個人主義とリベラルな人間主義の言説に影響を受けており，白人中流階級に付与されている権力や特権の問題を覆い隠す傾向がある。リベラル多文化主義では，人々に共通する人間性に焦点が置かれ，文化的な違いが尊重される。そして，この考えによってだれもが同じ「皿」に乗せられる。つまり，リベラル多文化主義では，肌の色や言語，文化などの違いに関係なく，人々はみな等しいと見なされるのだが，実際は，人々は違う皿に乗っており，添えられている特権や権力の量も異なる。人々がみなすべて同じ皿に乗っていると見なすことはすなわち，特権や権力の不平等から目をそらすことに他ならない。さらに，共通点と差異の問題と同様，権力と特権をはぐらかすことは，リベラル多文化主義に潜む同化主義に加担することにつながる。すなわち，個人的・文化的違いを称賛することと権力・特権を回避することは共犯関係にある。両者とも幻想上の平等を作り上げることで，既存の権力を維持し，周縁の人々に同化を強いるのだ。のちほど詳しく論じるが，権力をはぐらかす裏には，白人の文化が規範であるので他者は同化せよ，という論理が存在する。

　権力を回避するための方略の中に，偏見や差別はどこにでもあるという主張がある。van Dijk (1993: 168-169) は，Anthony Giddens によって書かれた社会学の教科書を分析し，偏見と差別は普遍的で，西洋社会に限った現象ではないと説明されていることを指摘した。つまり，差別はどの社会にも存在するという考え方は「我々ヨーロッパ人の偏見と差別は数ある中の一形態でしかないという常套の言い訳」や，「自民族中心主義，そして人種差別さえ存在するのは当然なのだという議論」を正当化し，強めてしまうかもしれない。差別はどこにでもあるという弁解は，以下の事例にも見られる。筆者は，地元の高校でヒスパニック系の生徒に対する差別的な行為を目にし，それを第二言語教員養成に携わっている白人女性教員に伝えた。ところが，「でも，ほら，差別はどこにでもあるものじゃない？　女性もひどく差別されているでしょ？」という反応が返ってきた。この例では，差別はどこにでもあるという弁解によって，差別があって当然のものとされ，問題が解決できないことへの言い訳となってしまっている。そのうえ，リベラルな平等主義のもと，アメリカに来て間もないヒスパニック系生徒と白人のアメリカ人女性の立場が同等に扱われている。つまり，白人のアメリカ人女性のほうに多く付与さ

れている特権は，中和され，覆い隠されてしまっているのである。Grillo and Wildman(1997)によると，このような人種差別と性差別の対比は，白人が人種差別を自覚するためによく用いられるという。しかしながら，人種差別を性差別と比べることによって「人種差別のインパクトは薄められ，人種支配が永続することになる。人種差別は取るに足りないことにされるのだ。まるで，『やることリスト』に書かれた多くの項目のひとつであって，当然耐え忍ぶべき戒律や重荷であるかのように」(Grillo & Wildman 1997: 621)。

2．批判的多文化教育

　以上のリベラル多文化主義に対する批判的な検証から，批判的多文化主義のめざすものが明らかになってきただろう。批判的多文化主義は，リベラル多文化主義が避けてきた，人種・ジェンダー・階級・言語の政治性といった複雑な問題に取り組んでいる(例：Banks 1996, 1999; Kanpol & McLaren 1995; Kincheloe & Steinberg 1997; May 1999a; Nieto 1995, 1999b, 2000; Ovando & McLaren 2000; Sleeter 1996; Sleeter & Grant 1987; Sleeter & McLaren 1995)。また，多文化主義に対する保守的立場とリベラルな立場の限界が指摘され，よりクリティカルで変革的，解放的あるいは社会構築主義的なアプローチによる多文化教育の必要性が主張されている。

　社会政治的運動としての批判的多文化教育の主眼は，社会を変革することにある。社会正義と平等の実現をめざす批判的多文化教育は，単に違いを礼賛したり人々がみな生まれながらに等しいと考えたりはしないのである。批判的多文化教育と批判的教育学(クリティカル・ペダゴジー)は理論的に通じ合うところが多い。批判的教育学は，さまざまな形で存在する支配や抑圧に対する学習者のクリティカルな意識を高め，能動的な主体として社会変革に取り組む手助けをする(例：Freire 1998; Freire & Macedo 1987; Giroux 1992; McLaren 1989; Shor 1992)。一方，既存体制に対抗する社会運動としての批判的多文化教育も，反覇権的で内省的な性質を備え，「『主流の知識』だけでなく，すべての知識をクリティカルに教える」(Nieto 1999a: 207)ことが求められている。では次に，批判的多文化教育の基本原則を紹介しよう。

2.1　集団内にある人種差別やその他の不正に明確な焦点を置く
　リベラル多文化主義が人間の普遍的な共通点や生まれ持った平等性に焦点

を置くのに対し，批判的多文化主義はこれらに疑問を投げかける。批判的多文化主義では，社会的・経済的な不平等が存在していることを認め，不平等・不公正な状態がどのように生み出され維持されているのかを，権力や特権と関連づけながらクリティカルに検証していく。このとき，「先入観」という婉曲表現を用いて人種差別の議論を避けたり軽視したりはせず（Frankenberg 1993)，上記の問題に真正面から対峙するのが批判的多文化主義の特徴である。

　人種差別やその他の不正義について明らかにするためには，個人間よりはむしろ集団間にある抑圧に注意を向けなければならない。リベラル多文化主義が自由主義的個人主義に立脚し，正義を個人の認識や行動との関係から説明しようとする一方，批判的多文化主義では，いかに特定の人種や集団が常に抑圧され差別を受けているかを組織や社会の観点から探る。また，リベラル多文化主義は差異に目を向けないため，学習者おのおのの成果を個人的な努力や能力に回帰させる。これに対して批判的多文化主義は，特定の集団に属する学習者がいかに不利益を被っているかを，能力別学級編成・試験・教育予算・カリキュラム・教育的アプローチ・指導言語といった教育施策と関係づけて考察する。Nieto(1999b: 165-166)は，以下のような説得力のある主張をしている。「教育上の失敗が蔓延し，その犠牲になった人々がいる。個人的な落ち度はないのに，特定の集団に属しているというだけで犠牲になっているのだ。…(中略)…学習は，個人のコントロールが及ばない社会的・文化的・政治的な力に影響を受けるものである。」人種差別にしっかりと焦点を置くことによって，批判的多文化教育は反人種差別教育にもなるのである。

2.2　文化の非本質主義的理解―差異を問題として取り上げる―

　前述のように，リベラル多文化主義では，文化やその他の差異は永続的で当然の社会的事実として扱われる。一方，批判的多文化主義では，差異の中立性や永続性は否定される。むしろ，異なる集団間になぜ不平等が存在するのか，またさまざまな違いが不平等な権力関係の中でどのように生み出され，正当化されたり排除されたりするのかという問題が探究されるのである（Giroux 1988, 1995)。多様な文化・伝統・人々の価値を認めることはもちろん重要であるが，それは文化のクリティカルな理解の上に立たなければならない。つまり，文化は政治的・経済的な権力関係によって生み出された

り，逆にそのような権力関係に影響を与えたりする多面的な有機体として捉えなければならないのである。批判的多文化主義は差異を前提とするのではなく，課題として取り上げ，文化のクリティカルな理解を追求する。

　他者の文化を単一的・伝統的・固定的なものとして表象する傾向のあるリベラル多文化主義とは反対に，批判的多文化主義は文化を多様で動態的，また社会的・政治的・言説的に構築されるものと捉える。ある国の人々を詳細に調査すれば，人々の生活様式は人種・地域・年齢・性別・階級・性的指向などによってさまざまであることは明白である。また，文化は政治的・経済的・技術的発展や国内および国際的な権力関係に影響を受けて常に変容している。さらに，近年のポストモダニズムやポスト構造主義の研究は，文化に関する知識が言説に影響されていることを指摘している。このように考えると，ある文化や言語について私たちが持つ印象は中立的でも客観的でもないどころか，言説的に構築されているのである。

2.3　文化の言説的構築

　ポスト構造主義における言説とは「社会的実践とともに知識と主体性を形作る手段であり，さまざまな知識や知識間の関係に内在する権力関係も形作るものである」(Weedon 1987: 108)。この点から考えると，言語や文化についてのイメージは，その言語や文化に元来備わる客観的真実を反映しているわけではない。むしろ，政治的・イデオロギー的権力のせめぎ合いの中で定義が変わったり，新たに具象化されたりする。それゆえ文化と言語は，さまざまな意味づけが生み出され，その妥当性が争われる絶え間ないせめぎ合いの場に存在しているのである。批判的多文化主義では，文化は秩序があり首尾一貫した予測可能な体系としてではなく，弁証的で矛盾を内包する緊張関係として概念化されている(Nieto 1999a)。言語や文化についてのイメージが言説的に構築されることは，近年，第二言語教育分野において議論されるようになってきた。以下の例は，文化がまさに異なるイメージや矛盾が対立するせめぎ合いの場であることを示している。

　Susser(1998)は，オリエンタリズム(Said 1978)の言説を用い，日本人学生と日本文化が ESL・EFL 研究においてどのように描かれているのか分析した。Susser(1998: 3)によると，オリエンタリズムとは東洋と西洋の間に厳密な概念的区別を設け，「東洋を支配・再構成し，権威を行使する西洋の

方策」であるが，これは日本文化と日本人学生の他者化・ステレオタイプ化・本質化にも表れている。筆者も他稿(Kubota 1999; 本書第1章)で，応用言語学において日本と西洋の文化を二項対立的に議論することの根底に，文化的差異を創出し固定化する植民地主義が横たわっていると論じた。さらに，日本文化の独自性を強調する日本人論に代表される日本の文化的ナショナリズムによって，本質化された日本文化が利用されているのである。しかし，日本の学校の教育実践に関する研究によると，その教育実践は応用言語学や日本人論が推し進めてきた文化的ステレオタイプとは相反し，これらの本質化された日本文化は疑問視されている。

Pennycook(1998)の研究は，英語と英語圏の文化や人々についてのイメージと，それに相対する他者についてのイメージから，植民地主義の言説を明らかにしている。Pennycookによると，植民地主義の言説によって，自己と他者という植民支配的二分化が作り出され，正当化されてきた。つまり，自己が文明的・理性的・論理的であり，そのため優れたものとして概念化されたのに対し，他者は非文明的・非理性的・非論理的であり，劣ったものとされた。植民地主義の言説は，自己像(西洋のイメージ)と他者像(その他のイメージ)を作り出すとともに，自己と他者の間の不平等な権力関係も生み出したのである。

言説的に構築されている自己のイメージは，学術論文におけるアメリカの教室風景の描かれ方からも見て取れる(Kubota 2001a; 本書第2章)。1980年代に出現した教育危機の言説の影響を受け，教育学研究では否定的なアメリカの教室風景のイメージが産出された。そのイメージはステレオタイプ化された東アジアの教室風景のイメージと酷似している(たとえば，知識伝達型授業，学生の授業に対する受身な姿勢，創造力の欠如など)。それとは対照的に，肯定的なアメリカの教室風景のイメージが出現するのは，アメリカが他文化(例：東アジアの文化)と比較されるときである。このような現象は，応用言語学の分野や近年の「教育修正主義」の言説の中に見られる。この「教育修正主義」は保守政治を批判して，保守派は国際学習到達度調査の結果を巧みに利用し，公教育を弱体化させていると主張している。ここでも，進歩的な自己と後進的な他者を二元的に区分する植民地主義的言説の中で，肯定的な自己像が作り出されているのである。

文化は言説的せめぎ合いの場である。したがって，多文化教育は特定の考

え方(差異の存在の無視，権力の回避など)，教育実践(学習者全員を対等に扱うこと，民族の伝統を祝うことなど)，種々のテクスト(視覚映像，さまざまな文化の描写など)が構築されたり，これらの実践に対して抵抗を受けたりする場となる。言説としての多文化主義も特定の権力関係を表しており，また新たな権力関係を生み出す。リベラル多文化主義では，ホワイトネス(白人性)がその他すべての人種集団の価値を決める基準として働き，それゆえ最も優れていると暗示的に想定されている。それに対して，批判的多文化教育は，私たちが文化に関して持っている知識だけではなく，多文化主義の意味自体も脱構築するのである。

2.4 学習者全員・カリキュラム全体に広がる批判的多文化主義

批判的多文化主義において，多文化教育は民族的マイノリティ生徒の誇りを高める目的で彼らだけに対して行うのではなく，全学習者に対して行わなければならない。覇権的知識を解明して社会的・人種的・経済的ヒエラルキーを取り除くことに焦点を置く批判的多文化教育は，人種的・経済的特権を持つ者も含むすべての学習者が参加する必要がある。後述するように，白人の特権への批判は，すべての人々が何らかの形で支配と従属の文化の再生産に関わっているという認識を示している。

多文化教育は，参加者だけではなくカリキュラムにおいても広く実践されなければならない。シンコ・デ・マヨや国際フェスティバルを祝うというカリキュラムは，1年に1度だけ多様性について考えれば十分だという暗黙のメッセージを生徒たちに送っている(Warren 1999)。だが，批判的多文化教育では，カリキュラム・教材・日々の指導を通して，歴史や地理や人々の生活などに関して当然視されている知識が権力のせめぎ合いの中でどのように生み出され，正当化されたり排除されたりしているのかというクリティカルな問いを学習者全員に投げかけることが求められているのである。

2.5 ホワイトネス研究

包括的かつ反人種差別主義的理念を持つ批判的多文化主義では，ホワイトネス(白人性)の問題は避けて通れない。上で論じたように，批判的多文化教育はマイノリティ生徒や彼らが在籍する学校にだけ必要なものでもなければ，民族性を鼓舞したり多様性という避けられない重荷を背負ったりするた

めのものでもない(Nieto 1998)。批判的多文化主義は，まさにすべての学習者と教師のためのものなのである。また，批判的多文化教育では，過去だけではなく現在も白人が関わっている人種的支配と抑圧の問題を正面から取り上げる。近年，教育の分野ではホワイトネスへの関心が高まっており(例：Fine et al. 1997; Frankenberg 1993; McIntyre 1997; McLaren & Muñoz 2000; Sleeter 1996)，多くの研究で，人種差別や覇権的知識とホワイトネスがどのような共犯関係にあるのか検証されてきた。ホワイトネス研究は，抑圧された人種集団だけを英雄的象徴もしくは犠牲者として取り上げるのではなく，支配と抑圧の問題に取り組むために権力的ヒエラルキーの上部を調べあげようとしているのである(Roman 1993)。

　ホワイトネスについて議論する際も，文化一般の問題と同様に本質化は避けなければならない。Frankenberg(1993)は，さまざまな年齢や経歴の白人女性にインタビューを行い，彼女たちの考え方や経験が多岐にわたることを示した。McLaren and Torres(1999)が論じるように，白人文化は単一的でも固定的でもなく，その境界線は柔軟性があり，常に変化している。階層や性的指向などによる違いは白人文化内にも確実に存在する。それでもやはり，ホワイトネスを権力と特権が与えられている人種カテゴリーとして認識し，肌の色による違いを無視してしまわないようにしなければならない。

　ホワイトネスについて考えたときにおそらく最初に気づくのは，私たちが日常生活の中でほとんどホワイトネスに気を留めたり話題にしたりしないということであろう。私たちが「文化」について話すとき，それは白人の文化ではなく，たいてい他者の文化についてである。それゆえ白人文化は「文化」不在で見えざるものとされているが，実は隠れた規範や普遍的な基準となって，すべての他者を人種や文化によって規定し特徴づけている。目に見えないというホワイトネスの性質は「白人は無色なので，人種的な主体性も利益も特権も持ち合わせておらず」，それゆえに「白人は人種差別を変革する責任がない」(Roman 1993: 71)という権力回避の考えを生む。Romanが論じるように，「白も色の一種である」という事実を認めつつも，白人を擁護してホワイトネスの特権を正当化したり，他者と同等に見なすよう主張したりしないことが重要である。そういった行為によって，肌の色の違いがますます無視されてしまうからである。つまり，ホワイトネスを他の人種カテゴリーと同じように可視化することで，すべての人種が同等の権力を有する

という考えに陥ってはいけないのである。むしろ，ホワイトネスが人種的特権のヒエラルキーに占める地位と白人が持つ権力を認めなければならない。

白人の特権はホワイトネス研究における重要な論点となっている。白人以外の人種が常に抑圧に甘んじなければならない一方で，白人は目に見えない社会的規範を作り抑圧に対抗するか否かを選ぶ選択肢がある(Wildman & Davis 1997)。また，McIntosh(1997: 291)は白人の特権を以下のように定義している。

> 労せず得た目に見えない財産が入った小袋であり，毎日換金可能だが，その存在には気づかないように仕組まれている。白人の特権は，特例・保証・道具・地図・案内書・暗号表・パスポート・査証・衣服・コンパス・非常用装備・金額が未記入の小切手などが入った，目に見えない無重力のナップサックのようなものである。

白人の特権は目に見えない小袋のようでありさまざまな規範を定めるが，白人の人種アイデンティティとして認識されることはほとんどない。それは男性が，男性の持つ特権を男性アイデンティティの一部として認識していないのと同様である。白人の特権はホワイトネスの不可視性や常態性と同様に，白色人種に本来的に備わっているものではないことに留意しなければならない。むしろ白色人種と白人の特権は社会的，そして歴史的に構築されたものなのである。McLaren and Muñoz(2000)は，Allen(1994, 1997)のアメリカにおける人種の歴史研究を概観し，白色人種という概念は，17世紀にイギリス植民地時代に支配階級が編み出したものであり，プランテーション経済の労働者階級をヨーロッパ系アメリカ人対アフリカ系アメリカ人というように人種で線引きして区別する社会統制の手段だったと結論づけている。ヨーロッパ系アメリカ人の奴隷労働者と自由市民には特権を与える一方で，アフリカ系アメリカ人には奴隷であろうが自由市民であろうがヨーロッパ系の人々と同じ特権は与えず，自由を制限した。そうすることでヨーロッパ系アメリカ人に白人であることに誇りを持たせ，アフリカ系アメリカ人と手を組んで奴隷反乱を起こさせないようにしたのである。この社会統制によって人種的ヒエラルキーが生み出され，階級的抑圧は人種的抑圧へと姿を変えた。そして，農園主支配体制の存続という利益が確保されたのである。白色

人種と白人の特権が歴史的に編み出されたことは，批判的多文化主義の考え方を追認している。つまり，人種および人種差別に関する考えや人種差別を支える社会構造には政治的・経済的な権力闘争が関わっており，決して生来の人種による違いや社会的・政治的・歴史的文脈と切り離された個人的偏見の産物ではないのである。

3. ホワイトネス研究への批判と批判的多文化教育

　ホワイトネス研究と批判的多文化主義は社会変革という目的を持つにもかかわらず，これまで批判を受けてきた（例：Richardson & Villenas 2000; Sheets 2000）。それらの批判では，ホワイトネス研究が周縁化されている人々の立ち位置を奪ってしまう危険性や，ホワイトネス批判に内包される矛盾，つまり，白人の優位性に根差した支配的言説に逆らったりそこから脱却したりすることの難しさが指摘されている。Sheets は，教育におけるホワイトネス問題に関して近年出版された3冊の書籍（Dilg 1999; Howard 1999; McIntyre 1997）を論評している。その中で，人種差別と性差別の類似性が白人の問題意識を高めるために頻繁に利用されることを批判した Grillo and Wildman（1997）を引き合いに出している。さらにホワイトネス研究はその善意的な意図に反して，白人に関する問題を議論の中心に据えることで，かえって有色人種の人々を舞台の中央から追い出す危険性を生んでいるのではないかと警鐘を鳴らしている。また，Sheets は有色人種の教師や生徒に期待されている役割にも疑問を呈している。その役割とは，白人の教師と生徒が社会変革をもたらす主体となるための支援をしてやることである。だが，そのような関係の中では，有色人種の人々は白人に仕える非白人としてひとくくりにされ，彼らの置かれている周縁性と「白人対有色人種」という二元的構図は存続してしまう。Sheets は，ホワイトネス研究が被支配集団の教師と生徒を舞台から立ち退かせ，舞台の中央に人々の注目を引き戻すかのように，白人のみをエンパワーしてしまうのではないかと懸念しているのである（Warren 1999 も参照）。

　Richardson and Villenas（2000）は，多文化教育について書かれた4冊の本（Banks 1996; Edgerton 1996; Fullinwider 1996; McLaren 1997）を論評している。筆者らの主な関心は，これらのテクストの基本原理である民主主義・包摂・多元主義・平等性といった概念がいかにヨーロッパ中心主義や普遍主義

的な性質を帯びているかを検討することにある。論評の対象となったテクストは，権力構造を批判し，変革的な知の構築や民主主義・多元主義・資本主義世界の革新的変容を促している。だが，その議論は，民主主義・平等・人権・マルクス主義など白人のヨーロッパ的概念の上に成り立っているという矛盾を抱えている。この問題は Ellsworth(1997)が言うところの「ホワイトネスのジレンマ」である。つまり，白人による学問の枠組み内で人種差別を批判し定義づけていくプロセスは，学術知識などの権力に内在する人種差別的関係を構築し存続させてきたのと同じプロセスに根ざしているのである。Richardson and Villenas(2000: 273)はヨーロッパ中心主義的な枠組みに迎合することを戒め，代わりに抑圧や白人優位性に抗う多文化主義のもとで団結して文化的結束を実現し，「地域社会の伝統や『文化的』方法を保持し，主権を行使すること」を進めていくよう主張している。

　ある意味で，彼らの提案はアイデンティティ・ポリティクスに訴えるものであり，周縁化された集団の団結と肯定的自己認識を促し，抑圧に抵抗するための方略を探っている(Weedon 1999)。しかし，抵抗と解放という意図に反し，アイデンティティ・ポリティクスは周縁化された集団を本質化し，集団内に存在するかもしれない多様な経験や意味づけを抑えこんでしまう危険性がある。Richardson and Villenas(2000)の論評は，ホワイトネスに抗い，周縁的集団を一絡げにすることなく，ヨーロッパ中心主義の枠組みの外側に対抗的な文化的結束を作り出すことが，非常に難しい挑戦であることを示している。

4．第二言語教育・学習への示唆

　本章の冒頭で，言語教師は文化の多様性に寛容で多文化主義を支持していると一般的に考えられているが，実際には多文化主義を中身のない形骸的なものとして扱う傾向にあると述べた。だが，本章で論じてきたように多文化主義はきわめて複雑で，ときに矛盾した概念を含んでいる。多文化教育は，単にさまざまな肌の色をした人々の写真や話をカリキュラムに取り入れたり，黒人歴史月間を1年に1度だけ祝ったりするものではないことは明らかである。多文化教育は平等や包摂について，差異を無視した議論から脱却し，周縁に置かれている集団の本質化や理想化を避けなければならない。批判的教育学が社会正義と変革を達成しようとしているように，批判的多文

教育は人種や人種差別の問題を暴いたり，文化や言語についての知識がどのように言説によって構築されているのか批判的に検証したりすることによって，反人種差別の目的を達成するために対抗政治を追求する。同時に，批判的多文化教育は「私たちが民主主義や人権や平等について議論する際，どのような意味に拘束されているのか」「だれのために，何の目的で批判的多文化主義を提唱するのか」といった論争を招く問題にも向き合う。このような点において，批判的多文化主義は正解のないプラクシス(praxis)，つまりクリティカルな内省と行動(Freire 1968/1998)なのである。

最終節では，本章で提起された問題と第二言語教育との関連をさらに探っていく。

4.1 文化本質主義とアイデンティティ構築の解明

第二言語教育者が誤解を取り払わなければならない難しい概念の中に，文化・民族本質主義とアイデンティティ構築がある。これまで論じてきたように，他者と自己に対するイメージは生得的でも中立的でもなく，言説によって構築されたものであり，不平等な権力関係に影響を受け，その権力関係の上に成り立つ二項対立的思考を強化している。自己との関連の中で他者を理解したり，教育場面において他者に「真の」声を発させようとしたりする努力は善意に基づくものである。だが，エスノグラフィ研究によって明らかにされているように，この努力は本質化・理想化・抑圧化されたアイデンティティの押しつけであることが多い。たとえば Harklau(2000)の研究では，多くの高校教師らが移民の生徒を想像上の文化集団の一員として固定的に捉え，勉強熱心で思慮深く勤勉であると見ている一方で，認知能力に欠けていると考える教師もいた。これらのアイデンティティの押しつけは，生徒に移住経験についての個人史を書かせたり，勤勉で品行方正であることを称賛したりすることによって強化されている。反対に，短期大学の ESL 教室では上記の学習者が新しく来たばかりの移民の学生や留学生たちと対比され，無礼で協調性がなく，学力の低い問題のある学生生徒として位置づけられていた。アイデンティティは中立的でも生得的でもなく，教師が他者をどのように理解しているかによっても構築されることが明らかにされている。Nozaki(2000)の研究でも同様の傾向が見られる。アメリカの小学校教師らは，児童の文化的な違いより個性を重視しているにもかかわらず，日本人児童はこう

あるべきだという自身のイメージに基づいて児童たちを判断し、そのステレオタイプに合致しない者には個別の支援をしていなかった。

　こうした文化本質主義の蔓延は、従来の異文化間コミュニケーションの分野で進められてきた文化的差異についての議論を反映しているようである。異文化間コミュニケーションは集団間には差異があることを前提とし、そのコミュニケーションの差異がいかに埋められるかを探る。つまり、それぞれの文化には均一の固定的な文化があり、独自のコミュニケーション・スタイルが形成されているという考え方に立っているのである。文化を超えてよりよいコミュニケーションをめざすという目的は人道主義に端を発しているが、皮肉にもこのアプローチには中心的な文化と周辺的な文化の間に厳密な境界線を引くという植民地主義の遺産が反映されている。異文化コミュニケーション分野における文献（例：Callis Buckley 2001）によって生み出され、主張されてきた自己と他者の文化的イメージについての評価は、クリティカルなレンズを通して見直す必要がある。

　現代の人種差別は文化差として語られることが多い点に注意しなければならない。集団の違いを文化的観点から説明することによって、人種的差異が違う形で正当化されてしまっているのである（May 1999b; van Dijk 1993）。この点に関し、文章構成の特徴の文化的違いを探る比較修辞学などの第二言語研究分野は、人種的差異の言説とどのような共犯関係にあるかを考慮に入れて再評価されなければならない。文化的差異への代替アプローチとして、いかに文化が異なるかだけでなく、文化的差異が言説によってどのように構築され、それが異文化間コミュニケーションにどう影響しているかを検証することが考えられる。このようなアプローチは、文化や言語的差異の形成を、政治・経済・イデオロギー・国際的権力関係などの社会的要因と結びつけることを促す（Kubota 2002a 参照）。批判的多文化主義では、教師と学習者は文化的集団や自己と他者について当然視されている考えをクリティカルに再評価し、これらの考えがどのように生み出され、浸透しているのか理解しなければならない。

4.2　多様な視点と言語形式の確保

　先に論じたように、リベラル多文化主義は個人や文化による差異を称えるが、その背後には同化主義の意図がある。多様性を表面的に称賛する行為は

根本的にはヨーロッパ中心主義的規範への同化であり，世界観と言語形式の多様化を阻んでいるのである。真の多元主義と多様性を確保するには，現存の権力関係がいかにさまざまな知識と言語形式のヒエラルキーを支えているかを精査し，対抗言説の可能性を探る必要がある。

　Pennycook(1994)は，批判的教育学を推奨している。この教育理念は，英語学習者が思考やコミュニケーション方法の可能性を広げられる対抗的な視点や自分の「声」を見つけ出すために英語を占有することを掲げている。その中で言語活動は可能性を広げる方法のひとつになるのだ。目標言語の標準形式を教えることを拒むのではなく，批判的な言語活動を通して，学習者は標準言語をクリティカルに学ぶ。そして，標準言語が支配・従属と共犯関係にあることを批判し，規範的な言語形式を覆すのを可能にするのである。この考え方は，Canagarajah(1999: 176)の「英語を無批判に使用することは順応や支配につながり，英語を回避することは周縁化やゲットー化につながるが，クリティカルな交渉は学習者のエンパワーメントにつながる」という主張と重なる。周縁化された人々の可能性が規範によっていかに統制され制限されているか，その規範に対抗することで新しい可能性がいかに創出できるかをクリティカルに吟味することを通して，目標言語と文化の表現の範囲を広げていくことができるだろう。

4.3　ホワイトネス研究とのつながり

　すでに論じたように，ホワイトネス研究では白人の特権と優位性の問題が批判的に検証される。外国語の教室に白人の学習者(たとえば西洋諸国における外国語の教室で)や白人の教師(たとえば外国語やESL・EFLの教室で)がいる場合，白人の権力と特権の問題は学習者や教師に直接関わってくる。だが，学習者も教師も白人ではないEFLの教室ではどうだろうか。実は，ホワイトネスと白人の優位性の問題は，白人と白人社会だけではなく，それ以外の人々や社会にも関係している。Shome(1999: 108)が述べているように，ホワイトネスは「言説を行使することに関わっており，植民地主義や新植民地主義によって，白人帝国主義支持者とヨーロッパ中心主義の世界観のグローバルな支配に特権を与え続けている」。実際，ホワイトネスは広く一般に浸透しており，白人の規範と世界観は全世界の非白色人種の人々の考え方やコミュニケーションに影響を及ぼしている。それゆえ，白人であるか否

かにかかわらず，教師と学習者は帝国主義的パラダイムによるヨーロッパ中心主義の規範によって自分たちの考え方やコミュニケーションがいかに規定されているのかを批判的に検討しなければならないのである。

ホワイトネスをクリティカルに精査することは重要であるが，その際ジレンマに陥りやすい。批判に用いる言語はホワイトネス研究自身が批判している西洋の認識論に埋め込まれているからである。また，ホワイトネス批判は，現場に根差した抵抗を促すのではなく，周縁化された集団のアイデンティティ・ポリティクスを促進し，むしろ本質主義につながる危険性もある。ホワイトネス批判は第二言語教育に重要な知見を与えてくれるが，同時に複雑であり課題も残る。

ESL・EFL の研究分野では，ホワイトネス研究と同じく，ホワイトネスを母語話者概念と結びつける傾向がある。有色人種の英語教師はしばしば教師としてふさわしくない非英語母語話者と見なされるのに対し，白人の教師は母語話者で訛りのない望ましい指導者として位置づけられる(Amin 1997, 2000)。母語話者概念はホワイトネスの概念同様，無意識のうち規範となり，特権として認識される。ホワイトネスが無色かつ正常な状態であると考えられているように，母語話者もアクセントがなく正常な言語能力を持つ者として扱われている。しかし，母語話者概念とホワイトネスは完全に一致するわけではなく，いくつかの相違点がある。また，人種と言語の問題は複雑に作用し合っているのである。たとえば，偏見や人種差別に対する人々の反応と，言語能力やアクセントに差異に対する反応は異なる(Lippi-Green 1997 参照)。また，白人の英語母語話者すべてが同じ量の文化資本を有しているわけではなく，白人が使用する英語にも特権化されたものと劣等化されたものがある(Lippi-Green 1997)。応用言語学分野において，「母語話者」対「非母語話者」分類のイデオロギーと関連づけたホワイトネスのさらなる理論化が必要である。

4.4 言語の教室の外における変革

批判的教育学は，教室の中にいる学習者をエンパワーすることをめざすだけでなく，教室の外に存在する抑圧構造を取り除くことにも焦点を当てる必要がある。新しい考え方やコミュニケーション方法の創造を通した社会変革の主体として期待されるのは，学習者のみであってはならない。社会変革は

双方向的なプロセスから成り立つものである。つまり，周縁化された人々だけが抵抗の声を上げるのではなく，中央にいる人々もそのような声に注意深く耳を傾けなければならない。第二言語教育では，教師や研究者は社会の主流から外された学習者を支えなければならない。そして，教室から一歩外に踏み出し，マジョリティの学習者や教師に，文化と言語の多様性をクリティカルに学習することの意義や，周縁化された学習者と同等に接し，ともに学んでいくことの重要性を伝える必要がある(Kubota 2001b; Kubota et al. 2000; Kubota & Ward 2000 参照)。

　外国語としての言語教育においては，言語や文化の規範と基準を求める抑圧的な力が教育機関や教科書産業，マスメディアなどさまざまな領域で作用している。たとえば，外国語として英語を教える際には，特定の世界観の上に規範が成り立っており，英語の正統な母語話者がだれであるか，英語の正しい形式がどのようなものかなどが決定づけられている。そして，これらの規範は英語話者以外の人々に内面化されているのである。ここでも教師は教室から一歩外へ踏み出し，ハイブリッドな表現形式や世界観の可能性を広げる方法を探し求めなければならない。

　最後に，第二言語教育は，表現や解釈の多様性を理解し探究する機会を学習者に与えることができるということを主張したい。学習者は第二言語学習を通して，母語や自分の文化からは得られなかった新たな表現や解釈を学ぶことができる。おそらくこの点が，多文化主義の錯覚，つまり，第二言語学習は多文化主義を促進し，第二言語教師たちは生来，多文化主義者であるという思い込みを生み出しているのであろう。しかし，本章で示したように，第二言語教育が影響を受けている言説は，リベラルである一方，差異を無視するヨーロッパ中心主義的なものであり，人種的・言語的ヒエラルキーを存続させている。第二言語教育は形骸化してしまっているリベラル多文化主義をクリティカルに検証し，権力・支配・抑圧という観点から多文化主義を定義し直す必要があるのではないだろうか。

第二言語教育における人種と文化とアイデンティティ[1]
―研究と実践への序論―

はじめに

　第二言語教育，つまり移民を受け入れる国や地域の主要言語の指導，バイリンガル教育，そして外国語教育は，人種集団や文化集団間の，直接的もしくは仮想的な交わりを伴う。第二言語を教えたり学んだりする過程では，教材に表れる教師や学生といった人々の人種的なイメージが生産，再生産されている。それにもかかわらず，社会学・人類学・教育学・作文研究などの関連分野と比べて，第二言語教育分野では人種に関する研究は，いまだに広く認知されていない（Amin 1997; Ibrahim 2000; Willett 1996 参照）。これは人種という用語につきまとう負のレッテルに原因があると考えられる。人種という用語は，構造的・制度的不平等などではなく，明らかに見られる対人的人種差別を想起させ，自由な対話を妨げがちである。しかし，昨今，特に TESOL（teaching English to speakers of other languages），つまり英語教育の分野では，人種的マイノリティの研究者による一連の論考（Curtis & Romney 2006）や *TESOL Quarterly* の特集号（Kubota & Lin 2006）に見られるように，人種に関する問題が問われ始めている。ジェンダー（Davis & Skilton-Sylvester 2004; Langman 2004）や性的アイデンティティ（Nelson 1999, 2006, 2008），社会階級（Vandrick 1995, 2007）など，近年の第二言語教育における重要な諸問題に関する研究に加え，人種の問題は権力やアイデンティティ・主体性・社会（不）正義といった，第二言語教育のすべての面において重要な課題を提起している。同時に，現代の人種差別に関する言説においては，人種的差異と文化的差異は同等のものとしてしばしば議論される。この意味で，文化的差異の批判的考察は，人種分化と人種差別のメカニズム

---

(1) Kubota, R., & Lin, A.(2009). Race, culture, and identities in second language education: Introduction to research and practice. In R. Kubota & A. Lin (Eds.), *Race, culture, and identity in second language education: Exploring critically engaged practice* (pp. 1-22). New York: Routledge.（翻訳協力：米本和弘，近藤明）また，本章の一部は，以下の論文をもとにしている。Kubota and Lin (2006). Race and TESOL: Concepts, research, and future directions. *TESOL Quarterly, 40*, 471-493.

解明に寄与できるのである。

　本章の英語版が所収されている Kubota and Lin (Eds.) (2009)（*Race, culture, and identities in second language education: Exploring critically engaged practice*）では，第二言語教育における人種・文化・アイデンティティの交錯を学術的に探る。第二言語教育が世界中の多様な人々に，数限りない接触の場を創り出す分野であることを鑑みると，この探究は重要であると言える。そのような接触の場においては，人種という考えに関する問題や対立は避けられないものであり，当然，批判的考察の対象となるものである。この序章では，さまざまな分野において定義，議論されている人種についての概念と理論を概観し，さらにそれらの概念と第二言語教育とを結びつけ考察する。社会学・人類学・教育学など第二言語教育以外の分野における人種に関する学術的議論は限りない。ゆえに，理論・見解・調査の方法論を包括的にまとめることはここではせず，第二言語教育の専門家にさらなる議論のきっかけを提供することを目的としたい。

1．人種・民族・文化
1.1　人種

　日常生活で人種ということばを聞くと，肌の色や目の形，髪質や顔立ちといった外見上の特徴を思い浮かべる。しかし，科学分野では，人種という概念は，生物学的証拠によって裏づけられるものではないとされている。つまり，人種の違いというものは，遺伝子的特徴などの生物学的構成概念により検証することはできないのである。Goldberg (1993: 67) は，以下のように述べ，人種というものが仮に存在するとしても，その違いは，遺伝子の絶対的というより相対的な恒常性によるものであるとし，人種による分類に疑問を呈している。

　　ヒトは，人種的に差異を生じさせるような遺伝子より，はるかに多くの共通する遺伝子を持っている。驚くことではないが，私たちは互いに異なるというよりも，似ていると言えるのである。遺伝子学的に見ると，違いの中にある違い，つまり，人種的もしくは形態上の差異とされるものを決定づける遺伝子の割合は 0.5% でしかないと推定されている。

さらに最近のヒトゲノム計画では，ヒトの99.9%の遺伝子は共通しており，生物学的な意味での人種的差異は，わずか0.1%しかないことが証明されている(Hutchinson 2005)。

人種的分類が生物学的には決められないとすると，人種というものは存在しないことになる。しかし，アメリカで最近承認された史上初の特定の人種を対象とした循環器系の新薬BiDil，つまりアフリカ系アメリカ人のための新薬の例(Duster 2005)に見られるように，遺伝子と疾患の関係をめぐっては，人種による分類への科学的興味はいまだ根強い。このような研究では，人種というカテゴリーは，遺伝学的特徴によって識別される「個体群」という概念で置き換えられてきた(St. Louis 2005)。St. Louisによると，個体群は客観的な遺伝子的差異により識別されるが，その差異は人種という社会的に創り出されたカテゴリーとはほんの一部しか合致しないという。それにもかかわらず，たとえば，ある特定の個体群としての人種集団と健康上のリスクとの関係性を支持するような言説などにおいては，個体群という概念が，既存の社会的カテゴリーである人種と重なり合い，生物学的な人種分化を引き起こす傾向があると指摘している[2]。

このようなズレを見ると，人種，あるいは人種的分類の概念は社会的に構築された言説であり，広く受け入れられていることがわかる。このような考えは人間の区別を正当化し，外見上の特徴をもとに個人がどのようなグループに属するのかを判断する材料に広く使われているのである。Omi and Winant(1994: 55)は，「人種とは，さまざまな人間の身体的特徴をもとに，社会における対立や利害関係を表したり，象徴したりする概念である」と述べている。人種の表象は社会的に構成され，常に流動的であり，社会的，歴史的プロセスとは切り離して考えることはできない。人種という概念は，客観的で不変真実ではなく，むしろ，私たちの世界観に特定の意味づけをする言説によって，社会的・歴史的に構築され，形作られている。言い換えれば，国家が「想像の共同体」(Anderson 2006)であるとする考え方に類似し

---

[2] 個体群という考え方を用いた例はInternational HapMap Projectと呼ばれるヒトのDNA研究に見られる（Takezawa 2006参照）。このプロジェクトのガイドラインは，地理と人種の同一視，つまり，ナイジェリア・イバダのヨルバ族，東京の日本人，北京の漢民族，ユタ州に住む北欧・西欧からの移民の子孫を意味するYRI，JPT，CHB，CEUなどのレッテルの使用に警鐘を鳴らしている。しかし，この警鐘は他者がデータを分析する際には無視される可能性がある。

ているのではないだろうか。Miles(1987: 26-27)は，この点に関し，以下のように述べている。

> 生物学的根拠がなく，かつその中にいる人々がお互いを知りえないという2点において，「人種」も「国家」と同様に，想像の上に成り立つと言える。また人種は仲間意識を共有するという点において，共同体であると言える。さらに，人種間には境界線が引かれ，境界線の向こうには「別の人種」が存在するという点において，架空の概念である。

人種が社会的に構築された言説であるとすると，学術的な調査や議論をする上でこの用語が使用できるのか，という疑問が浮かび上がってくる。新マルクス主義的価値観を持つ社会学者，特にイギリスの社会学者は，「人種」という用語を記述的または分析的カテゴリーとして用いることは，その前提に，人間を異なる人種のカテゴリーに分類するという考えがあることを指摘している。そして，これは人種が存在論的に決定されるカテゴリーではなく，社会的な構築物であるとする考えに矛盾すると主張している。「人種」という用語を使用することは，人種分化の過程をさらに正当化し，他者を劣った存在として否定的な見方がなされたとき，人種差別の原因となってしまう(Miles 1993; Darder & Torres 2004 参照)。これらの学者は，人種を分析のためのカテゴリーとして使用するのではなく，人種分化(racialization)と人種差別(racism)に研究の焦点を当てるべきであると主張している(さらなる議論は以下参照)。その一方で，人種は，均一的・単一的・不変のカテゴリーではなく，歴史的・文化的・政治的に構築されたカテゴリーではあるものの，抑圧された集団内で団結と抵抗を生み出し，政治的，戦略的に利用することができると唱える者もいる(Solomos 2003 参照)。これらの議論を概観すると，人種という概念の理論化と研究の焦点の明確化をさらに推し進めていくことが必要になる。

1.2 民族

人種に関連する概念のひとつに「民族」がある。民族は，ときに，「人種」に取って代わる，政治的に正しい(politically correct)用語として使用される(Miles & Brown 2003)。また，祖先・言語・宗教・習慣・生活様式といっ

た社会文化的特徴をもとにした集団を分類するためのカテゴリーとしても頻繁に用いられる(Thompson & Hickey 1994)。しかし，人種と同様に，民族にも定義と境界の問題に関し，賛否両論がある。もし民族が社会文化的特徴を表しているとすると，「文化」はどのように定義すればいいのであろうか。ある特定の民族集団を区別するための文化的境界線はどこに引いたらいいのだろうか。ディアスポラ的集団はどう分類したらいいのだろうか。数世代前に東アジアからペルーや他のラテンアメリカの国々に移住し，最近になって，ロサンゼルスに移動した人々の例を見てみよう(Darder & Torres 2004)。彼らはどの民族集団に属するのであろうか。もし彼らが移民のための英語プログラムに入れば，アジア人と考えられるのであろうか。それともラテンアメリカ人と考えられるのであろうか。教師や仲間は，どのような考えを持って彼らと接するのであろうか。このように，民族は，文化というなじみ深い概念と密接な関係がある。そのため，具体的で簡単に概念化できると考えられてしまう。しかし，集団内の多様性や集団間の類似性を考慮すると，人種と同様に定義が難しい概念である。人種が生物学的に決定される構成概念ではないように，民族も人間の生まれつき，もしくは固有の属性を示すものではない。むしろ，ある集団と他の集団とを区別する相対的な概念，つまり，差異を構築するプロセスであると言える。民族化と人種分化の議論において，Lewis and Phoenix(2004: 125)は，以下のように述べている。

> 「民族」と「人種」は，人間の身体的，もしくは文化的差異とそれらが持つ意味についての前提をもとに，人と人を区分化するプロセスである。私たちが，個人や集団が人種分化，もしくは民族化されていると言うときに意味するものがこのプロセスであり，…(中略)…このようなアイデンティティとは集団間の境界の設定や保持を指している。

1.3 文化

上記の議論は，人種と民族に関連して，文化という概念も精査することの必要性を示している。ここで1つ重要な問いが浮かび上がってくる。はたして，英語指導と学習における文化に関する問題(たとえば，言語的・非言語的活動における文化的差異・文化的アイデンティティの構築と表出など)を探求，調査することは，人種という考えに対する学術的探究と等しいか，

もしくはその一部なのであろうか。私たちは本書の編集において何度もこの重要な問いに直面した。この問いは，現代における人種についての言説の特徴も反映している。歴史的に，世界の各地で起こったヨーロッパ人の領土拡張において，ヨーロッパ人たちは自身を文明人と見なす一方で，彼らが遭遇した他者を野蛮人や人食い人種に分類した(Spack 2002, 2006 参照)。18世紀後半における科学の発達は，人種が人間の生物学的カテゴリーを指すものであるという言説を生み出し，その言説は，優劣のヒエラルキーを永続化させるために利用された(Miles & Brown 2003)。すでに述べたように，現代のポストコロニアル社会において，人種は生物学的に決定される概念ではないというのが学術的に一致した見解である。しかし，集団間を区別したり，線引きしたりしようする人間の意欲は衰えることがない。そのため，現代では人種的差異は，文化的差異という，人種よりも聞こえがよく無難な概念に置き換えられるようになってきている。しかし，このような概念は特定の人種・民族集団を他者もしくは好ましくない者として排除する手段として使用されている(Anthias & Yuval-Davis 1992; Bonilla-Silva 2003; May 1999b; van Dijk 1993)。イギリスで学ぶサウジアラビア人のESLの学生が，イスラム教徒に対する嫌悪・偏見にいかにさらされたのかというRich and Troudi (2006)の研究に見られるように，宗教も文化の一部として人種分化の手段となりうる。文化的差異も，人種という考え方と同じく作用し，特定の集団を区別，排除，もしくは特別扱いするために都合よく使用される。そのため，文化の問題も，人種という考えと暗に深く結びつくことが多いという前提で，考察すべきである。

2. 人種分化(racialization)と人種差別(racism)

　前項までは，人種・民族・文化という概念がどのように人間を区別する手段として使われるかを論じてきた。人間はまさに人種・民族・文化の言説から生じた身体的・文化的特徴をもとに区別されているのである。このような考え方が，人種分化と人種差別という概念へとさらにつながっていく。この人種分化と人種差別という2つの用語は，定義が難しく，幾度となく議論が交わされてきた。人種分化とは，簡単に定義すれば，人種による区別であり，「人間を生物学的に特徴づける弁証的過程であり，その特徴づけの結果として集団に割り当てられ，さらに集団の生物学的な特徴を再生産してゆくので

ある」(Miles & Brown 2003: 102)。つまり、人種分化は「人種を理解する核となる概念であり、中でも特に、人種についての考えが構築され、意味が付与され、さらにはそれらが作用する過程を指している」(Murji & Solomos 2005: 1)。また、人種分化は「人種の形成(racial formation)」(Omi & Winant 1994)、つまり「人種というカテゴリーが創り出され、維持され、変容させられ、そして壊される社会的、歴史的な過程」(Omi & Winant: 55)と類似している。このように人種分化は見かけの生物学的特徴をもとに、社会集団間の違いを生み出し、それを正当化している。さらに動的で歴史的な過程であるため、人種カテゴリーを絶え間なく変容させている。ただ、人種分化は必ずしも人種差別につながるわけではない(以下参照)。ひとつには人種分化の過程に関与する者が、常に社会的権力を持っているとは限らないからである。たとえば、マイノリティや社会的立場の弱い集団が抵抗のために、彼ら自身を人種化するという例が挙げられる。これは彼らのアイデンティティを構築する建設的な行為である(ポストコロニアル批評による戦略的本質化(strategic essentialism)についての議論は、Spivak 1988, 1993 を参照)。

　人種分化、もしくは人間の区分化は、植民地支配の影響を受けており、特定の人種カテゴリーに一定の価値をつけるのである。このような価値づけは科学的言説によってあたかも中立的で客観的な根拠に基づき、そして自由主義・人道主義的なものに聞こえてしまう。このような区分化の根底にあるのは、ある特定の権力システムに支えられた言説である。つまり、自己の権力を維持しつつ、ある人種化された集団を劣った他者として排除する。人種差別という用語はよく用いられるが、その定義づけは容易ではなく、多くの学者が定義を試みてきた。たとえば、「人種差別は人種的に異なる他者を排除したり、排除する行為を助長したり、支持したり、認めたりすることである」(Goldberg 1993: 101)。別の定義では、人種差別は「社会活動の基本的性質であり、人種に関する本質主義的な分類をもとに支配構造を生み出したり、再生産したりすることである」(Omi & Winant 1994: 162)。さらに、人種差別は「特定の民族集団を劣ったものとする慣習や言説である。…(中略)…また、ある集団を望ましくないと考えることでもある。…(中略)…そして同化・抹殺・排除へとつながる」(Anthias & Yuval-Davis 1992: 12)とも定義づけられる。一方、Miles and Brown(2003)は、人種差別をイデオロギーとして簡潔に定義し、「人種差別は…(中略)…異なる集団をそれ

それ特定することにより，包摂と排除を可能にするイデオロギーとして機能する」(Miles & Brown 2003: 104)としている。言語帝国主義・批判的談話分析・言語イデオロギーなどに関する研究に見られるように，イデオロギーという用語は第二言語教育の分野で幅広く使われている(例：Phillipson 1992; Rogers 2004; Woolard 1998)。しかし，Anthias and Yuval-Davis(1992)は，マルクス主義におけるイデオロギーという用語，つまり虚偽意識(false consciousness)という定義に懸念を表している。それと同様に，応用言語学でのポスト構造主義言説も，イデオロギーが「真実」と対比させられることを警告している(Pennycook 2001)。この見方では，人種差別は言説でもあり社会的慣習でもある。他者を自己より劣っている存在にすることによって，不平等な権力関係を構築し維持することが可能になるのである。

2.1 人種差別の種類

　人種差別という用語は，定義の難しさに反し，日常生活においてはあからさまな偏見や差別のみを容易に想起させる。そのため，人種差別や人種差別主義者ということばを見聞きすると，言及された者を暗に差別主義者であると見なしてしまう一方，自分はそうではないと自己弁護しがちである。さらに困ったことに，人種や人種差別問題を批判的に分析する人たちは，人種による区分を奨励していると非難され，まるで人種差別主義者であるかのような扱いを受けることがある(Bonilla-Silva 2003)。人種差別ということばが持つ否定的な意味を考慮すると，これは自然な反応かもしれない。しかし，人種差別は言説であると考えると，多くの人々は人種差別主義者ではないと言える。なぜなら，社会的現実を形作る構造化された考えこそが人種差別であるからである。たとえば，「人種差別をするわけではないが…」とあらかじめ断ってから移民に対する嫌悪感を表現するのは，この現代の人種差別にまつわる言説の特徴を反映したものと言える。よって，人種差別を精査するには，思い込みや偏見などの個人的レベルを超えて，人種差別の他の様相についても探ることが必要不可欠である(Goldberg 1993; Omi & Winant 1994)。

　たとえば，言説として概念化された人種差別は社会に広く浸透し，人間関係や慣習，制度的構造を形作っている。これはしばしば制度的・構造的人種差別(institutional/structural racism)と呼ばれ，英語教育の分野において

さまざまな形で具現化されている。英語教師の採用過程がその一例である。英語母語話者，特に白人だと英語教師としての特権が最初から与えられ，有利になる(Amin 1999, 2004; Golombek & Jordan 2005; Leung, Harris, & Rampton 1997; Rampton 1990)。このような制度的・構造的人種差別は，ときに，人種間・民族間の平等を謳う自由主義言説によって覆い隠されてしまう(Mahboob, Uhrig, Newman, & Hartford 2004)。しかしその一方で，拡張円の国々でよく見られる英語教師の求人広告にははっきり表れる。また，北米の学校で，有色人種の生徒たちが文化的・社会的・言語的・学問的に劣っているというレッテルを貼られるのもこの種の差別の例である(例：Willett 1996; Scheurich 1997; Solórzano & Yosso 2002)。さらに，これらの生徒たちはESLというレッテルが持つ能力別選り分け構造によって，また，普通教室の教師や生徒たちの無関心や冷遇によって，本来あるべき学習参加から排除されがちなのである。

　さらに，認識論的人種差別(epistemological racism)も存在する(Kubota 2002b参照)。Scheurich(1997)は，このような人種差別は，認識・知識・慣習に基づいており，ヨーロッパの近代主義的白人文明に特権を与えるものと論じている。Scheurichは，著名な哲学者や社会科学者や教育者が実際に白人男性であることを挙げ，私たちが普段行う考察・分析・社会参加・教育などの活動のよりどころとなる存在論的カテゴリーや認識論が，主としてこのような人種的・文化的伝統を基盤としている点を論じている。そして，それは，「私たちが用いる正当化された知識活動の方法論(たとえば，実証主義・新自由主義・ポスト実証主義・解釈主義・構造主義・批評伝統・ポストモダニズム・ポスト構造主義)」をも含んでいる(Scheurich 1997: 140)。

　北米における認識論的人種差別は，生物・歴史・英語といったさまざまな教科の教科書にも反映されている。このような西洋の帝国主義をもとにした人種的ステレオタイプは白人のヘゲモニーを作り上げ存続させる。白人性のヘゲモニーはESL/EFLの教科書においても見られ，文化や言語にまつわる正しいとされる知識を形作っている(例：Matsuda 2002)。

　認識論的人種差別は学術や研究の分野にも影響を与え，その影響は，学ぶ価値があるものは何か，また綿密な研究とは何かの定義にまで及ぶ。たとえば，ニューヨークで教員養成に携わるある大学教員が次のような発言をした。「ラティーノ(ラテン系アメリカ人)／チカーノ(メキシコ系アメリ

カ人)研究を専攻している学部生は教員養成プログラムに入れさせるべきです。だって，そんな専門は社会でまったく役に立たないでしょう？ 教育専攻だったら，もっといい仕事に就けるでしょう。」実用性を強調しているのはわかるが，露骨に特定の分野の知識を低く評価してしまっている。このため，有色人種の研究者は，学術的に主流でない人種に関する考え方や独特の表現方法を研究に使いたがらないのが実情である。Scheurich(1997)は，*The Journal of Negro Education* のような，人種のテーマに関する学術誌を創刊したとしても，かえって有色人種の研究者を周縁化させてしまうと述べている。なぜなら，このような学術誌は，主要な学術誌に比べ評価されておらず，終身雇用審査や昇進にマイナスの影響を与え，その結果として構造的人種差別につながっていくからである。

2.2　人種差別と他の不正義との関係

　人種がジェンダーや性別にまつわるアイデンティティ構築と関わりがあるように，人種差別もまた性差別・階級差別・同性愛者差別・言語差別・年齢差別などの他の不正義と関わりがある。その関係はゼロサム的ではなく，複雑なものである。たとえば，英語教師の採用では，さまざまな候補者が考えられる。英語母語話者で60代白人女性，英語母語話者で40代のゲイの白人男性，英語母語話者で50代のウガンダ出身の黒人女性，英語母語話者で20代のアジア系の女性，非英語母語話者で20代のロシア出身の白人女性，非母語話者で30代のアジア系の男性などを考えてみよう。だれを採用するかの決断にはさまざまな要因が複雑に絡み合っている。確かに，それぞれのケースで，結果的に特定の要因の比重が重くなるということはあるが，人種化されたイメージやその他の要因だけが影響を与えるのではない。つまり，人種・ジェンダー・国籍・年齢・性的指向・言語などを背景とした候補者の人物像は，雇用主，プログラムの目標・組織の理念などと複雑に結びついている。

　また，人種差別が言語能力の評価にも影響していることもある。Rubin (1992)は，マッチドガイズ法(matched guise test)を使用し，教師であるとして提示された写真が示す人種的イメージ(アジア人と白人)が，学生の聴解力とアクセントの知覚にどのように影響するかという研究を行った。その結果，白人の顔のイメージの方が優位であることが明らかになった。この実験

は，英語能力のいかんにかかわらず，英語母語話者であるアジア系アメリカ人が外国人として見られることを証明している。これは「英語が上手ですね。何年アメリカに住んでいるんですか」(Takaki 1993)というアメリカ生まれのアジア系アメリカ人に向けられた質問にも反映されている。このような人種と言語の関係は，TESOLの分野で近年注目されている母語話者・非母語話者の問題に重要な問いを投げかけている。

2.3　人種化された(非)母語話者

　TESOLにおいて近年，ネイティブスピーカーという概念，つまり学習者の言語的モデルとして優れた規範であるという考え方に対して批判が向けられている(例：Amin 1997; Braine 1999; Kamhi-Stein 2004; Leung et al., 1997; Lin, Wan, Akamatsu, & Riazi 2002; Rampton 1990)。批判的研究者らは，「ネイティブ神話」が教師の採用や，英語学習者が描く理想の話者のイメージにどのように影響しているのか議論してきた。しかし，母語話者・非母語話者の議論は言語的側面(たとえば，発音や標準的・非標準的言語使用)だけに偏っている傾向があり，人種化という側面にはまだ十分注意が払われていない。問題は，母語話者＝白人，非母語話者＝非白人というように等式化されている傾向である。このような等式はもちろん非母語話者教師に対する差別を説明できる。というのも，それらの教師の多くは有色人種だからである。しかし，この本質化された二項対立(標準英語話者＝白人，非常準英語話者＝非白人)は，この公式に当てはまらない教師(例：アジア系またはアフリカ系の英語母語話者，米国南部アクセントの白人英語母語話者)に対する差別を覆い隠してしまう。Nero(2006)は，母語話者・非母語話者という固定化した概念が，言語の人種差別的な認識を永存させ，世界にある複雑な言語的景観を見落としてしまうことにつながると述べている。

　世界中の多くの地域で英語教師が採用されている現実を考えると，就職差別における非母語話者性に着目し，問題の解決に向けて社会正義を推し進めなければならない。しかし，上記のような非母語話者・母語話者を人種化するような本質的な二項対立に疑問を投げかけ，そして，有色人種の英語母語話者の教師たちの声と経験に耳を傾けると同時に，人種差別問題にも取り組む必要がある。TESOLの専門家は，このようなアプローチを通して，2つの周縁化された集団を団結させ，問題に取り組むことができるのである。

3. 英語指導・学習における人種問題の理論的方向性

　人種・人種差別・人種化の問題は北米で理論化され，法律学や教育などの分野での実践に影響を与えてきた。この項では，批判的人種理論・批判的白人研究・白人性研究・批判的教育学・批判的多文化教育の基本理念を概観する。

3.1　批判的人種理論（critical race theory）

　人種と人種差別の問題は，批判的人種理論の中で積極的に取り上げられ，精査されてきた（Taylor 2006 参照）。批判的人種理論はアメリカの法律制度の批判的分析から生まれ，客観性の看板を掲げながらも，人種的・経済的に特権を持つ者に有利に働くこの制度に疑問を唱え，人種・人種差別・権力の3つの関係性を精査し変革させてきた（Delgado & Stefancic 2001）。Delgado and Stefancic は批判的人種理論の基本理念を以下のように説明している。(1)人種差別は私たちの日常社会に深く浸透しているため，表面的な平等を掲げるカラー・ブラインド（「肌の色を理由に差別しない」というリベラル的思想）政策だけでは解決することができない。(2)人種差別は「白人のエリートには物質的利益，労働者階級の人には精神的利益を与える。そのため社会の大半の人々は人種差別をなくすことに積極的ではない」（Delgado & Stefancic 2001: 7）。(3)「人種とは，社会が作り出し，あやつり，都合のいいときに隠すカテゴリーである」（同: 7）。(4)人種化・人種差別の形態は流動的で，社会の支配層の社会経済的必要性に左右される。(5)人種化された集団の反本質主義的な理解，たとえば，ある人種化された集団を画一的で静的なものとしてではなく，その中にある多種多様な違いを認識することなどが重要である。(6)有色人種の人々の声を，実体験の語り（ストーリー・テリング）を通して白人たちに届け，そうすることにより日常生活に隠された人種差別をあらわにし，異議を申し立てることにつなげる（詳細については Ladson-Billings 1999 を参照）。最後の対抗ストーリー・テリング（counter-storytelling）（Delgado 2000），もしくは対抗ストーリー（counter-story）（Solórzano & Yosso 2002）は次のように定義されている（Solórzano & Yosso 2002: 32）。

　　人生経験をあまり語ることができない人々（たとえば，社会の周縁にい

る人々)の物語を語る方法である。対抗ストーリーは，多数決主義的な人種的特権の物語を明らかにし，分析し，それに異議を申し立てるための道具でもある。

批判的人種理論は教育の分野に応用され，カリキュラムや指導や財政的支援を含む教育政策が，どのように人種的不公平や権力関係と関連しているのかを批判的に考察することに寄与してきた(例：Ladson-Billings 1999; Ladson-Billings & Tate 1995; Parker 2003)。英語非母語話者にまつわる問題，たとえば，職場や学校や政府機関で母語を使用することや非標準的なアクセントで話すことに対する差別は，特に移民たちの間で，大きな懸念を生んでいる。そしてこれは，批判的人種理論の中でもまた別の研究領域を構成している(Delgado & Stefancic 2001)。さらに，言語に加え，人種・ジェンダー・階級・出自・性的アイデンティティの多層的交差は，人種差別を引き起こしたり解釈したりする際の重要な要素であると考えられている。

3.2 批判的白人研究(critical white studies)

批判的人種理論に関連するものとして，白人性研究もしくは批判的白人研究と呼ばれる，白人性の問題への批判的研究が挙げられる(例：Delgado & Stefanic 1997, 2001; Fine, Weis, Powell, & Wong 1997; Frankenberg 1993; McLaren & Muñoz 2000; Leonardo 2002)。白人性研究は白人性の社会的構築(たとえば，アイルランド人・ユダヤ人・イタリア人がどのように白人と分類されるに至ったか)，白人の特権(McIntosh 1997 参照)，日常生活における規範的だが目には見えない白人性の特質などを研究対象としている。白人性は不可視で無標の規則であり，白人以外の他者すべてを人種的・文化的に定義し，特徴づけ，さらに劣った者として位置づける権力を持つ。白人性が持つこういった特性は目に見えないため，白人は人種差別撤廃の責任を回避することができる。たとえば，Frankenberg(1993)は研究の中で，白人女性が人種や人種的差異，さらに権力や特権への加担についての言及を避ける傾向があることを明らかにしている。このような権力の存在を避ける言動は，カラー・ブラインド言説または差異ブラインド言説を助長してしまう。つまり異なる集団間の差異の存在を否定する結果，社会的不公平の根源の追求を放棄し，倫理に根ざす社会的・教育的介入の倫理的実践の必要性をも否定して

しまうのだ(Larson & Ovando 2001)。

　白人性を精査するにあたっても，反本質主義的アプローチが重要となる。白人性が他の社会カテゴリーであるジェンダー・階級・年齢・性的あるいは宗教的アイデンティティなどとどう交差しているのか探ることが必要である(Fine & Weis 1993)。さらに注意する点は，性差別のような問題を人種差別と類似した問題として扱う手法である。この手法は，白人の間で人種差別に対する意識を高めるためによく使われる。しかし Grillo and Wildman (1997)は，そのような類似性に着目した手法は，実際に体験される人種差別をあいまいなものにし，周縁化し，その結果として，白人たちが持つ関心事が中心に置かれてしまう傾向があると述べている。白人たちの善意なのであろうが，このアプローチでは有色人種の排除に加担してしまう(EFL の学生を対象に人種差別への意識を高めるために行ったアクティビティの例については Hammond 2006 を参照)。白人性は生物学的なカテゴリーではなく言説的に構築されたカテゴリーである(McLaren & Muñoz 2000)。そして，「白人性は特権的な記号(signifier)としてグローバルなものになりつつある」(Leonardo 2002: 30)。グローバル化の言説における白人性の考察は，特に TESOL 分野において特別な意味を持つ。なぜなら，TESOL は英語および英語教育のグローバルな課題に直面しているからである。

3.3　批判的人種理論と批判的白人研究への批判

　批判的人種理論と批判的白人研究は，人種に対する注目を促し，問題分析のための有用な視点を提供してきたが，批判も向けられている。Delgado and Stefancic(2001)は内部からと外部からの批判について議論している。中でも，批判が向けられているのは，対抗ストーリー・テリングの手法である。啓蒙思想に影響を受けた多数派の学者たちは，物語的アプローチは分析における厳密さや客観性に欠けると批判している。逆に，クリティカルな視点からは，物語的アプローチは周縁化された人の経験を無意識に美化したり，白人と有色人種という人種的な二項対立を生み出したりすると批判されている。さらに，資本主義言説に基づく個人主義やリベラル多文化主義を擁護し，推し進める結果になると問題視されている[3]。

---

[3] 同様の議論は作文研究の分野でも行われている。1970 年代，80 年代に流行した，ナラティブ様式において，真の書き手の声を表現する表現主義は批判を受けてきた。

Delgado and Stefancic(2001)は，人種差別と関連して，物質的状況や貧困に目を向ける必要性があると自己批判している。この点はマルクス主義的な視点からも声があがっている。Darder and Torres(2004: 117)は，批判的人種理論が人種を分析単位として個別に取り上げることで，支配と従属という経済的側面を反映した階級の問題をないがしろにしてしまう危険性を指摘している。「階級は生産関係の中に位置づけられ，資本主義経済における特有の構造的特徴を表している」にもかかわらず，人種・ジェンダー・階級・性的アイデンティティなどの社会的カテゴリーとの関連性を強調することは，それぞれのカテゴリーに同等の分析力や説明力を与えてしまうとしている。Darder and Torres(2004)は，Wood(1995)を引用し，階級の際立った特徴を指摘している。集団や個人のアイデンティティとしての人種・文化・ジェンダー・セクシュアリティの多様性は真の民主主義の中では賛美されるものであるが，はたして階級的多様性も同様に民主主義の中で賛美されるものであるかは疑わしい(Kubota 2003, 本章第3章参照)。そのため，Darder and Torres(2004)は人種をジェンダーや階級などと対等に多層交差する分析単位として扱うのではなく，資本主義を基盤とする政治経済学で，人種にまつわる考えや差異や人種差別がどのように固定化され，さらに人種化された階級関係を生み出しているのかという点に焦点を当てている。

　一方，批判的白人研究の問題点も指摘されている。Kubota(2004)(本書第4章)が言及しているように，批判的白人研究は，白人を舞台の中心に据えるため，白人が変革者になるための手助けを有色人種にさせることにもなる(Sheets 2000)。したがって，反人種差別や社会正義をめざす批判的人種理論や批判的白人研究などの批判的研究であっても，概念の多様性，複雑さ，潜在的な問題などがあることを第二言語教育の専門家は認識しておく必要がある。

3.4　資本・ハビトゥス・フィールド

　第二言語教育分野で，人種の問題を分析するにあたって，いまだに脚光を浴びていない理論に，ピエール・ブルデューの資本・ハビトゥス・フィールドという概念がある。社会的に構築された概念としての人種は，人々の考

　Berlin (1988)は，このアプローチが個人主義のイデオロギーに組み入れられ，社会不正義を正し，変容をめざす集団的な努力を妨げていると指摘している。

え・信念・行動を形作る個人的または集団的アイデンティティの中心的要素である。これを「ハビトゥス」もしくは「ディスポジション(disposition: 心的傾向)の総体」と呼び，知覚・評価・行動を生み出す認知構造も形作る(Bourdieu 1984: 6)。個人と集団の世界観や，生き方を形作るのは具現化されたディスポジションである。あるハビトゥスはフィールドと呼ばれる特定の社会空間で権力を蓄え，階層的権力構造を生み出す。結果，ハビトゥスはリソース(資源)や「文化資本」となる。文化資本とは，社会化をはじめ，家族間やコミュニティ内での教育を通して得られたリソースや権力が形成する知識や技術を指す。

　たとえば，上流階級に属する白人家庭の子どもは，家庭での社会化を通して，学校での学業成就に必要な文化資本を適量，またはそれ以上に享受している(つまり，子どもたちのハビトゥスは文化資本に変容する)。ブルデューが著書の中で何度も取り上げる論題の中に，社会経済的地位が低い家庭の子どもが学校という社会的フィールドに参加する場合，彼らの持ち込むハビトゥスは，社会経済的地位が高い家庭の子どものハビトゥスと相容れないという点がある。この2つの異なるグループが持つ文化資本の差は社会階層の再生産につながる(香港における再生産を分析したLin 1999参照)。ブルデューの分析の焦点は主に社会階級であるが，社会的カテゴリーである人種にも応用が可能である(ハビトゥスの民族への応用はMay 2001を参照)。

　また，ブルデューは，学校制度の不平等さが私たちの意識の中で押し殺され，それが正当化され，やがて当然視される点も指摘している。学業不振は，生徒個人の認知的な欠陥や努力の欠如のせいにされ，入学時に学校で正統なものとして評価される文化資産をすでに持っているか否かという不平等さには注目されない。ブルデューは次のように主張する(Bourdieu 1984: 165)。

> 支配階級が与えた役割を下位階級が受けるということは，下位階級は自ら苦闘を受け入れることを意味する。それは統合的な苦闘である。また，この不利な条件は無言での受け入れを要求され，この不当さから生まれる苦闘は繰り返される。スタートラインに立った時点ですでに下位階級たちは打ちのめされている。下位階級の人々は向かうべきゴールの正統性をよく理解できないまま走らされる。というのも下位階級者が向

かう本当のゴールは，参加してしまったがために陥る支配者が作り上げたものなのである。

ブルデューによると，象徴的暴力(symbolic violence)は，一般的世界観や社会における特定の意味を正統であるとして集団に受け入れを強いることである。これは誤認(misrecognition)という過程を通して達成される。たとえば，ESL/EFLにおける白人の優位性は，白人教師のみならず非白人の教師や学生の意識の中に，英語教師としてだれが適格であるかという通説を作り上げることで達成される。

リテラシー教育者は，家庭と学校におけるハビトゥスと資本の不一致の分析にブルデューの概念を応用しているが(例：Luke 1996)，ブルデューの理論を応用して「人種」を具現化されたハビトゥスとして分析した例は少ない。この具現化されたハビトゥスは，異なる種類の資本の交換法則に支配される社会的・文化的フィールドで，異なる受け入れ方がされるのである。ブルデューの理論的視点から見ると，人種と言語は文化資本と密接に結びついている。この文化資本は，絶対的，普遍的，もしくは保証された価値を持つことはなく，特定の社会的・文化的フィールド，またこれらのフィールドにおける交換法則により変化する。人種と言語は，教育機関という社会的フィールドに持ち込まれる分析・解釈可能なハビトゥスであるとも言える。

3.5 批判的教育学と批判的多文化教育

批判的教育学と批判的多文化教育は，相互に関連した教育アプローチであり，類似した社会的・文化的・教育的視点を共有している。それは，ローカルかつグローバルのさまざまな側面で，支配と従属を作り出し維持される権力や政治を，批判的な視点から分析することを通して，社会正義や平等を促進させることである(例：Freire 1998; Freire & Macedo 1987; Kanpol & McLaren 1995; Kincheloe 2004; Kincheloe & Steinberg 1997; Nieto 1999a, 2004; Ovando & McLaren 2000; Sleeter 1996; May 1999b; Sleeter & McLaren 1995)。そのため，批判的教育学と批判的多文化教育は，教師と学生に人種・ジェンダー・階級や関連する社会的カテゴリー内の権力関係についての対話を促す。

批判的教育学の根底にある理念のひとつに，知識伝達型と事実の習得のみ

に焦点を当てた教授アプローチへの批判がある。これらが批判されている理由は，世の中を理解するための支配的な考え方を固定化させるからである。批判的教育学は，教室内で構築される知識は客観的，中立的ではなく，常に政治的なものであるという考えに加え，人種・人種化・人種差別を分析する手段を提供してくれる。中流階級で異性愛者の白人男性の文化が優位であるとする知識は，カリキュラムや指導に深くしみ込んでしまっている。批判的教育学は，社会構造や世界観を形成する人種化や差別的な言説を，学習者が認識したり分析したりするきっかけを作ってくれる。批判的教育学において批判的な意識を高めることは，常に実体験と相互作用し，「学術活動と変革をめざす行動との両者を活発化させる相乗効果を生み出す」(Kincheloe 2004: 16)。これは必然的に反人種差別教育につながる。たとえば，Taylor (2006) と Hammond(2006)に報告されているような差別撲滅をめざした学習活動やリーダー養成プログラムなどがそれである。

同様に批判的多文化教育は，多文化教育に対するリベラルなアプローチの中で構築される白人優位社会の規範的な知識に疑問を投げかけている。リベラルなアプローチとは，多様な文化や人種の違いから目をそむける平等主義的な見方，表面的な文化的差異を称えることで，エキゾチックで美化された「他者」を永続させること(例：「英雄を称え祝日を祝う」アプローチなど)，そして，白人性の権力と特権から逃避することである(Kubota 2004, 本書第4章)。批判的多文化教育を実践することで，学生と教師は人種差別や他の社会的不平等の問題に，個人のみならず集団で立ち向かうきっかけになる。この意味で，批判的多文化教育は反人種差別教育でもある(Nieto 1999a, 2004)。

批判的教育学，批判的多文化教育のどちらも，ESLとEFL分野で議論され，応用されてきた(例：Auerbach 1995; Benesch 2001; Canagarajah 1999; Lin 1999; Norton & Toohey 2004; Pennycook 2001; Morgan 1998)。人種についての研究は，この枠組みでさらに進めていくことができるだろう。

4. 第二言語教育における研究テーマ

本書(Kubota & Lin 2009)で扱われるトピックは，過去10年間に第二言語教育分野で話題となった人種・文化・アイデンティティにまつわる新たな議論をさらに大きく展開している。今後の研究テーマやいくつかの先行研究を次に紹介する。これらのテーマはすべてを網羅するものではないが，人

種・文化・アイデンティティの多角的な視点からの研究に示唆を与える。すべてのテーマに共通する課題として挙げられるのは，研究者と調査協力者の人種的関係と，それが研究の過程および結果に及ぼす影響である。Lee and Simon-Maeda(2006)が論じているように，研究者と調査協力者の関係については，人種が同じかどうかにかかわらず，次のような点が問題として挙げられる。たとえば，白人女性研究者が非白人の女性を調査する場合，どのようにして彼女たちの実体験を知ることができるのか。逆に研究者と調査協力者が同じ人種なら，このような問題には直面しないのか。人種差別に苦しむ有色人種の人々を研究する者としての責任はなにか。このような人種にまつわる問題は，階級・ジェンダー・性的アイデンティティなど，その他の社会的カテゴリーが要因として加わればさらに複雑になる。このような問いは，人種化と人種差別を批判的に考察するときに考慮する必要がある。

4.1 学習者・教師のアイデンティティと人種

人種は，個人の目に見える特徴として構築される。人種化の過程は，学習者と教師のアイデンティティや主体性の(相互)構築において，重要な役割を果たす。アイデンティティと主体性とは，ポスト構造主義の概念である。つまり自己を言説的構築物であり，また主体性を持つ者と見なす。これらの概念は，多言語環境および第二言語教育における重要な研究課題である(例：Kanno 2003; Norton 2000; Pavlenko & Blackledge 2004)。TESOL の研究では，人種に焦点を当てているものもある。たとえば，Ibrahim(1999)は，アフリカからカナダに移民したフランス語を母語とする黒人生徒たちに焦点を当て，英語を学ぶ中で，受け入れ社会の人種やジェンダーに対する期待が，彼らの「黒人になる」というアイデンティティ構築にどのように影響を与えたかを描いている。すなわちこの研究は，人種にまつわる言説がアイデンティティ形成や言語学習にどのように影響するのかを明らかにしている。Bashir-Ali(2006)は，アメリカの学校で，メキシコから移民した女子生徒が多数派の黒人集団に入るために，標準英語が重んじられる学校文化に抵抗し，黒人英語の習得を熱望する様子を描いている。混血のアイデンティティ形成と言語習得の影響もさらにひとつの研究領域である。Pao, Wong, and Teuben-Rowe(1997)は，混血の成人のインタビューを通して，バイリンガルとモノリンガルでは，自身のアイデンティティに対する見方に違いがある

ことを指摘している。また，アメリカの学校現場での教師の人種的立ち位置は，有色人種の ESL 学生とのやりとりを通して形作られる(Motha 2006)。さらに教師の教育実践は，正統と見なされる英語に人種化された意味を植えつける言説によってさらに影響される。

　人種や民族に関する問題は，アイデンティティがどのように言説的に構築されるのか，学習者や教師が変化する言説の中でどのように自身のアイデンティティを構築するのかなどの問いを追究した研究でも見られる(例：Harklau 2000; McKay & Wong 1996; Motha 2006; Simon-Maeda 2004; Taylor 2006; Thesen 1997)。今後の研究の課題としては，人種に関する既存の理論と，アイデンティティ構築・交渉において人種が果たす役割とをさらに結びつけ，初等・中等・高等教育，留学生対象のティーチング・アシスタント・トレーニング，教員養成，教員研修などさまざまな現場に活かすことであろう。

4.2　教授法・カリキュラム・教材・テクノロジーにおける人種の表出

　言説としての人種と人種化は，第二言語教育研究者に以下のような問いの精査を促す。人種化・白人の規範・人種差別・その他の人種にまつわる言説が，ローカルな，もしくはグローバルな教育実践の中でどのように再生産されているのか。また反人種差別をめざす教授法を通し，どのような抵抗が可能か，といった問いである。分析の焦点としては，教室での指導・カリキュラム・教材・テクノロジーが考えられる。

　すでに論じたように，北米で使用されているさまざまな教科の教科書では，ヨーロッパ系白人の知識や認識論が正当化され，植民地主義や帝国主義の名残が反映されている(Willinsky 1998)。さらには中心円英語(inner circle English)の優勢性や教育のあらゆる場面に見られる白人の言語的・文化的規範などにもこの名残が反映されている(Canagarajah 1999; Pennycook 1998)。このようなテーマは，人種をもとにした認識論に焦点を当て，以下のような問いを通して探求できる。どのような教授法が正統であると見なされ，それはどのような認識論に基づき，判断されるのか。第二言語教育・外国語教育の授業で，文化もしくは社会のどの側面が教えられ，どの側面が教えられないのか。特定の人種集団が，他の集団より多く描写されていないか。第二言語教育・外国語教育の教科書に，どのような人種に関するイメージが描かれ，そしてそれが学習者の目標言語，もしくは目標言語が使用されている社

会への見方，そして，彼らのアイデンティティにどのように影響するのか。この点に関し Herman(2007)は，アメリカの高校で外国語として教えられるスペイン語の教材を分析し，スペイン語の話者として肌の白い中産階級の人々が中心に描かれていることを明らかにした。

　前述したように，第二言語教育・外国語教育のカリキュラムや教材や教授法には白人の規範が反映されやすい。さらに最近，使用が盛んになってきている教育テクノロジーは，人種集団間の不平等を悪化させる可能性がある(Murray 2000)が，その一方で，人種を視野に入れた新しいリテラシー活動を生み出すかもしれない(Warschauer 1998; Bangou & Wong 2009)。また，覇権主義的なイデオロギーや人種差別は反差別教育によって批判的に考察できる。たとえば，Taylor(2006)によると，カナダの移民生徒たちは反差別リーダーシップ育成プログラムに参加することで，自己の体験・アイデンティティ・身近な差別などに対する理解を深めることができた。Hammond(2006)は，日本の大学で実践された反人種差別シミュレーション活動の有効性を報告しているが，その中で学生が人種差別への関与を避ける傾向があることも指摘している。これらの研究は反人種差別教育の強化や改善の必要性を示している。

4.3　言語政策と言語イデオロギーと人種

　すでに議論したように，人種と人種差別は(新)植民地主義のなごりに埋め込まれている。(新)植民地主義は，過去と現在における世界的な英語の広がり，そして英語圏の国々でのモノリンガリズムの普及と密接に関係している(Spack 2002, 2006 参照)。植民地主義の言説は，過去に人種的差異や差別を正当化しただけではなく，人種差別と不平等な人種的権力関係を現在に至るまで存続させている(Pennycook 1998)。人種はポストコロニアル研究において重要な研究課題である。たとえば，植民地における人種カテゴリーやヒエラルキーの言説的構築(Said 1978)，ポストコロニアルおよび新植民地主義社会の権力関係，同時に存在する共犯と抵抗の両面性，戦略的本質主義，サバルタン(従属的社会集団)の主体性(Spivak 1988, 1993)などを解明することである。ポストコロニアル研究はまた人種的・民族的アイデンティティの境界をもあいまいなものにする(Radhakrishnan 1996)。第二言語教育分野でも，世界各地で盛んになっている英語教育に関するポストコロニアル研究が行われ始めており(Lin & Luke 2006)，そこでは，人種が重要な焦点となってき

ている。

　この方向性に関連して，言語教育の分野では，さまざまなイデオロギーに基づく研究が注目され始めている。その中には，言語帝国主義の概念 (Brutt-Griffler 2002; Phillipson 1992)，標準英語アクセントのイデオロギーと差別 (Lippi-Green 1997, 2002)，英語をアメリカで公用語にしようとする運動（イングリッシュ・オンリー運動）(Wiley 2004; Wiley & Lukes 1996)，黒人英語やその他の非標準英語 (Adger, Christian, & Taylor 1999; Ramirez, Wiley, de Klerk, Lee, & Wright 2005) などが含まれる。さらに，言語イデオロギー (language ideology, linguistic ideology, ideologies of language) という分野では，イデオロギーが言語形態や言語使用だけではなく，個人や集団のアイデンティティおよび社会組織にどのように影響を与えているのかを精査している (Woolard 1998)。

　言語にまつわるイデオロギーの研究において，人種は確かに分析の焦点になりうる。たとえば，イングリッシュ・オンリー運動や反バイリンガル教育政策を批評する教育者たちは，国の政治・教育政策の陰に，ヒスパニック系移民に対する人種差別・外国人嫌悪・自民族中心主義が隠されていると指摘している (Crawford 2000; Cummins 2000)。

　Hill (2001) は，学校を含む公的機関で英語の使用だけを認める政策は，言語ではなく，人種の問題が関連していると議論している。つまり，「それらの政策は人種差別文化の言説構造の一部であり，その主たる機能は，人種的に劣る者を生み出すことにある」(Goldberg 1993: 249)。ESL/EFL の分野でも人種に明確な研究の焦点を当て，次のような問題提起をすることができる。人種差別やその他の人種に関する概念は，言語帝国主義・英語を唯一の公用語とする考え・標準英語・その他の覇権的なイデオロギーにおいてどのような役割を持っているのだろうか。

4.4　批判的（教室）談話分析と人種

　人種のイメージは，ミクロ・マクロの両レベルで，書きことばと話しことばのディスコースを通して広まり，語られる。批判的談話分析における研究課題のひとつに人種の言説的メカニズムの解明が挙げられる (Reisigl & Wodak 2000)。このアプローチは，第二言語教育のさまざまな側面に応用することができる。Kumaravadivelu (1997) によって提唱された批判的教室談

話分析は，教室談話の社会政治的側面に注目し，人種や人種的ヒエラルキーにまつわる支配・従属・抵抗が，教室談話の中でどのように表れるのかを調べる手段を提供している。

すでに述べたように，言語政策や言語イデオロギーに関連した人種化や人種差別は，教室の枠を超え公的空間に浸透している。たとえば，最近のアメリカにおけるイングリッシュ・オンリー運動や反バイリンガル教育の法案は，「子どもたちのための英語」というスローガンのもとに推進され，子どもに英語のみを教えることと，非白人バイリンガル移民に英語だけを教える利益を強調した(Crawford 2000; Wiley 2004)。特権階級による人種差別(elite racism)の言説において，このレトリックは「明らかな利他主義」もしくは移民に対して「彼らの利益を守ってあげるための温情主義」と考えられ，支配集団の肯定的な自己表象を永続化させている(van Dijk 1993: 95)。批判的談話分析は，捉えにくい形態の人種差別と人種化が，教室内および教室外でどのように生み出され維持されるか，その言説的構造を明らかにする有効な分析手段となる。

5. 結論

人種・人種化・人種差別という概念は，言語教育の社会的・文化的・政治的側面を形作る要素である。第二言語もしくは外国語教育には，人種化によって生み出された差異に基づく複雑な権力関係が伴う。第二言語教育に存在する人種化された多様性を鑑みると，この研究分野で人種化や人種差別がそれほど話題にならないことは奇妙だとさえ言える。第二言語教育は，多様な文化と人々への理解と思いやりで溢れており人種的偏見がない，という幻想を振り払うことが必要である。

人種・人種化・人種差別という概念を研究するにあたり，本質化の危険性を認識しておく必要がある。たとえば，社会的規範と特権としての白人性は近年の研究で詳細に研究されているが，人種的アイデンティティや人種差別を生み出す想像上の人種的差異は相対的なものである。つまり，すべての集団や状況を一様に固定化もしくは本質化できる概念ではないということである。Memmi(2000)が指摘しているように，「差異自体が目的であるとは考えられない。人種差別の本質的問題は差異そのものではなく，加害者が自らの利益のために差異を犠牲者に対する武器として使うことである」(Memmi

2000: 51)。そのため，世界中の教師と学生が人種化されている第二言語教育では，覇権主義的な人種化された規範は，白人性との関連性のみではなく，動的で状況によって変化する多様な人種や民族との関連性からも議論する必要がある。つまり，人種差別とは，白人優位社会において有色人種を劣等視することだけでなく，日本人が他のアジア人を含む非白人を差別することなどにも見られる。人種という考えや人種差別を白人対非白人という構図に単純化できないように，これらの人種に関する理論も西洋の学術的知識にのみに依存すべきではない。とりわけ世界中の研究者間の協力を促す分野では，認識論的人種差別を克服する必要性がある。

　第二言語教育の実践者として，私たちは日々，批判的に内省する必要がある。その中で，人種に対する考えは，教える内容・教え方・学生の理解にどのように影響するのかを考えなければならない。また，目に見える差別と見えない差別に立ち向かい，その根絶に努力するべきである。そのためにも，差別とは他の不正義と複雑に絡み合っていること，そして差別への対抗においては，自己の人種的特権や他の特権が状況によって変化し相対的であるということの認識が不可欠である。

第 3 部

第二言語ライティングと文化

未完の知識[1]
―バーバラの物語―

はじめに

　ESL(English as a second language)における文化の問題は，特にアカデミック・ライティングの分野で1990年代に議論の的となった。その契機は，ESLの学生のバックグラウンドと英語でのアカデミック・ライティングで求められる基準との間にある文化的差異が一連の論文で議論されたことにある(例：Atkinson 1997; Atkinson & Ramanathan 1995; Carson 1992; Carson & Nelson 1994, 1996; Fox 1994; Nelson & Carson 1998; Ramanathan & Atkinson 1999; Ramanathan & Kaplan 1996)。これらの論文には，次のような考えが通底している。西洋の学術観では個人主義・自律性・創造性・書き手の声・批判的思考が尊重されるのに対し，特に東アジア出身のESLの学生の文化背景には集団主義・暗記・権威あるものへの尊敬など，まったく逆の概念が反映されているという考えである。しかし，それは多くの研究者から批判を浴びることになった。つまりこれらの考えは，文化や特定の学生集団に関する決定論的な理解であり，さらに「文化本質主義」―文化には本質的で普遍的な要素が存在するという考え―を促すという理由で問題視されたのである(例：Kubota 1999; Raimes & Zamel 1997; Spack 1997b; Zamel 1997; 本書第1章)。

　中でもとりわけ，Atkinson(1997)の論文は論争を巻き起こした。Atkinsonは，ESL教育で特に批判的思考(クリティカル・シンキング)に重点を置いて指導することに警鐘を鳴らし，批判的思考は西洋文化に特有の社会的実践であり，アジア圏からアメリカにやってくる学生が持つ文化観とは相容れないと論じた。そのため，Atkinsonは模倣と個人指導を通して批判的思考を教える認知訓練を指導法として提案した。しかし，批判的思考の定義そのもの，あるいはアジア人の学生が批判的に考えることができないという見

---

[1] Kubota, R.(2003). Unfinished knowledge: The story of Barbara. *College ESL, 10* (1 & 2), 11-21. (Reprinted in H. Luria, D. M. Seymour, & T. Smoke (Eds.) (2005), *Language and linguistics in context: Readings and applications for teachers* (pp. 107-113). Mahwah, NJ: Lawrence Erlbaum. (翻訳協力：松本由美，村川康二郎)

方，さらには提案された指導方法に対して異議を唱えるものもいた（Benesch 1999; Davidson 1998; Gieve 1998; Hawkins 1998）。そこで，Sarah Benesch は，このようなテーマが招いた論争に注目し，2000 年度の TESOL（Teachers of English to Speakers of Other Languages―英語教育の主要学会）の大会に Dwight Atkinson, Ruth Spack, Vivian Zamel と筆者を招き，文化に関するパネルディスカッションを行った。

その中で，筆者の発表は次のような趣旨だった。
1. ESL 教育で文化に関して広く見受けられる見解は，文化的差異を完全に否定するよりも尊重しようとする教師の善意を反映している。
2. しかし，文化的差異に関するこのリベラルな考え方は文化相対主義に陥る危険性をはらんでおり，文化を本質化し，「我々」と「彼ら」という二分法を生み出す危険性がある。
3. さらに，このような見解は，文化的差異が言説によって作り出され，その文化的差異を存続させるために権力が行使されていることを見落としている（Kubota 1999, 2001a; Pennycook 1998; Susser 1998; 本書第 1 章）。
4. したがって，文化的差異を批判的に理解するためには，権力と言説の観点は欠かすことができない。

もちろん前述したような問題は従来の学術的形式で論ずることができるが，聴衆にとってわかりやすく親しみやすい形で問題提起したいと考えた。そこで本章では，文化的差異に対する多種多様な見解を経験するに至ったライティングを教える架空のアメリカ人大学講師に登場してもらう。この物語の中では，カルチュラル・スタディーズの専門用語も使用する。そのため，本章は物語とアカデミック・ライティングのスタイルを融合させるという風変わりなものとなっているが，これは，著者の主張を学術的に裏づけながら，読みやすさにもこだわった試験的試みでもある。本章の表題が示すように，文化的差異をいかに理解すべきかに関して，確かな答えは存在しない。この物語が教師や研究者たちに文化的差異について更なる考察を行う契機を提供することを願っている。

＊＊＊＊＊＊＊＊

バーバラの物語

　バーバラはアメリカ中西部にある小さな大学でライティングを教える若手の教員である。白人が大多数を占めるコミュニティで育ち，友人や家族たちとの緊密な人間関係に何の不満も感じず生活してきた。英文学の修士号を取得した後も，それまでの友達や家族関係を保てるように，自分の母校で教員になる決意をした。友人の中には留学するものもいたが，バーバラは異文化や言語学習に興味が特になかった。なぜなら，高校時代フランス語の授業が大嫌いだったからだ。授業はあくびが出るほど退屈で，先生も意地悪だった。その結果，他の文化圏から来た人々と交流する機会を自らは求めなかった。

　ある学期のこと，バーバラは自分が担当するクラスの名簿を見ると，外国風の名前が3つあった。その学生たちはきっと第二言語として英語を学びに来たのだろうと察した。バーバラはESLの学生を教えた経験がほとんどなく，戸惑いを感じたが，最善を尽くそうと心に誓った。授業初日，その3人の学生はそれぞれ中国，韓国，日本から来ていたことがわかった。その学生たちは物静かで礼儀正しかったので，気分が少し楽になった。まだ駆け出しの教師だったバーバラは，授業を通してその学生たちのライティングがネイティブスピーカーと同じように上達していくことを期待した。しかし，その学生たちには，いつになっても，語彙・文法の間違いや論理の一貫性の欠如・不適切な段落構成という問題がつきまとった。やがて，バーバラは学生たち自身に何か問題があるのではないかと思い始めた。つまり，論理的に思考できないのはもともとの知能の低さ，あるいは認知障害に端を発しているのではないかと考えるようになったのだ。

　ある日，バーバラは同僚のキャロルにこの問題を打ち明けた。バーバラと比べてキャロルは世事に通じており，異文化，特にエスニック料理に興味があった。さらには第二言語としての英語教育の修士号も取得していた。キャロルはバーバラの話を聞くうちに，彼女には異文化体験が必要なのではないかと思った。そこで，バーバラを地元の日本料理店に連れ出した。

　「何を注文したらいいのか全然わからない。キャロル，何かお勧めはある？」バーバラを寿司に挑戦させるのは衝撃的すぎるかもしれないと考えたキャロルは，「照り焼きチキンはどう。すごくおいしいわよ」と勧めた。案の定，バーバラは照り焼きチキンがとても気に入った。機内食でかつて食べ

たことのあるテリヤキ料理よりもずっとおいしかったのだ。

　夕食の間，キャロルは文化的差異を認識し尊重することの重要性について語った。また異なる文化には異なる社会的価値観や信念や慣習が存在することを説明した。異なる文化圏出身者の間に誤解が起こりやすいのは，話し相手を自文化の物差しで判断する傾向にあるからだ。しかし，文化とは正しいとか間違っているとか，よいとか悪いというものではない。ただ，違いがあるだけのことなのだ。キャロルは書き手の思考様式はライティングの修辞構造に影響を与えると説明した。例として，英語の思考パターンを示す直線と東洋の思考パターンを示す渦巻状の円を描いて，これらの違いが異なる文化を持つ書き手のライティングに影響を及ぼす(Kaplan 1966)と説明した。また，キャロルは日本語の起承転結(Hinds 1983, 1987)と韓国語の기승전결(Eggington 1987)と呼ばれる4つの構成単位(序論・展開・異なる視点の提示・結論)から成る修辞様式について触れた。さらに，「書き手の責任」対「読み手の責任」という概念がそれぞれ，「英語」対「アジアの諸言語」という図式を表象している(Hinds 1987)ことを説明した。キャロルは，西洋の文化は個人主義を建前とするのに対して，非西洋の文化は集団主義を尊重し，この違いがバーバラの受け持っているアジア出身の学生たちの文化適応に影響している(Atkinson 1997; Fox 1994; Ramanathan & Atkinson 1999; Ramanathan & Kaplan 1996)と分析した。さらに，キャロルはFox(1994)に登場する教授の次のことばを紹介した。「明瞭に考えることができたら，明瞭に書くことができる。ということは，明瞭に書くことができない学生は明瞭に考えることができないのだ」(Fox 1994: xiv)。キャロルは，この教授は自文化中心的であり，文化的差異を認識できていないのではないかと指摘した。そして，あらゆる価値観や慣習には善し悪しなどないことを再度強調した。むしろ，すべては文化特有のものであり，教師はその差異を認識し尊重する必要があると。その夜バーバラは，照り焼きチキンの味に誘われて，まるで新天地を訪れたような感覚に陥った。

　このような経験をしてから，バーバラは異文化にさらに強く興味を抱くようになった。キャロルが勧める本や論文も読み始めたのである。

　それから2年がたった。バーバラは，今やクラスに大勢のESL学習者を抱え，以前よりもずっと気持ちにゆとりができてきた。実際，彼女は文化の違いにとても魅了されていたので，学生たちと文化的差異について率直に議

論することもしばしばあった。たとえば，学生たちに，自分たちの母語の言語的・修辞的特徴にはどんなものがあるのか，またその特徴や慣習は英語と比べどのように異なるのかについて尋ねた(Reid 1989)。ときには，ある言語の特徴を説明してから，そのことばを話す学生たちから意見を求めた。バーバラと学生たちは，英語の単刀直入な表現方法とよく対比されるアジアの諸言語の間接表現について話し合った(Connor 1996; Fox 1994)。また，アメリカの教育では自己表現と批判的思考が重視されるのに対して，アジア諸国の教育では暗記が重視されることについても議論した(Carson 1992; Matalene 1985)。バーバラは，学生たちが授業で発言したことが，論文に書かれていたことと一致する事実に深い興味を持った。たとえば，Fox(1994: 8)では，「日本語は英語よりあいまいなため，思ったことはすぐに言わず，直接的な批判もしない」と話す日本人学生が登場している。また，中国出身のShen(1989: 460)は論文の中で，「英語の作文では自分の立場をはっきりさせることが最優先であるのに対し，中国語の論文で自分の主張をあまりにも明白に提示してしまうと自慢しているような印象を与えてしまう」と述べている。最後にバーバラは学生たちに，自分の文化をかなぐり捨てる必要などなく，学業に成功するためには，ただ単に新しい文化的慣習を身につければいいのだと諭した。

　キャロルから学んだように，個人の生活に密着した内容のエッセイも書かせた。「アメリカと『あなたの国』での子どもの育て方について記述しなさい」とか「アメリカと『あなたの国』での高齢者に対する態度や待遇を比較しなさい」というような比較対照の作文(Harklau 1999a, 2000)を課題としてますます与えるようになった。バーバラは今や，文化に関する知識が豊富なエクスパートになった気分だった。時折，留学生が自国の文化的特徴に気づけないときには，それらを指摘する自信さえも感じていた。彼女はますますRubin, Goodrum and Hall(1990)のような研究者の考えに近づいていった。Rubin, Goodrum and Hall(1990: 69)はある日本人学生の次のような意見を引き合いに出している。「日本語のライティング様式には結論がありません。そして普通のエッセイには段落が1つあるだけです。日本語のライティングには韻文と丁寧な手紙を除けば，様式というものは存在しません。」これに対して筆者らは「この学生の主張の大半には，かなり誤解がある。事実，起承転結として知られる模範構造は，日本語の文献においても十分に例証さ

れている(Hinds 1987)」とコメントしたのである。

　ある日，バーバラは地元の韓国料理店でウエイターのデイビッドに出会った。彼はカルチュラル・スタディーズの博士課程に在学しながら，そこで働いていた。「珍しいもの」好きのバーバラは，デイビッドのような白人男性が韓国料理の店でウェイターをしていることに魅かれた。また，彼女は文化に興味があったので，「カルチュラル・スタディーズ」とは何か知りたかった。デイビッドも，バーバラのことを陽気でチャーミングな女性だと思った。

　次の週末，バーバラとデイビッドは地元の中華料理店で初めてデートをした。デイビッドはバーバラに仕事について尋ねた。バーバラは過去2年間に経験したことすべてを熱心に話した。しかしデイビッドは2人の認識の間にある大きな溝に気が遠くなる思いだった。

　「ところで，デイビッドは何を研究しているの？」デイビッドはそろそろこの質問がくることは予感していた。彼はひとこと，「『差異の政治学』を研究しているんだ」と答えた。バーバラは当惑し尋ねた。「『差異の政治学』って何？」

　デイビッドはフェミニズムと対比させるのが話を始めるよいきっかけになるのではと考えた。そこで，彼は「女性らしさ」を定義する2つの考え方，つまり，本質主義と構築主義があることを説明した(Fuss 1989)。本質主義は純粋に性的・生物学的観点から女性を定義するのに対し，構築主義の観点では，「女性らしさ」は社会的に，また歴史的に創り出されるものとされる。すなわち，「女性は生まれる」と見なすのか「女性は創られる」と見なすのかに違いがある。それから，デイビッドは文化の観念にも2とおりの見方があると説明した。本質主義は文化を客観的で画一的で固定的なカテゴリーとして捉える一方，構築主義の考えでは，文化は恣意的に創り出され，さまざまなイデオロギーを反映し，権力を行使するのに都合よく利用されるものと見なされる。この考えでは，文化的差異は先験的に存在するものというよりも，言説によって構築されるものなのだ。つまり，純粋に実証可能な文化的特徴などというようなものは存在しないということである。

　デイビッドの話を聞きながら，バーバラは戸惑いを覚えた。「ちょっと待って。文化には特徴がないというの？　もちろん，一概には言えないけど，文化の違う学生を教えたことのある人ならだれでも，学生がそれぞれ違う行動を取ることは予測できるでしょ(Sower 1999)。学生の文化的な背景

を知らないで，どうやって効果的に教えることができるっていうの？　それに，あなた，専門用語を使いすぎているんじゃない？　私を混乱させたいの？　それともことば遊びをしているの？」デイビッドは自分が誤解されていると弁明したものの，このまま議論を続けると，ディナーが台無しになってしまうと思い，この話題はやめて，代わりに応用言語学の博士課程に在学している日本人のエイコと話をするように勧めた。

　バーバラはデイビッドの話を聞いてかなり困惑した。数日後，バーバラは地元のスターバックスでエイコに会った。エイコは日本語独特であるとされる修辞様式に対する批判をいくつかバーバラに説明した。たとえば McCagg (1996)は，英語のネイティブスピーカーにとって日本人の書いた文章が難しいと感じるのは，文章が文化的に特有な方法で構成されているからではなく，日本語と日本文化に関する知識が欠けているからだと反論している。また，Kubota(1997)は「起承転結」の解釈の多様性に加えて，英語が現代日本語の文章構成に影響を及ぼしている事実を考慮すると，「起承転結」が模範形式であるとは言えないと指摘している。さらに，エイコは ESL に関して批判的な観点から研究を行っている論文もいくつか紹介した。たとえば，Kubota (1999, 200la)(本書第 1 章，第 2 章)や Pennycook(1994, 1998)のような研究者は，文化という実体が言説によって構築されることを示し，その言説は，西洋と非西洋間の不均衡な権力関係を反映したり，正当化したり，あるいは抗ったりするとしている。Auerbach(1993); Benesch(1993); Canagarajah (1993); Morgan(1998); Norton(1997); Vandrick(1994)のように TESOL に対して批判的なアプローチを取る他の研究者の取り組みも紹介した。これらの研究は政治，権力，抵抗などの概念が指導，学習，アイデンティティの構築にどのように反映しているかを分析している。そして教師と学生が，ヘゲモニーに抵抗する言語使用・文化理解・アイデンティティの形成をめざしていかに協働できるかということも探究している。また，Freire(1998)によって提唱されたクリティカル・ペダゴジー(critical pedagogy：批判的教育学)の概念もいくつか紹介した。Freire によると，クリティカル・ペダゴジーの目標は，言語使用などの社会的実践がいかに支配と抑圧を正当化し永続させているのかを批判的に検討することを通して，社会正義の構築をめざすことにある。エイコは，この目標は「銀行型教育」，つまり銀行口座に預金するように知識を詰め込む教育によってではなく，問題提起または教室内での対話の

促進により達成されると説明した。

　数ヶ月後，バーバラはまだ混乱していたが，生まれ持った柔軟な態度とデイビッドに対する愛憎の入り混じった感情から，自分自身の授業を見つめ直すことにした。すると，あることに気づいた。彼女は学生に自国の言語や文化を英語と英語圏の文化と比較対照することで，2つの文化を二項対立化してしまっていたのだ(Harklau 1999a, 2000)。文化的差異を表面的に理解するだけで，批判的に捉えようとせず，その結果，画一的な文化のイメージを助長していた。また，アメリカとアジア諸国の文化に関する画一的な考え方は，支配者と被支配者間の植民地主義的二分法を反映していると理解するようになった(Kubota 1999, 2001a; Pennycook 1998; Willinsky 1998; 本書第1章，第2章)。彼女は学生たちに，英語の学習が自分たちの母語や文化を否定することにつながってはならないと諭していたが，結局学生の多くは，英語とアメリカ文化の方が自分たち自身の文化よりも洗練され，進んでいると考えてしまっていることに気づいた。さらに，アジア人学生の中には，英語での直接的な自己主張に適合しようとするあまり，ぶしつけな自己表現をしてしまっている者もいることさえわかってきた。Beebe & Takahashi(1989)で紹介される日本人の学生たちと同様に，人間関係を円滑化するポライトネス・ストラテジーを用いていなかったのである。

　バーバラは授業で，文化について学生たちともっと批判的な議論を行うようになった。たとえば，英語によるコミュニケーションはアジアの諸言語によるコミュニケーションに比べて，より直接的で断定的だという学生の意見に対して，その特徴が英語圏のすべての社会とすべての人に当てはまるかどうか尋ねた。また，この直接的なコミュニケーション様式を用いる特権を持っているのはだれか，それを使うことを期待されているのはだれか，そこから利益を得ているのはだれか，またそれによって抑圧されているのはだれかということについても尋ねた。学生たちに自分自身の言語について同じ問いかけをするようにも促した。さらに，「万人のための自由と正義」といったアメリカ文化のステレオタイプ的概念を覆す資料を新聞，雑誌，本，ビデオなどから探し始めた。学生との対話を通して，一般的に支持されている文化に関する輝かしいイメージの背後に，社会的な不公平が隠されていることについて，学生の批判的な意識を高めるように努めた。彼女は次のような問題について学生たちに議論を促した。「英語を習得すること」は自分たちに

とって何を意味するのか。どんな言語的・文化的規範を習得すべきだと思うか。また，それはなぜか。英語とアメリカの文化を習得することは，自動的にアメリカ社会の一員になることを意味するのだろうか。もしそうなら，なぜなのか。そうでないなら，なぜなのか。どうやって英語で自己主張し，人種的・民族的・文化的・言語的な平等を追求することができるのか。

　バーバラは文化の複雑さを理解し始めていたが，文化とは言説によって構築されるものと捉える概念にはまだ腑に落ちないところがあった。彼女はまだ疑問を多く抱えていた。文化間には差異や特有な特徴などないということなのか。固定観念を避けるためには，教師はいかなる文化的差異も無視すべきなのか。バーバラは専門家の意見を聞こうと思い，デイビッドにメールした。ところが予想に反して，デイビッドから返事はなかった。彼は，博士論文のフェローシップに取りかかるために，数週間前にワシントンＤＣへ向けて出発した後だったのだ。（実際のところ，バーバラにとってデイビッドとの連絡が途絶えたことは寿司を食べる以上にトラウマとなっていた。）バーバラは落胆したが，そのときまでにはポストモダン的な人間関係の不確かさを十分承知していたので，デイビッドとの関係を追い求めないことにした。自分が抱く疑問に対して自ら答えを見つけたい一心で，バーバラはカルチュラル・スタディーズの博士課程に進む決意を固めた。

　１年がたったある日，バーバラは２人が初めて会った韓国料理店でデイビッドと鉢合わせした。驚きと愛情のこもった抱擁を交わした後，デイビッドは隣にいる人をバーバラに紹介した。「こちらはパートナーのロビンだよ。」

　デイビッドとロビンは映画館へと急いでいたため，すぐにレストランを出なければならなかったが，デイビッドはバーバラにメールを返すことを約束した。デイビッドはずっとバーバラの質問に答えないといけないとは思っていたが，その質問が何だったのかを思い出せずにいた。しかし，もうすでにバーバラは自分の質問に対する仮の答えを見出していた。デイビッドへの返信の中で，彼女は自分の質問をもう一度書き，このように続けて書いた。

　　私は，文化あるいは民族の特徴を本質化することが必ずしも悪いということではないということを学びました。黒人運動やメキシコ系アメリカ人のチカノ運動に見られるように，本質化は時に被抑圧者が抑圧と

戦い，自身に力を与えるための戦略的手段として活用されます。自分自身の文化を本質化することで，これらの抑圧されたグループは自己の文化に肯定的な価値を与え，その独自性を新しいアイデンティティとして活かそうとします。つまり，実際にはむしろ本質主義を常に否定的なものとして問題視すること自体に危険性があるのです(Fuss 1989; Werbner 1997)。たとえば，アメリカのESLで学んでいるアジア出身の学生のように，文化において従属的な立場にいる者が，いかに本質主義によって社会的にそして文化的に位置づけられるのかだけでなく，そのような従属的立場の人々が本質主義を戦略的に用いて対抗の立ち位置を求めながら，どのように既存の権力構造に抵抗しているかについても認識する必要があります。文化的差異はまさに政治性を帯びた問題です。人々の主張のよりどころとなる立ち位置だけでなく，それぞれの立場に付随する「未完の知識」(Collins 1990)についても認識することが大切です(Yuval-Davis 1997)。

　言語を教えるに際して，文化的差異を認識するか，本質化するか，その境界線は紙一重なのです。中立的な立場から文化的差異を表面的に認識することは，マイナスの本質化あるいは固定観念化につながることが多いのです。これを避けるためには，文化的差異には政治性が絡んでいるということを理解する必要があります。この政治性に着目することで，私たちは文化的差異がどのような目的で利用されているか深く考察することができるのです。たとえば，従属的な立場に置かれた学生たちを環境に同化させるのか，それとも隔離するのか，あるいは権力を奪うのか，それとも啓発するのか，考えさせてくれるのです。

　このような考えについてあなたはどう思いますか？　最近「差異の政治性」にどのように取り組んでいるんですか？　また連絡してくださいね。バーバラより

批判的比較修辞学に向けて[1]

はじめに

　文化差は，第二言語研究，特に ESL/EFL におけるライティング指導の研究において注目されてきている[2]。文化が多様な側面を持つ中で，テクストの修辞形式の文化差に関する研究は，Kaplan(1966)の提唱から 40 年以上にわたって研究されてきた。Kaplan の初期の研究は，言語と文化の関連性に関し，サピア・ウォーフ仮説[3] と類似した仮説を掲げ，文化に特有の論理・思考形式と，非英語母語話者によって書かれた英文エッセイにおけるパラグラフ構造とのつながりを探った。この数十年の間，比較修辞学では，第二言語ライティングに負の影響を与えると見られる書きことばのディスコース形式・修辞的慣習の文化差異が研究されてきた(Connor 1996)。比較修辞学における主流アプローチの仮説は 2 つある。ひとつはそれぞれの言語および文化には固有の修辞的慣習があるという点，もうひとつは学生の母語の修辞的慣習が ESL(English as a second language)ライティングに干渉するという点である(Grabe & Kaplan 1989; Kaplan 1966, 1972, 1988)。

　これまで，多くの研究者がさまざまな言語における修辞的特徴やその特徴が ESL ライティングに及ぼす影響を論じてきた。たとえば，英語と日本語に関しては，英語の文章は直線的・直接的・演繹的・論理的であり，日

---

(1) Kubota, R., & Lehner, A.(2004). Toward critical contrastive rhetoric. *Journal of Second Language Writing*, *13*, 7-27. (翻訳協力：佐藤龍一，柳瀬陽介)
(2) 英語以外においても第二言語指導および第二言語学習に関する修辞の差異が研究されている(例：Montaño-Harmon 1991; Simpson 2000)。しかしながら，研究のほとんどは ESL もしくは EFL の指導に関してである。
(3) Kaplan の文化的思考パターンに関する考え方が，サピア・ウォーフ仮説やウォーフの言語相対説に由来するかどうかには議論がなされている(Matsuda 2001; Ying 2000, 2001 参照)。しかし，Kaplan 自身はサピア・ウォーフ仮説からの影響について言及しており(Kaplan 1972)，比較修辞学の考え方に対して「新ウォーフ派」という定義を用いている(Kaplan 1988: 279; Kowal 1998 も参照)。さらに，用語上の問題も存在する。ベンジャミン・ウォーフは言語相対性の概念を「仮説」とは言及していない。Kowal (1998)によれば，ウォーフの死後，彼の論評者たちが「仮説」を用い始め，この概念の立証・反証のために実証データを探ってきた。

本語の文章は非直線的・非直接的・帰納的であるとされている(Hinds 1982, 1983, 1990 など)。また，英語の文章は「書き手責任」が前提とされているのに対し，日本語を含むアジア圏の文章は「読み手責任」に特徴づけられると主張されている。つまり，英米人の書き手は読み手にわかりやすいように自らの主張を簡潔に，正確に述べようとするが，アジア圏の書き手はあいまいな表現などを用いて，読み手に解釈を委ねる傾向があるとされている(Hinds 1987)。学生の書く文章の構造や，読者の修辞的な好みとその他のテクストの特徴を検証する実証研究には，2つの仮定がある。ひとつは英語と学習者の母語の修辞的差異で，もうひとつは母語から第二言語への修辞的転移，つまり書き手の母語の修辞的特徴が第二言語の文章に影響するという仮定である。そして，そのひとつ，または両方の仮定が，これまでの比較修辞学研究の基盤となってきた(例：Kobayashi 1984; Kobayashi & Rinnert 1996; Maynard 1996; Rinnert & Kobayashi 2001。アラビア語・中国語・韓国語・ドイツ語・フィンランド語・スペイン語・チェコ語などに関する研究の概要はConnor(1996)を参照。反証と批判については次節を参照)。

　比較修辞学の当初の関心は大学生が書いたテクストの言語分析であったが，Connor(1996)による比較修辞学研究の先駆的研究書にまとめられているように，その関心の中心は，多様なジャンル・学問分野・作文過程を分析することに広がっている。Connor(1996: 18)は，比較修辞学の分野で1990年代にパラダイムシフトが起こり，「ライティングの認知的および社会文化的な変数を考慮に入れた幅広い定義が…(中略)…純粋な言語学的枠組みを塗り替えた」と述べている。

　比較修辞学の研究は，ライティングの観点から分析することで第二言語学習を推進する，いわば善意的な研究であると言えるかもしれない。ところが，これまでの比較修辞学は，種々の言語の修辞形式を固定的・均質的に捉え，そして政治性のないものとして概念化する傾向があった。また比較修辞学は，英語の修辞の優位性を固定化するとともに，第二言語学習(特に英語)学習者が第二言語で作文するときに母語の修辞パターンを必ず使うという知識を暗に助長させてきた。さらに比較修辞学は，英語は直線的・直接的・論理的であるのに対して，他の言語は回りくどく，本題からそれやすく，非論理的であるといった修辞の二項対立的なイメージを形成してきた。そしてこのようなイメージは，植民地における統治者と非統治者の二項対立

(Pennycook 1998)と重なり，比較修辞学によって確立された知識の背後にある政治性やイデオロギー性を示唆している。

　本章では，以上のような政治性とイデオロギーを解き明かし，「批判的比較修辞学」(critical contrastive rhetoric)の概念基盤を提唱する。この概念基盤はすでに応用言語学研究(Benesch 2001; Canagarajah 1999; Nelson 1999; Norton 2000; Pennycook 1998, 2001 など)において広く適用されているポストモダニズム・ポスト構造主義・ポストコロニアリズム・批判教育学の主要概念に基づいている。これらの新しい見方は，これまでの比較修辞学のように，英語の優越性を正当化し，英語以外の言語を他者化(Othering)し続けたり，ライティングを単に文化的な思考パターンの反映であると見なしたりするのではなく，「書く」ということを行為主体性が関わる社会的実践として捉えている。批判的比較修辞学を実践に用いることによって，教師と学習者は母語と第二言語の修辞パターンの比較や，目標言語のディスコース・パターンの指導・学習というようなこれまでの学習活動を批判的に捉え，このような活動がいかに文化の二項対立化や同化を再生産しているかを認識することにつながるであろう。

　Connor(1996)は，さまざまな言語の修辞パターンに関する研究を包括的に概観したが，比較修辞学の伝統的なアプローチを批評した研究や，この研究分野がライティング指導にもたらす教育的示唆を支える理論的基盤を検討した研究は少ない。Casanave(2004)によって比較修辞研究における主要な論争がまとめられてはいるが，一般的には従来の比較修辞学に対する異論は軽視されている。たとえば，比較修辞学の新たな方向性を概観する Connor (2002)は，批判的視点には触れるものの，比較修辞学における一般通念に疑問を投げかけた多くの議論についてはほんのわずかしか触れていない。教育に関する問題を批判的に理解することは，批判的比較修辞学に重要な理論的方向性を与えることにつながると考えられる。そこで本章では，はじめに主流の比較修辞学について批判的見解を促す議論や研究を概観した後，指導上の問題について批判的分析を提示する。次に，批判的比較修辞学の理論的基盤を紹介し，最後に，教育的示唆を考える。

1．比較修辞学における批判的見解

　比較修辞学研究では，直感的な説明力とともに，文化差異に関する固定的

なイメージが再生産され続けている(例：Dyer & Friederich 2002; Fox 1994; Grabe & Kaplan 1996)。Kaplan が論文の中でアジア言語の修辞の描写に用いた「渦巻き型」は，EFL(English as a foreign language: 外国語としての英語)の環境においても異文化間のコミュニケーションにおける文化の違いを明快に説明するものとして，教師研修のワークショップや論考などに引用されている(例：和田 1999)。しかし，前述のような比較修辞学の一般通念については，さまざまな批判がなされている。

　比較修辞学は，その還元主義的・決定論的・規範的・本質主義的な指向が多くの研究者によって批判されている(Leki 1997; Spack 1997b; Zamel 1997)。これらの研究者は，多元性や複雑性，そして言語間・文化間の類似点ならびに同一言語内での修辞パターンの雑種性にもっと注目するよう提言している。たとえば，Zamel(1997)は文化と学生集団を固定的に捉える傾向を批判し，多様性や複雑性に注意を向けるべきだと主張している。また，Spack(1997b)は，書き手の多様なアイデンティティについて説明し，書き手を一般化された文化の一員としてではなく，個別の存在として見なすよう提唱している。Leki(1997)は，言語間の類似性を無視することは，ESLの書き手の言語や文化を異質なものと見なし，書き手が書く際に用いる行為主体性をないがしろにしてしまうことにつながると論じている。

　テクストの解釈における内容の重要性，そして英語を第二言語とする書き手と英語を母語とする読み手の知識との間の相互作用の重要性については，McCagg(1996)が論じている。彼は日本人の説明文の特徴とされる前述の「読み手責任」(Hinds 1987)を問題視し，Hinds(1987)が用いた朝日新聞の天声人語の日本語版と英語版双方を分析し直した。その結果，読者と書き手の間で文化的・言語的知識が共有されてさえいれば，日本語のテクストは一般的に英語のテクストと比べても同じ程度に理解されうると論じている。同様に Donahue(1998)は，Hinds(1982, 1983)で用いられた新聞記事は日本語で書かれたものも翻訳されたものも日本人を対象として書かれたもので，そのためアメリカ人はなじみのない定義や内容に戸惑ったのではないかと主張している。

　英語が世界中に広がり，また英語圏における言語使用が多様化するにつれて，異なる文脈の中で言語の意味と形式がどう使われているかが重要な問いとなっている。Kachru(1995, 1999)は，従来の比較修辞学を批判し，英語に

おける修辞が教科書や文体マニュアルの規準に集約させられてしまっていると主張している。また，「世界英語」(world Englishes)という観点から，Y. Kachruは，比較修辞学が比較対象として焦点を当てているのは「中心円」(inner circle)内の英語(いわゆる英語国の英語)だけであり，「外周円」(outer circle)に属する英語(すなわち元英植民地で使われている英語)について検証していないと批判している。さらに，母語話者の期待を修辞の規準とする傾向は，規範主義の反映であり，言語グループ内の多元性やグループ間に横たわる境界線のあいまいさを無視してしまう。これは皮肉にも，初期の比較修辞学が依拠しようとしたウォーフの仮説と矛盾する。つまり，ウォーフが意図していたのは，多様な文化と言語の深い理解を通して人間に関する視野を広めるための反本質主義的主張だったのである(Kowal 1998)(詳細は次節以降を参照)。

　Y. Kachruは，従来の比較修辞学が，理想化された英語の修辞法と本質化された他言語のテクスト特性を比較する傾向にあると批判したが，この批判は，何を比較・対照しなければならないのかという問題を提起している。その問題のひとつは，現代の英語の文体と他言語の古い文体が比較されていることである。このような比較では，言語および文化間の影響や言語の動的性質が考慮に入れられておらず，多言語のテクストが異質な修辞法として見なされてしまっている。たとえば，中国語に関して言うと，中国語特有の修辞法と言われる「八股文」(eight-legged essay)が中国人の書く英語エッセイに影響を与えると論じられてきた(Kaplan 1972)。しかし1919年の五四運動による識字運動(literacy movement)以降，この修辞法は現代の文体では見受けられないという反論もある(Kirkpatrick 1997; Mohan & Lo 1985)。また，Li(2002)は中国の高校生が書いたエッセイに八股文の形跡があると論じているが，大学レベルのエッセイでは書き手の考えの論理・明晰さ・分析力・解釈力・展開が求められていると指摘している。同様に，Hinds(1990)は「起承転結」が中国語の文章に特徴的であると述べているが，現代中国語の文章において「起承転結」はあまり用いられていない(Kirkpatrick 1997)。Bloch and Chi(1995)はさらに，中国語の古典的な修辞法は画一的なものではなく，むしろさまざまな形式を他から取り入れてきたと論じている。中には論理的な論証法や，代表的文献を批判的に考察するものなども含まれている。Shi(2002)は，現代の中国語の学術論文における英語の影響について，インタビュー調査をした。

それによると，西洋で英語教授法(TESOL)を学んだ中国人は，中国語あるいは英語で書いた学術論文を出版する際に，英米の修辞法を用いる傾向があった。これらの研究から，現代の中国の学生にとって，西洋で評価されている文体にまったくなじみがないわけではないことがわかる。

「起承転結」は中国から日本にもたらされたのだが，その解釈については日本でも議論が分かれ，特に作文教育者の多くは，一般的に「起承転結」を説得文や学術文章で用いるのは好ましくないと主張している(Kobayashi & Rinnert 2002; Kubota 1997)。さらに日本語の修辞の歴史をたどると，現代における日本人の学術的文章の構造が西洋の修辞の影響を大きく受けていることがわかる(Kubota 1997)。事実，日本人学生は好んで帰納的文体を使用するという命題を反証する研究結果からも(Hirose 2003; Kubota 1998a, 1998b)，修辞には歴史の中で変遷していく動的な特性があることが明らかになっている。総括すると，一般的に中国と日本における作文研究では，「起承転結」が多様な形態を取ることが指摘されていると同時に，3つ目の構成素である「転」は，比較修辞学研究でしばしば言及される脱線や回りくどさを表すのではなく，意見を広げ発展させていく機能を持つと理解されている(Cahill 2003)。

テクスト比較に関するもうひとつの問題点は，比較するジャンルの種類にある。Hinds(1982, 1987, 1990)を例に挙げれば，彼は日本の朝日新聞の天声人語を研究対象にして，起承転結，読み手責任(書き手ではなく読み手が内容理解の責任を負うこと)，そして命題を最後に提示することが日本語の典型的な意見文の特徴だと結論づけている。しかし，Donahue(1998)やKubota(1997)が指摘するように，この新聞のコラムは意見文の典型例ではない。その理由として，天声人語には表題の欠落のような特殊なテクスト構成が見られること，時事問題に対する書き手の意見を理解するには背景知識が必要であること，そして読者を楽しませようとする文章の目的があることなどが挙げられる。このような特徴を考慮に入れれば，Hindsの文化差異の主張は説得性に欠けてしまう。

出版されたテクストを2言語で丹念に比較した調査研究からは，2言語間の相違点だけではなく類似点も明らかになった。Taylor and Chen(1991)は中国で出版された英語と中国語の学術論文を比較し，中国で出版された学術論文は，英語圏で出版された英語論文と類似した修辞の展開法を共有していることを明らかにした。しかし，この調査では中国語の学術論文は英語のも

のに比べて先行研究の要約が少ない傾向にあるという相違点も見られた。これについて著者らは，他人の研究を否定的に引用することが好まれない中国文化の表れではないかと述べている。Bloch and Chi(1995)は，英語と中国語の論文の中で扱われる引用方法を調査し，中国人研究者の引用のし方には，批判的なものも含め多様な役割が見られるが，引用頻度は英語論文の著者よりも少ないことを明らかにしている。アラビア語の文章に関しては，Sa'adeddin(1989)が調査を行い，口頭表現に見られるような事前準備なしの聴覚的テクスト(aural texts)が存在する一方で，学術論文のような事前準備ありの視覚的テクスト(visual texts)も存在し，後者は英語の学術文章にきわめて類似していると主張している。これらの研究者は，上記の言語で書かれた学術論文が，概して英語論文と類似した特性を持つことを証明している。

　これまで紹介してきた研究の多くは経験を積んだ書き手の出版物を分析している。これに対し，一般的な比較修辞学ではESLライティングへの教育的関心が根底にあるため，第二言語で書かれた英文テクストを分析し，書き手の母語からの文化的影響を探る傾向にある。このような研究では，母語ライティング能力・第二言語の習熟度・書き手の意図や嗜好に見られる主体行為性というような，第二言語ライティングに影響を与えるさまざまな要因が考慮に入れられていないことが多い。第二言語で書かれた文章の質が，母語のライティング能力や第二言語の習熟度と関係があることを明らかにしている研究は，いくつかある(例：Cumming 1989; Kubota 1998b; Sasaki & Hirose 1996)。Mohan and Lo(1985)は，ESLテクストが論理一貫性に欠ける要因として，学生の基本的ライティング能力以外に，与えられたトピックについての背景知識の乏しさや，過去に受けた指導(文単位に焦点を当てた教師の指導)などがあることを指摘している。さらに，母語・第二言語間の転移を探る研究では，被験者の「集団間比較」(母語と第二言語のテクストを集団間で量的に比較すること)がよく用いられるが，これは，個人レベルで見られる転移を明らかにできない可能性がある。個々の書き手が母語と第二言語で同一の修辞パターンを実際に使用するかどうか，またどのような個別の見解や意図が修辞の選択に影響を及ぼすかを見極めるには，「被験者内比較」の方が適切であろう(Kubota 1998b)。これらの批判は第二言語ライティングに見られる特質がさまざまな要因と関係しており，単に文化的影響に集約できないことを示している。

　上記の研究はそれぞれ人間の行為主体性(書き手の意図や嗜好)に焦点を当

ており，通史的観点を無視した固定的で簡略的な定義を文化的修辞法に用いることを否定している。そして，第二言語のテクストないしは多様な言語のテクストの構造と解釈に影響を与えるさまざまな要因に注目を促している。後述するように，これらの研究結果は批判的比較修辞学によって新たな形で理論化できる。

2. 比較修辞学における指導上の問題

比較修辞学の研究は1960年代，アメリカの高等教育機関に入学する留学生や移民が増加し，英語のライティング指導の必要性が高まったことに起因する。この教育学的ニーズに言及する中で，Kaplan(1988)は当時広く扱われていたオーディオリンガル・メソッドが話しことばと文法にしか焦点を当てていなかったため，読み書きの上達には貢献していなかったと主張している。

比較修辞学の研究者は，英語学習者が修辞の慣用的用法を理解し使えるようにするために，以下に示すような指導方法を提唱した。

- ばらばらにされたパラグラフを並べ直し，与えられたトピックセンテンスに続くようアウトラインを作る方法　　　　（Kaplan 1966, 1972）
- モデル文の模倣，与えられた材料を使った練習，空所補充問題，アウトラインに従って作文する方法　　　　（Kaplan 1967）
- 書くことに関わるさまざまな要因を学習者に認識させる方法。たとえば，文化によって異なる作文の慣習，読者に関する文化的に異なった認識，「世界観」（文化によって左右される内容知識），「専門的知識」（学術的活動を通して獲得される知識），社会的活動であるライティングには文法や語彙以上の知識が必要であることなど。（Kaplan 1988）
- 英語の生教材を用いてトピック構造を理解し，書き手の既存知識に合致させるようトピックを絞り込んでいく方法（Grabe & Kaplan 1989）
- 時系列的・論理的な順序の説明や要点のアウトライン作成，授業などで出される課題の形式を分析する方法　　　　（Reid 1984）
- 添削されたテクストの中の語彙・語形構造に注意を払い，英語と学習者の母語の学術的文章との間の修辞的な違いを比較・議論する方法
（Reid 1989）

また，Reid(1996)は英語母語話者がトピックセンテンスに続く2番目の文に何を求めるかを実証的に調査した。それに基づいた指導方法として，第二文の機能について議論すること，適切な第二文を推測する能力を育てること，そして不適切な第二文の問題点を特定することを提案している。

　総括すると，比較修辞学の仮説を支持する研究者は，修辞の文化的な違いを明確にすることを通して学習者の気づきを高め，読者の期待に見合う具体的なモデルを用いた言語活動の中で学生を文化的に適応させていくことを推奨している。このような指導・提言は，修辞構造に明確な文化差があるという前提に立っており，規範主義的な傾向にあると言える。明確に定型化されたテキストの形式を明示的に指導することは，他の分野でも奨励されている。たとえば，基礎的学力重視を推し進めようとする保守的な運動，オーストラリアのリテラシー教育におけるジャンル・アプローチ，アフリカ系アメリカ人とアメリカ先住民の見地からホール・ランゲージやプロセス・ライティング・アプローチに抵抗する動き，そしてフレイレ(Paulo Freire)の批判的リテラシー論などである。このような言語指導法も含めすべての教育方法には，特定の教育的・政治的目標を戦略的に達成するための多様な目的・動機が含まれている。したがって，これらの教育の政治性を理解することはきわめて重要である。

　基礎的学力重視に見られるような標準化された言語の明示的教育や知識注入や同化などを志向する保守的な教育には，リテラシーの機能主義的捉え方が反映されている。このようなアプローチが定義するリテラシーとは，単に基本的なライティングと文字解析の技能から成り立ち，単純なものから複雑なものへと階層的に教えることができるスキルである(Weaver 1994)。したがって，このような解釈をもとにした指導では，言語は細かい部分に分解され，各部分は反復練習や演習によって教えられると考えられている(Cummins 2001)。対照的に，Delpit(1988, 1995)は，ホール・ランゲージ(ライティング教育におけるプロセス・アプローチを含む)の方法で教えると，黒人や先住民の生徒たちはアメリカ主流社会で成功するために必要な言語能力が身につかないと批判している。こうした批判に立った指導では，支配言語の構造的形式をはっきりと教えることで，少数派の学習者が社会的・文化的な権力を手に入れることができるようにすること，つまり文化的適応ではなく，不利な立場に置かれたものたちのエンパワーメント(権力移譲)を目的としてい

る。オーストラリアにおけるジャンル・アプローチはリベラルで人間中心的なリテラシー教育法に批判的である。そして実際,不利な立場に置かれる学習者が社会で成功することを考慮しており,この点においてはある意味でDelpitの観点と類似している。ジャンル・アプローチはその研究の焦点が変わってきたとはいえ,もともとはCope and Kalantzis(1993)が述べるように,特に社会的に弱者である学習者に対し,社会的・経済的・政治的・文化的に影響力のあるジャンル(説明文)の言語的構造を明示的に教えることによって権力を与えることを目的としていた。しかし,Luke(1996)が指摘しているように,ジャンル・アプローチは教室内で実践されるうちに知識注入的な性格をおびるようになってしまった。そして,ジャンルと言語形式が単なる現状を反映する型として扱われるようになったため,ジャンルと言語形式,そしてそれらを助長する不平等な社会関係に対する視点が欠如しているという批判を受けている(Luke 1996)。Lukeは,このような傾向は影響力があるジャンルの特権的地位を永続させるものであり,それゆえにジャンル・アプローチは機能本位的な読み書き教育に類似していると述べている。

　対して,フレイレのリテラシーへのアプローチは,社会的に無視された声や歴史・文化を取り戻すために支配言語を獲得したり占有したりすることを提唱している。被抑圧者にリテラシー教育を施すことによって社会を変革させることを目標とするフレイレ教育学では,支配言語を教えることが社会変革の重要な道具であると見なされている。Luke(1996)はフレイレの批判的リテラシーをジャンル・アプローチと比較し,批判的リテラシーが社会の革命的変容を見据えているのに対し,ジャンル・アプローチは個人に社会的地位を獲得させることを強調していると論じている。つまり,批判的リテラシーはリテラシーをより大きな文化的・社会的領域に据え,権力がどのように異なる集団に権利を与えたり抑圧したりするのか,また被抑圧者が権力を獲得するためにどのように支配言語を占有できるのかなどについて教師の批判的認識を高めることにより,教師と学習者が社会変革の一員になることを目標としているのである。しかし,実際には権力や文化資本(Bourdieu, Passeron, & Martin 1994)は,文化,イデオロギー,または経済的状況に左右されることも忘れてはならない。たとえば,権力の獲得は教育を受けるための経済力がそもそも欠如していたり,制度化された差別が存在したりすることなどによって妨げられる可能性がある。したがって,Luke(1966)が指摘するように,批

判的リテラシーもジャンル・アプローチと同様に，リテラシー能力を獲得することが権力を得ることに直結するというように，権力の概念を過大評価する傾向にあることを念頭に置く必要がある。

このように，明示的な指導は特定の目的やイデオロギーにかなうよう戦略的に用いられている。Delpit の推奨する明示的な指導，ジャンル・アプローチ，そしてエンパワーメントをめざすフレイレの批判的教育学に対し，主流の比較修辞学は政治的な観点を持たず，基礎的学力重視のアプローチのように同化を促す傾向にある。また，比較修辞学は主として，識字に関わるイデオロギーや権力の不平等さを問題視せず，学生を支配言語の談話に適合させることに専念している。そのような考え方の根底には，教育が文化，言語，そして修辞の規範を受け継いでいく主要な担い手であるという無批判な前提がある。この考え方は，1980 年代の比較修辞学について研究書を編集した Alan Purves によって論じられている(Purves 1988)。Purves は Kádár-Fülop (1988)を引用する中で，リテラシー教育の主な 2 つの目標は，所属するコミュニティの中でコミュニケーションを行うための技術を磨きメンバー間の距離を縮めることと，言語と文化への忠誠心を培うことであると述べている。Purves によれば，表現と解釈の個性を育てるというもうひとつの目標は，通常は文化を生み出す者のみに享受されており，アメリカでもほとんど達成されることはないという。このような知識伝達志向の考え方，加えて文化差異に対する固定的な見方は，ライティングを教える主な目標が書き手を目標言語の文化に適合させ，それによって書き手をコミュニティの中で正しいとされる言語を用い修辞的慣習に従う忠実なメンバーに育てるという主張を支持する。創造性や個性といった能力ではなく機能本位の技術を上達させることで第二言語を使用する書き手を文化に適合させることは，Kaplan の見解と呼応している。つまり，ESL ライティングを教えることの目的はアメリカのアカデミック分野で用いることのできるモデルを学習者に提供することであり，創造性や想像力を教えることは ESL ライティング領域の範囲外であるという見解である(Kaplan 1966)。

ジャンル・アプローチと批判的リテラシーを従来の比較修辞学とを比較すると，文化の捉え方に関する違いがある。ジャンル・アプローチと批判的リテラシーは，文化を葛藤の場として権力関係の中に据えているのに対し，従来の比較修辞学は，定式化された文化特有の慣習が規範として存在しており，

その規範は文化によって異なると想定する。つまり，従来の比較修辞学では，規範からはずれた言語使用が権力によって低く評価されたりないがしろにされたりするメカニズムが考慮されておらず，修辞的慣習が不変のものとして想定されているのである。Purves(1986: 50)はアメリカの学術的慣習について触れる中で「実際のところ，現行の学術的慣習を廃止したり，他の慣習に変えようとしたりすることの意味はないと信じるようになった」と述べている。この文化と言語に対する規範的な捉え方は同化主義的であり，Kaplan (1966, 2001)や Reid(1996)の研究と同様，ESL 学習者の用いる修辞の方略は規範から逸脱したものであるという見方に陥ってしまう。

しかし，従来の比較修辞学では，文化の違いがあるにしても英語を媒介とした文化(たとえばアメリカの文化)が他の文化に比べて優位であるという主張はされない。たとえば，Purves(1986: 50)は「アメリカでの慣習は他の国のものと比べて優れているとも劣っているとも言えない」と述べている。これは平等主義とリベラル・ヒューマニズムを反映する善意的な見解である。事実，現代のリベラル・ヒューマニズムの言説は平等主義と能力に基づく実力主義に立脚している。Kincheloe and Steinberg(1997)は多文化主義に対するさまざまなアプローチを検討する中で，最も広く受け入れられているのは多元主義的志向を持つものだと主張している。この志向は「違っていても平等」(separate-but-equal)という考えに基づいて「違い」を強調するものである。たとえば異国の文化を，異質であるがゆえに魅惑的であるとして，好んだり受け入れたりすることもこの志向を反映している。しかし Kincheloe らは，この捉え方は人種のヒエラルキーとヨーロッパ中心主義的規範を問題視しないことで，現状をより強く正当化してしまっていると主張している。多元主義的志向の多文化主義では，「異質性」が高く評価されている。しかし，その評価は常にヨーロッパ中心主義的規範の立場(比較修辞学の場合では英語の支配的な規範)からなされており，非ヨーロッパの規範は劣ったもの，逸脱したもの，そして異常なものであると同時に，興味深くエキゾチックなものとして捉えられている。

まとめると，従来の比較修辞学は，修辞規範に対しての認識を促し，規範を身につけるための直接的指導を行うことを教授法として提言している。従来の比較修辞学は，明示的指導を提唱する点においてはオーストラリアのジャンル・アプローチやフレイレの批判的リテラシーに類似している。しか

し，この2つのアプローチは権力に対する批判的な考察，そして被抑圧者のエンパワーメントをめざすという政治的な意図があるのに対し，従来の比較修辞学は修辞規範を正当化し，被抑圧者たちはその規範に適合させられるしかない。さらに，従来の比較修辞学ならびに文化決定論は，善意的な意図が根底にあるものの，結果的には文化や言語の異なる集団は異質で劣った存在であるという見方を助長してしまう傾向がある。

3. 批判的比較修辞学の理論的基盤

ここまでは，従来の比較修辞学への批判的考察と教授法の評価を通して，異文化間ライティングに対して批判的な観点を取ることで比較修辞学に新たな概念を提供することができると論じてきた。本節では，筆者が提唱する批判的比較修辞学の理論的基盤について論じたい。批判的比較修辞学は批判的応用言語学と見解を共有している。Pennycook(2001)が述べるように，批判的応用言語学は，言語・文章・教育・文化差異などに関する研究や指導実践によって築き上げられた第二言語学習/習得の既成知識に疑問を投げかけ，政治的視点から批判的に検証し，政治化させることを目標としている。その目的は，人種差別・性差別・同性愛者差別など，さまざまな不公平さに対抗するための言説を作り上げることである。言語と文化に対するクリティカルなアプローチは，ポスト基礎づけ主義的批判思考(すなわちポスト構造主義・ポストコロニアリズム・ポストモダニズム)や批判的教育学と理論的な結びつきがあり，これらすべては理論的に密接な関係にある。

3.1 ウォーフの言語相対論からポスト構造主義の多様性へ

従来の比較修辞学の理論的基盤を構成するとされているウォーフの言語相対論を，批判的比較修辞学におけるポスト構造主義的アプローチと対比すると，興味深い点がいくつか浮かび上がる。1930年代から1940年代初期にかけてアメリカ先住民族のホピ語の研究を行ったことで知られるベンジャミン・ウォーフは，言語が人間の思考や世界観に影響を与えたりそれらを形作ったりするという言語相対論を提唱した。ウォーフは言語学的決定論を提唱したと批判されることが多い。しかし実際には，彼は言語学者や一般市民がヨーロッパ中心主義の考えの影響で，他文化に対して偏狭な考えを持ってしまっているのではないかという懸念を抱き，自身が称する「平均的・標準

的ヨーロッパ」(Standard Average European, 以下 SAE)の言語や思考に対しても非常に批判的であった。
　Whorf(1956: 244)によれば：

　　西洋文化は言語を通して真実の分析を，暫定的ではあるが，分析してきた。しかし，それを修正することなく最終的なものだと判断してしまっている。これを正す唯一のものは，ヨーロッパ言語以外の言語である。これらは，長い年月をかけて独自に進化した末，異なった暫定的分析—それは同様に論理的なのだが—を生んでいるのである。

　Schultz(1990)と Kowal(1998)が指摘するように，この引用からウォーフが言語の多元性と多言語意識を称賛し，バフチンと同等の考え方を推奨していたことがわかる。しかし，ウォーフの理論は後のチョムスキーによる生成文法の隆盛によってしだいに支持されなくなっていった。生成文法学者たちは言語の普遍性と生得性を強調し，言語と思考の文化的側面は考慮せず，ウォーフを言語的決定論者であると見なした。Kaplan のサピア・ウォーフ仮説の表面的な借用は，ウォーフが「言語が思考を形作る」と提唱する言語的決定論者であったという解釈と，彼が西洋の自文化中心主義に対する批判論者であり言語と文化の多様性の擁護者であったという解釈との両義性の上で理解されるべきであろう。
　批判的比較修辞学の視点から見れば，従来の比較修辞学の考え方とウォーフの SAE 言語と思考に対する批判的な見方とは相容れないと考えることができる。比較修辞学の概念は，同化主義的イデオロギーと決定論に立脚している。すなわち，SAE の規範を中立的で不変であると正当化する一方，非 SAE 言語の修辞を画一的で固定的なものとして他者化している。従来の比較修辞学とウォーフの言語相対論はともにさまざまな言語における文化特有の思考パターンを追究する点で似ているが，ウォーフがホピ語を SAE 言語とヨーロッパ中心主義的思考の優位性を正すための英雄的役割に位置づけているのに対し，比較修辞学は，Kaplan の観点に代表されるように，標準英語を権威のあるものとし，第二言語学習者の書き手を修正が必要な存在として見なしている点で異なっている。これに関し Kowal(1998: 136)は，「ウォーフが研究対象の少数民族に，教育者かつ英雄の役割を与えているの

に対し，Kaplan はネイティブの読者，そしてその代弁者である英語教師を権威と権力を持つものとして位置づけている」と述べている．

批判的比較修辞学のポスト構造主義的捉え方は，ウォーフの言語相対論に通じるところがある．すなわち，言語と文化の多元性を強調する一方，言語・文化・主体性(自己をどう捉えるか)に対する固定的な理解とヨーロッパ中心主義の超越的真理の存在を否定する立場である．しかし，この考えは権力と言説を考察することで，ウォーフの多元的理想から一歩前進している．

前述したウォーフと Kaplan の対比で権力が与えられているのは，それぞれ少数派もしくは教育者である．それに対してポスト構造主義では，権力はある特定の個人に与えられているものではなく，複数の権力関係の中に顕在していると考えられている(Foucault 1990)．権力は，伝達・行使されるものであり，常に上意下達的に課されるのではない．つまり，権力とは特定の知識や言説(共通認識を形作る言語使用)を生み出しながらも，常に多数の角度から抵抗されるものなのである(Foucault 1980, 1990)．この考え方によれば，言語・文化・主体性は，対立し合う言説によって生み出されたり変容したりしながら，政治的葛藤の中の動的な場に存在するものであると言えよう(Weedon 1987, 1999)．ポスト構造主義において，特定の知識・言語・文化は中立的・客観的・非政治的ではなく，あらゆる概念や真理の主張(修辞と文化の差異に関するものを含む)は言説の中で構築されると見なされている．ポスト構造主義を取り入れることにより，修辞の文化差異と英語の優位性に関する暗黙の前提が，従来の比較修辞学研究の言説の中でどのように構築されているかを探究できる．ここで注意すべきは，この捉え方は文化差異の存在自体を否定するわけではないということである．ポスト構造主義が描いているのは，文化差異の認識やそれについての主張が，客観的真理を反映するものではなく，特定の政治的・イデオロギー的目的を果たすために言説的に構築されているということである．これにより，研究の焦点は，どのような差異が存在するかという問題を越え，以下のような問いに向かうようになる．ある文化差異のイメージがどのように真実として刷り込まれていくのか．文化差異に関する信念はどのような政治目的によって構築されるのか．文化差異に関して当然と思われている知識を変革するためには，どのような対抗的な理解や言説が存在するのか．

ウォーフの言語相対論的言説は，エキゾチックな「他者」(Other)を正当化し，さらに美化することで，SAE 言語と世界観が振りかざす優位性に挑

戦するという対抗言説と捉えられるだろう。知識の言説的構築・多様な主体性・権力関係といったポスト構造主義の概念により，文化差異ならびに書き手が持つ多様で変容する物の見方や作文への取り組み方を，政治的に問題化できる。このような概念を用いることによって，教師や学習者は次のような課題を探ることができる。政治やローカル・グローバルな権力関係において，文化差異の見方がどのように生み出され永続されるのか，書き手がどのように言説と権力を占有したり拒んだりするのか，そして書き手がどのように自らの主体性を母語でのライティングと第二言語でのライティングの中ですり合わせていくのか(Ivanic 1998 参照)。

3.2 植民地主義的言説からポストコロニアル批判へ

　従来の比較修辞学では，文化差異と英語の修辞の優位性が強調され，植民地主義的思想に根差した「他者化」と文化本質主義の傾向が色濃く出ている。植民地主義では，論理的で優位な自己と非論理的で劣っている他者との間に明確な線引きがなされ，不平等な権力関係が正当化されてしまっている(Mohanty 1988; Pennycook 1998; Said 1978; Willinsky 1998)。実際，1960年代の比較修辞学の始まりは，アメリカ経済とその政治的権力が新植民地主義的に拡大したことと関連しており，この拡大がアメリカへ多数の留学生や移民の学生を引き寄せることになった。先に述べたように，比較修辞学では自己と他者との間にゆるぎない境界線が引かれ，それぞれの文化と修辞に対して本質化されたイメージが生み出されてきた。

　植民地主義下の言語政策は，被植民者に植民者の言語を強制する場合もあれば，現地語を使うことを促す場合もある。しかし，どちらも植民地内の働き手に西洋の知識を押しつけるという植民地主義の役割を果たしているという点で変わりはない(Pennycook 1998)。比較修辞学の前提は，同化主義政策的なアプローチに似ており，主張文化能力欠如説(例：Rose 1989)と重なる部分がある。それはつまり，Kaplan(1988)が言うように，ESL 学習者は会話レベルでの英語は優れていても，英語ライティングの談話レベルに関する能力が欠けているという主張である。

　文化差異を強調することの背後には，人種によって認知能力に優劣があるとする，いわゆる能力欠如説が存在している(Herrnstein & Murray 1994; Jensen 1969 参照)。世界的に見ても，人種的カテゴリーとヒエラルキーは，

植民地主義が残した負の遺産である。しかし，現代の反人種差別的な言説は，「人種」ということばを「文化」という用語に置き換え，「人種差異」を「文化差異」というより受け入れやすい言説へと移し替えているとも指摘されている(May 1999b 参照)。それゆえに，比較修辞学には ESL 学習者のライティングの特徴を説明するのに学習者の認知「能力」ではなく，文化や認知の「型」と関連づける善意的意図があるのかもしれない(Purves 1988)。しかし，これまで比較修辞学では自己と他者が固定的な文化二項対立によって描かれ，植民地主義的な文化観が作り上げられてきた。今後の比較修辞学に必要なことは，研究者が持つ善意的意図をイデオロギーの中に位置づけ，研究によって生み出された知識がどのように権力の不均衡な関係を強化してしまうのかを理解することである。Pennycook(1998: 43)が論じるように，それぞれの研究者の意図を見れば，植民地主義の信奉者ではないと言えるかもしれないが，「個人の植民地主義的意図よりは，植民地主義が生んだ文化的構成概念を理解しようとすることの方が有益なのである」。批判的比較修辞学では，植民地主義的な言説における文化差異と人種的差異との関連性および自己と他者の本質化が問題視される。したがってたとえば，教室内で修辞の文化的差異を強調しながら対話を進めることによって(Reid 1989)，他者化，文化のステレオタイプ化，不平等な権力関係の固定化がどのように引き起こされてしまうのか，教師は批判的に内省する必要がある。

　同化主義は，植民者の言語を押しつけるという点で植民地主義と通じあっていると言える。そして同化主義的アプローチのもうひとつの特徴として，教育や研究における「イングリッシュ・オンリー」アプローチに見られるように英語を強調していることが挙げられる。ここで注目すべき点は，アメリカにおけるイングリッシュ・オンリー運動は人種政策に無関係ではないということである。アメリカには公用語が存在しないが，英語を公用語にするためのロビー活動を行う組織「US English」と，反移民的立場を取ったり，人種改良のための優生学研究を目的としたりするいくつかの財団との間に，何らかの結びつきがあるということも指摘されている(Crawford 2000; Jordán 2001)。英語偏重指向の結果，教師と研究者は学習者の母語でのライティング能力やライティング経験に注目しないようになってしまった。ESL 教室では，学習者が同じ母語背景を持つことが多い。したがって，母語が使用できれば学習者同士が母語や第二言語で書く際どのようなスタンスを取るかな

ど，お互いの経験を共有し深い対話を行うことができる。EFL 教室においては，こうした母語をもとにしたやりとりが可能であり，望ましいことは明白である。しかしイングリッシュ・オンリー・アプローチが課されるとその可能性が摘まれてしまう。

　ポストコロニアリズム批評では，植民者の同化主義的言説やこうした言説を被植民者がどのように内面化し，隷属的なアイデンティティを形成していくのかといったことが議論される。隷属化の過程において，言語は重要な役割を担っている。たとえば，Fanon(1967)が論じるように，クレオール言語がフランス語よりも劣るという植民地主義的概念は被植民者の中に内面化され，被植民者は，権威的なフランス語を話すよう仕向けられ，母語を蔑むようになった。比較修辞学でも，ESL 学習者の中には，英語が母語よりもより論理的で進んだ言語であると信じている者もいると指摘されている。また，日本人の書き手が用いる修辞パターンと，日本の作文教育者が推奨する修辞パターンは，英語をモデルにする傾向が強くなってきている(Hirose 2003; Kubota 1992, 2002a)。異文化間ライティングと植民地主義言説との関連性を批判的に検証することによって，言語的・文化的権力関係は，理想的修辞構造が変化することに見られる言語的推移を左右するだけでなく，バイリンガルの書き手が持つアイデンティティや母語・第二言語の修辞についての意識にも影響を与えるということが明らかになるだろう。

3.3　モダニズムからポストモダニズムへ

　従来の比較修辞学研究は，概してモダニズムの実証主義に影響されており，言語間の文化差異の具現化が，普遍的で科学的な真理であると仮定されている。ポストモダニズムはそのような研究の方向性に疑問を投げかける。比較修辞学の従来のアプローチに見られるモダニスト的相対性は，ポストモダン的相対性，もしくは「状況化された知識(situated knowledge)」（Haraway 1988）と好対照である。つまり，モダニスト的相対性では，カテゴリーの固定的な対立化もしくは文化的二分法を前提とするのに対して，ポストモダン的相対性は，すべての知識と行為を部分的で絶えず変化する特異性と見なすのである。ポストモダニズムは，さらに意味の多元性と，言語と文化の雑種的・ディアスポラ的・動的性質に焦点を当て，さまざまな形の本質主義に対峙している。「世界英語」（Kachru 1995, 1999）の見地から従来の比較修辞学に対して行われた批判

は，ディアスポラと多様性のポストモダン的重要性を示す一例となっている。たとえば，中国語のディアスポラからもわかるように，中国語に単一の文化的修辞体系や思考パターンが存在するという仮定には問題がある(Kowal 1998)。修辞のディアスポラ的特性と異文化間の影響による変化(Kirkpatrick 1997; Kubota 1997; Mohan & Lo 1985; Shi 2002 参照)は，修辞の雑種性を示しており，ある言語の修辞が内的・外的影響力によってどのように変化していくのかという問題をさらに明らかにしていく必要性を示唆している。

言語と修辞の変容と雑種性は，特にグローバル化の時代において重要である。グローバル化においては，英語とアメリカ文化の拡散に見られるように，世界規模で言語と文化の均質化が拡大している。しかしそれと同時に，世界各地で国家主義と原理主義が高まり，文化の異質化が進んでいるのも事実である。このような大きな政治力学が，大衆メディアや教育を通して働き，人々の言語と文化に対する認識だけでなく，言語と文化自体をも変移させている。また，言語と修辞のディアスポラ的・雑種的特性は，学習者にも影響を及ぼしている。ESL/EFL 学習者は，多様な言語と修辞の形式にさらされると同時に，自ら多様な言語と修辞の形式を使用する。この結果，学習者のライティングの実践とライティングに対する見方は，常に変化し続けると考えられる。比較修辞学に対するポストモダン的な研究は，こうした修辞と文化の本質化と固定化に対抗する見方を取り入れている。

しかし，雑種性という概念に潜む問題点にも留意しなくてはならない。そのひとつは，May(1999b)も述べるように，雑種性を2つ以上の本質化された文化が混ざり合ったものとする定義づけである。修辞と文化に関するポストモダン的研究では常に限界・ジレンマ・矛盾に直面する。よって文化差異の政治性を概念化する際には，文脈や状況を慎重に考慮する必要がある。

4. 同化主義的指導からカウンター・ヘゲモニーへ

批判的比較修辞学では，ESL/EFL ライティングの指導・評価における学習者能力の過小評価や同化主義的・本質主義的志向などの問題に焦点が当てられる。この点で批判的リテラシーは示唆を与えてくれる。つまり批判的リテラシーは，テクスト自体だけでなくテクストの背景にある世界観も批判的に解釈することを提唱し，学習者の意識解放とエンパワーメントをめざして学習者が学習言語を占有することを促すのである(Canagarajah 1999; Freire & Macedo

1987)。そのため，批判的リテラシーは批判的比較修辞学にとって示唆に富んだ分野であると言える。さらに，批判的比較修辞学では普段あたかも当然のように捉えられている文化差異とそれを正当化する指導実践について評価し直す。これにより，学習者は，自らの母語と第二言語の修辞に関する主体性がどのように形成され変化していくかについて批判的に振り返ることができる。また，学習者がどのように同化主義に抗い，抵抗のために主流の修辞をどのように占有するかについて探究することもできる。重要なのは，批判的比較修辞学が，従来の修辞規範に疑問を投げかけ，修辞の新たな可能性を探究していることである。批判的比較修辞学は，批判的リテラシーと同様，教育方法の規範を提示するわけではない。しかし，内省を通して，支配的権力に抵抗するために修辞を占有すること，また修辞規範を多元化することを可能にするような教育的・理念的ビジョンを教師と学習者に与えてくれる。

　よって，批判的比較修辞学に基づいた指導法は，批判的教育学の広い領域の中に位置づけられている。この批判的教育学では，「構造」と「行為主体性」の諸問題について，マクロレベル(教室外)・ミクロレベル(教室内)で生じる権力が，どのように指導と学習の内実を形作るのかという問題が扱われる。その問題とはすなわち，何が・なぜ・どのように教えられたり学習されたりするのか，それをだれが決めるのかなどである(Pennycook 2001)。これは決して中立的な行為ではない。フレイレ流に述べるならば，批判的比較修辞学の教育学は，人間と同様に言語もどのように他者化・本質化され，どのように価値を認められたり認められなかったりするのかを明らかにすることができる。言語と文化に対する決定論者的・還元主義者的理解(Zamel 1997)を問題視することによって，学習者は，マクロからミクロに至るまで，言語とその政治性の矛盾を批判的に見極め分析することを促される。

　教室活動の例として，個々の学習者が自分の母語でどのように作文を書くか(または書かないか)考え，他者と議論して論点を書きだし，その認識を第二言語(ここでは英語)でのライティングで批判的に用いることなどが挙げられる。たとえば，ある学習者は，母語では特定の書き方で，英語では別の書き方で書くように教わったため，言語には個別の正しい書き方があると信じているとしよう。しかし，母語であまり書いた経験がなく，そのような強い見解を持っていない学習者は，修辞を比較することに大して意義を感じないかもしれない。この2つの立場は，ライティング授業で以下のような根本的

な疑問について議論することで問題化できる。「言語は世界の中でどのように位置づけられるようになるか。また，言語の使用者は言語によってどのように位置づけられるのか。だれが特定の言語の位置づけで利益を得るのか。」さらに，ライティングという作業はどのような要素を含み，どのように他の人の目に映るのか(だれがこのイメージを決めるのか)，そしてどのように行われるのか(だれがやり方を決め，なぜそのやり方に決めたのか)というような問いへの答えは，言説的に構築されたものである。したがって，「英語のライティングは直線的だからで，君の文章は違う」といった教師の考えに置き換えられたり，決められたり，規制されたりするものではない。

　このような問いかけにおいて重要なのは，学習者が母語とその文化について振り返ることである。そのためにはまず母語は単に正当であるだけではなく，体系的で有用であるという考えを持つことから始めなければならない(Lehner 2002; Quintero 2002 参照)。英語は，学習者が持つ言語表現に加えるもうひとつの言語なのであり，学習者が慣れ親しんだ言語と置き換えるものではない。英語ライティングの授業(ESL もしくは EFL)の重要な目標は，学習者に新しい書き方を追加することであり，教師が不適切もしくは劣っていると思う書き方を学習者から取り除くことではない。学習者が第二言語ライティングを習得するとき，自分がすでに持っているライティング知識をレパートリーから取り除いてしまうのではなく，バイリンガリズムやマルチリテラシーのように，新しい知識の獲得というプラスな現象として捉えるべきである。実際，ライティング課題や目的によっては，母語で書くことを促してもよいだろう(Bean et al. 2003)。繰り返すが，新しい言語で書く方法を追加的に学んでいく際には，従来の比較修辞学的アプローチ，つまり，言語間に厳格な修辞的境界を想定し学習者の言語を他者化する傾向を問題視する必要がある。これについては Pennycook(2001)も TESOL(teaching English to speakers of other languages) を "Teaching English to Students of Othered Languages"(「他者化された言語を持つ学習者への英語教育」)と呼ぶなどして同様の批判を繰り広げている(もちろん，だれがだれによって他者化されるのかということも考えなければならない)。

　批判的比較修辞学のどの指導法にも当てはまる基本的要素は，修辞を分析・占有・批判する際の行為主体性である。比較修辞学に対する従来の指導アプローチでの行為主体性は，指導者または研究者たちに委ねられていた。

研究者たちは，英語の修辞の特徴は直線的であり他の言語はそれから逸脱しているなどという知識を教師や学習者に広めてきたのだ。このような決定論的概念は，英語ライティングの授業でクリティカルな認識を高めるための知識基盤となる。学習者らは母語における過去のライティングの経験に基づき，2言語とそれらの書きことばの修辞法へのアプローチがどのように，なぜ異なるのか考えるようになるだろう。批判的比較修辞学の指導法では，学習者は次のような問いについて考える。「英語の書き方を，すでに持っているリテラシーの知識にどのように加えるのか。そもそも英語の書き方を加えたいのか。加えることで何を達成しようとしているのか。」重要なことは，教師が英語ライティングを固定的で画一的なものだと捉えたり，他よりまさっていると位置づけないことである。私たちは，差異について考える指導法をめざしている。この指導法では，前提とされる修辞的差異が，競合するイデオロギーの中に自然に位置づけられ，学習者によって利用される。そしてこの指導法は，言語的・修辞的イデオロギーを掘り起こし批判し(Benson 1997)，他者化への抵抗を強固にするのである(Canagarajah 1999)。

　英語が一段と優れた「国際」言語として見なされる一方で，世界英語のローカル化(Kachru 1986, 1997)により多様な修辞慣習が生み出されてきた。よって，以下のような問いを通して，学習者が英語の地位について批判的に考えることが一層必須になる。「英語はだれの言語か。どんな英語を私は使っているのか。いつ・なぜそれを使うのか。このことばは私の現在または将来にとって必要なのだろうか。」たとえば，もし日本にいる大学生が，香港や韓国の英語話者とコミュニケーションを取るために英語を学んでいる場合，中心円の「アメリカ的」もしくは「イギリス的」な修辞に対するアプローチの指導が必要で適切であるとはたして言えるだろうか。また，学習者がインドやジャマイカの英語話者と何らかのやりとりをするためにアメリカのESL教室で英語ライティングを習っている場合，どのような修辞的方略や構成が指導されるべきであろうか。「どのようにすればもっといい英語の文章が書けるか，どうすればアメリカの教師や雇用主らに受け入れてもらえるか」といった問いよりも，「表現したいことを母語や英語でどのように書き，英語が世界(組織や教室)でどのように位置づけされているのか」といった問いの方が変革的教授法(transformative pedagogies)としてより生産的である。しかし，共通試験対策など，何らかの理由で教える内容や目的が制約

されていて後者のような問いを投げかけることが難しい場合，前者の問いに対して，「『いい英語』とはどんな英語を指すのか，それはだれによって規定されるのか，アメリカの教師や雇用主はなぜ，ある文章は受け入れ，他の文章は排除するのか」といった問題を議論することができる。まとめると，批判的比較修辞学の指導法は，まず英語ライティングを問題視することで，上記の問いに対する答えを複雑化する。ここで重要なことは，教室内や教室間における教育実践が，反同化主義的であるかどうかである。

　上記のような問いは，批判的比較修辞学をマクロとミクロの中核に位置づけ，画一的で覇権的な英語の修辞への同化を促す従来の比較修辞学が見落としてきた権力の問題に注意を向けている。また，これらの問いにより，特に学術活動において，反ヘゲモニー的な立ち位置を確立するために，特権化された修辞を方略的に占有することができるだろう。批判的比較修辞学の指導法は，固定化された修辞が単に教えられ，学ばれ，自由自在に活用されるような，整然と計画された容易な企てではない。また，批判的比較修辞学の指導法では，ライティング指導に関わるすべての教師が，広範な教育的イニシアティブを取ることが求められる。そうすることにより，教師は多様な学生たちの現状に対応し，さまざまな目的のためのライティングや，書くことに特別な意義を感じたり感じなかったりする多様な学生たちに対して，その現状に即した期待を持つことができるようになる(Lehner 2001)。

　最後に，批判的比較修辞学の教育学には自己内省が必要である(Walsh 1991)。批判的思考を持つ教師たちは，自分の指導方法や内容に対して常に批判的である。批判的比較修辞学は，覇権主義的でもなければ画一主義的でもなく，また，静的なものでもない。したがって，教育の目的や方法論を絶えず再評価していく必要がある。その際，教師は以下のようなことを自問自答できる「今何をしているのか，それはどこに向かっているのか，何を達成しようとしているのか，どの点でより見識を広げることができるだろうか。」言い換えれば，批判的比較修辞学に従事する教師は自らに対しても批判的な視点および態度を持つことが求められるということである。よって，ライティングを指導する際，教師は学習者に本質主義的・規範的・文化的知識に対抗し修辞の多元性を求めるよう促しているのか，それともヘゲモニー的知識を押しつけているのかを自問していかねばならない。

5. 結論

　文化の概念は，応用言語学内の他分野に影響を与えているポスト基礎づけ主義的批判の枠組みの中で疑問視されてきている。文化は，自己と他者の文化的観点がグローバル・ポリティクスで重要な役割を担う現代社会において，複眼化されるべき概念である。主流の修辞が持つ目には見えない規範を，政治性のない理想的なものとして正当化し，他の規範を見下すという文化差異への固定的な捉え方では，絶えず移り変わる権力関係の中で文化がどのように意味づけられ，コミュニケーション方法がどのように構築され変容させられるのかなど，文化について深い理解を育むことができない。比較修辞学研究は，書きことばのコミュニケーションにおける文化に着眼している点でユニークな比較修辞研究は，権力・言説・主体性といった概念を取り入れることによって，文化に対する多様な視点を広げることができる。よって，文化と修辞の非本質主義的理解，支配に抵抗するための支配的修辞の占有，そして新しい修辞の可能性を模索することが必要である。修辞の文化的差異の政治性を考えることによって，批判的比較修辞学研究は異文化間における書き手とテクストの多種多様な理解を可能にしてくれる。

　最後に，前節の最後でも触れているように，批判的自己内省は，批判的比較修辞学の重要な構成要素でなくてはならない。批判的比較修辞学が主流の知識に疑問を投げかける一方で，批判的比較修辞学自体も，批判的応用言語学がそうであるように(Pennycook 2001)，自己の立場に批判的である必要がある。たとえば，ポスト基礎づけ主義的批評では，アジアの文化・言語のイメージに関わる言説的構築が批判されるが，このような批判の論拠がヨーロッパ中心主義の知的伝統に立っているという事実に対しても，内省的に考察を加える必要がある。言い換えれば，「他者」が言説的に構築されることに対する主流のポストモダン的・ポスト構造主義的批判は，隷属された他者が独自に創造したものではないかもしれない。これは，このような批判が，非ヨーロッパの文化の構築されたイメージを検証するのに不適切であるということを意味するわけではない。むしろ，この批判的手法は，文化と修辞の今までとは異なる理解を探究するために占有することができるだろう(Kubota 2002b 参照)。批判的比較修辞学における限界を認め，倫理的意識をもって文化と修辞についての多様で動的な認識論を探し続けることが必要である。

ライティングの比較文化的視点[1]
―比較修辞学―

はじめに

　第二言語(L2)学習者のアカデミック・ライティングのスキルを伸ばしてやろうとする教師は，パラグラフ構成や主題提示の位置といったディスコースに関する問題にしばしば直面する。ディスコース構造に英語の母語話者なら書かないような特徴が見られる場合，学習者の母語や母語文化が第二言語ライティングにマイナスの影響を与えているのではないかと教師はときに疑ってしまう。このようなとき，教師は比較修辞学が提示する議論に説得力を感じるかもしれない。比較修辞学，すなわち，書かれたテクストがどのように構成されているかに関する比較文化的分析は，第二言語ライティングに対する教育的示唆をも提供している。比較修辞学のカバーする範囲は，異文化間コミュニケーション・レトリック・作文・応用言語学といったより広い分野とも重なり，また，第二言語ライティング・テクスト言語学・ジャンル分析(Connor 1996)といったより具体的な研究とも重なっている。比較修辞学の研究分野は，1960年代にアメリカの大学で増えた留学生が教育的サポートを必要としていたので，それに対応する中で発展した。先鞭をつけたのはRobert Kaplan(1966)で，それぞれの言語の文化的思考パターンが，学習者の母語あるいは第二言語のライティングに影響を与えていると論じ，留学生にアカデミック・ライティングを教える場合は文化的違いを考慮しなければならないと主張した。それ以来，多くの研究者が，さまざまな言語で書かれたテクストに見られる文化的違いを調査した。多くの研究は比較修辞学の従来の理論に従ってきたが，応用言語学での近年の批判的転回(批判的見方の隆盛)(Kumaravadivelu 2006)によって，文化，言語，学習者の行為主体性，およびこれらのカテゴリーが書きことばでのコミュニケーションにおいて果たしている役割についての理解が一新された。比較修辞学は今や，ただ単に

---

[1] Kubota, R.(2010). Cross-cultural perspectives on writing: Contrastive rhetoric. In N. H. Hornberger & S. L. McKay (Eds.), *Sociolinguistics and language education* (pp. 265-289). Bristol, UK: Multilingual Matters. （翻訳協力：佐藤龍一，柳瀬陽介）

異文化間ライティングの複雑性にとどまらず，その研究自体が学術分野における言説の歴史的変遷に影響を受けながら，同時に言語的・文化的推移にも影響を与えていくことを教師や研究者に明らかにしてくれる。

本章は比較修辞学研究を3つの観点から概観する。1つ目は概念的前提および歴史的背景・批判によって明らかになった多くの視点，2つ目は，言語推移の研究分野が生み出した知識のインパクト，3つ目は，第二言語学習者を支援する教育者への示唆である。

1. 比較修辞学研究の前提と知見

Robert Kaplan は，多方面に影響を与えた最初の論文(1966)およびそれに続く論文(1972, 1988)で，思考パターンがいかに言語系統によって異なり，アメリカでの留学生が第二言語としての英語(ESL)で書いたエッセイのディスコースにどのように反映されているかを論考した。比較修辞学には2つの大きな前提がある。(1)どの言語や文化も，その文化固有の思考パターンに沿った独特の修辞的慣習がある。(2)学習者の第一言語(L1)の修辞的慣習は，ESLライティングに干渉するか負の転移を起こしてしまう。この2つの原理はKaplanの観察に基づいており，ESL学習者によって書かれたアカデミックな文章は，英語を母語とする者によって書かれた典型的な文章とは異なる特徴を示すとされている。よく引用されるKaplan(1966)の図は文化的思考パターンをイラスト化したもので，それは英語を直線，東洋の諸言語を渦巻き，セム諸語(アラビア語など)を並行線，ロマンス諸語(スペイン語など)をジグザグに進む実線，ロシア語をジグザグに進む点線で描いている。

Kaplanの論文以来，レトリックにおける文化差について多くの研究がなされ，さまざまな言語での書きことばディスコースの特徴が記述されてきた。たとえば，比較修辞学の第一人者であるUlla Connor(1996)は，それまでの研究を踏まえ以下のように述べている。アラビア語は等位節による並行構造が特徴であり，この特徴は旧約聖書やコーランといった古典にまで遡ることができる。中国語と韓国語と日本語は一緒に扱われることが多く，帰納的で間接的であり，中国の古典詩に由来する「起承転結」の4つのユニットから成る構造を持つ(Hinds 1983, 1987, 1990 参照)。中国語のレトリックに見られるもうひとつの特徴があるが，それは，清王朝(1644-1912)の後期に科挙で課された八股文である。

他の言語に関しては，ドイツ語は脱線しがちで形式よりも内容重視，フィンランド語は帰納的で間接的，スペイン語は長い文と「自由な等位法」により花飾りのように入り組んでおり(Connor 1996: 52-53)，チェコ語(ならびにロシア語・ポーランド語・ウクライナ語などの他のスラブ系言語—Petrić, 2005 参照)は英語より直線的でなく主旨が文章の最後のほうに置かれるとされている。帰納的構成を特徴づけるためによく使われる用語のひとつが「**目的陳述の後置**」である。この概念を提唱した Hinds(1990)は，主題が文章の冒頭に提示される英語と対比して，中国語・韓国語・日本語・タイ語の違いを強調した。Hinds(1990)はさらに，「読み手責任」と「書き手責任」という概念を区別した。「読み手責任」の言語(例：日本語)で書かれたテクストでは，修辞上の工夫が明らかに示されていないので，文やパラグラフの間の論理的なつながりを読み手自身が見出さなければならない。それに対して「書き手責任」の言語(例：英語)では，書き手がつながりを明らかにする責任を有するので，論点の間の論理的つながりがきちんと示されている。ヨーロッパの言語(例：フィンランド語とスペイン語)，中東の言語(アラビア語)，アジアの言語(中国語)における修辞法研究は，Connor(2002)がまとめている。その研究の中にはこれまでの研究結果とは一致しない知見も含まれていたが(例：Scollon and Scollon(1997)は，中国語には起承転結や帰納的パターンばかりが見られるわけではないとしている。さらなる批判的見解は後に述べる)，Connor の概括はおおむね，直線的・直接的・断定的とされている英語と，そうでない英語以外の諸言語の間での，L1-L2 転移や文化差を強調するものになっている。

　比較修辞学の第二の前提である L1-L2 の負の転移に関しては，研究者は，L2 テクストに文化固有の修辞法的特徴を認め，L1-L2 転移が存在すると見なしてきた(Kaplan 1966, 1967, 1972; Ostler 1987, 1990; Söter 1988)。実際に学習者が L1 と L2 で書いたエッセイに基づく分析を行った他の研究も概して L1-L2 転移の存在を支持した。初期の研究では，L1 から L2 に転移するのは文化固有で英語とは異なる帰納的スタイルであるとされたが(Indrasuta 1988; Kobayashi 1984; Oi 1984)，その後の研究では演繹的構成も転移するとされた(Hirose 2003; Kubota 1998b; Wu & Rubin 2000。この点については後述する)。

　概して，比較修辞学研究の主流は，英語の書きことばディスコース，特に標準アメリカ英語の書きことばは，直線的・演繹的・論理的・書き手責任の

言語であるという主張である。英語の文章のこれらの特徴は，学校で教えられている「5段落構成」に示されている。これは，1つの序論段落(「言おうとすることを告知」)，3つの本論・例示段落(「議論の提示」)，1つの結論段落(「議論のまとめ」)から構成される。他方，英語以外の言語は，たいていの研究において，単に「英語ではない言語」として描かれている。比較修辞学は，「英語，もしくは英語以外の言語」という奇妙な二分法の知識を作り上げてしまった。加えて言うなら，この二分法は中立的なものでなく，英語の優位性と他の言語の劣位性を含意している。これらの点が，他の論点以上に，この研究分野の中で論争を巻き起こしている(批判については後述)。これらの批判を踏まえて，Connor(2004, 2008)は比較修辞学の新たな方向を提唱し，それを異文化間修辞法(intercultural rhetoric)と呼んだ。後述するように，この新たな名称のもとでは，研究の焦点が広がったものの，多くの研究は比較修辞学の基本的前提を継承している。

　教育的示唆については，比較修辞学は，英語によく見られる修辞構造を明示的に教えることを提唱してきた。たとえば，バラバラの順番になったパラグラフを並べ直す，アウトラインに従って書く，アウトラインを構成する，模範文章をまねる，トピック構造を見つけ出すなど機械的な作業である(Kaplan 1966, 1967, 1972)。さらに，学習者に文化差を自覚させることも提唱されてきた(Kaplan 1988; Reid 1989，詳細は Kubota & Lehner 2004; 本書第7章参照)。近年の研究では，英語修辞法の明示的な指導が学習者のライティング発達に与える影響を調査したものもある(Kobayashi & Rinnert 2007; Petrić 2005)。総じて，比較修辞学は修辞規範の明示的指導を促す傾向にあり，ライティング教育の目標は学習者をアカデミック・ディスコース共同体の中心に取り込むことだとしている。

2. 調査の方法と課題

　以上で述べてきた修辞法の文化差とL1-L2転移についての知識は，いくつかの研究方法によって形成されてきたのだが，その方法の多くには問題がある。念頭に置くべき点は，これらの研究は，ESLの書き手を英語でのアカデミック・ライティング技術に習熟させるという教育学的関心からなされたことから，研究の焦点が英語と他言語の間の文化差を見出すことになってしまったことである。しかし一般的に，比較に適したテクストを選び注意深

く比較した研究では，修辞的特徴の複雑性が明らかになっている。

　英語以外の言語の文化固有の修辞的構造を調査するためには，出版された文章を分析する方法がある。Hinds(1983, 1987, 1990)はしばしば引用される研究であるが，そこではおもに朝日新聞の天声人語が分析されている。Hinds は，このコラムのエッセイには起承転結が使われており，これが日本語の説明文で好まれているスタイルだとした。英語母語話者にとってこの文化固有のスタイルは理解しにくいと言われているのだが，その説明として Hinds は，3番目の部分である「転」において前段落の内容から前置きなしに急に論点が変わるからだと主張した。しかし McCagg(1966)と Donahue(1998)は，Hinds の文章例には文化的背景知識を要する内容が含まれており，それによりテクストの一貫性と理解可能性が減じてしまっていると指摘した。つまり，テクストを理解困難にしているのは，文化固有の修辞的スタイルではなく，読み手のトピックに関する事前知識の欠如だというわけだ。さらに，一部の文章を選んで分析しただけのこの方法は，ジャーナリズムの文章とアカデミック・ライティングを混同しており，文章の目的・背景・読み手の違いが考慮に入れられていない(Kubota 1997)。ジャンル研究(例：Johns 2002)で明らかになっているように，異なった言語・文化のテクスト構造を比較分析する際に，ジャンル・タイプとコミュニケーション上の目的が同じテクストを比較対照する必要がある。さらに修辞学的ジャンル研究という研究分野では，ジャンルを単なる構造のシステムというよりは社会的行為と捉えている。これによって，研究の焦点も，単なる静的で中立的なテクスト形態から社会的行為としてのライティングへと移ってきた。社会的行為としてのライティングとは，自己の意味を表現するために，テクストの規範に忠実に即したり，あるいはそれを都合よく借用したり曲げたりして実現する。このように，ジャンルは常に社会的・政治的・イデオロギー的文脈の影響によって(再)構築され，ゆえにテクスト構造は流動的で創造的なものとなる(さらなる議論は後述する)。この観点からすれば，ジャンルの複雑性と動態性を考慮せずにテクストを分析しても，そこから得られる洞察は限られたものでしかない。

　より慎重な他の研究では，出版された同じジャンルのテクスト比較を2言語で行っている。これらの研究で，文化間の修辞構造には相違点だけでなく相似点もあることがわかった。たとえば，Taylor and Chen(1991)は，中国で出版

された科学分野での中国語と英語の学術論文を，英語圏で出版された同じ分野の英語論文と比較した。その結果，序論部には，文化を問わず，同じような修辞的展開が見受けられた。違いと言えば，中国で出版された論文は，英語圏の論文と比べて先行研究の要約が少ないことであった。これは他の研究者の行った研究を否定的に論ずることを好まない文化のためであると著者は推測している。Bloch and Chi(1995)は，中国語と英語での学術論文での引用の方法について調査するため，*Science*誌に掲載された英語記事とそれに相当する雑誌に掲載された中国語の記事を比較した。その結果，中国語研究者はさまざまな目的のために引用をし，英語研究者と同様に批判的な引用もするが，その頻度は英語記事に比べると少ないことがわかった。

　他の研究は，教育的示唆の追究とデータ入手の容易さからESL学習者のエッセイを分析し，文化固有の修辞構造，ひいては修辞法のL1-L2転移について論じた(Kaplan 1966, 1967, 1972; Ostler 1987, 1990; Söter 1988)。たとえばKaplan(1966)は，L1を異にするESL学習者が書いた英語エッセイの抜粋を典型的な英語エッセイと比較し，その結果から思考パターンには文化差があるという見解を示した。つまり，文化固有の修辞法構成が認められれば，修辞法のL1-L2転移があるという主張である。ここでの前提は，母語を異にするESL学習者はL2ライティングで母語の修辞法を使うため，英語エッセイではそれぞれの母語独特の集団的特徴を特定することができるという仮定である。しかしこの前提には問題がある。学習者の母語ライティングの実態がわからなければ，母語から第二言語への転移は単なる憶測にすぎない。さらに，L2ライティングに影響を与える要因は母語の修辞的特徴だけに限らない。他の要因として考えられるのは，第二言語熟達度(語彙の意味や文法の把握度)，母語ライティングの熟練度(例：Cumming 1989; Kubota 1998b; Sasaki & Hirose 1996)，今までの作文指導の影響(たとえば，教師の第二言語指導の中心がテキスト構成よりも文レベルに偏りがちであったこと— Mohan & Lo 1985参照)，書き手の主体性(修辞法についての書き手の意図や好みに反映される)などである。

　この問題は，同じ学習者によって書かれたL1とL2でのエッセイを比較することで，ある程度解消される。この方法を用いたいくつかの研究では，L1修辞法の典型的な特徴がL2エッセイに転移することが確認されている(例：Indrasuta 1988; Kobayashi 1984; Oi 1984; Wu & Rubin 2000)。ただし，

Kobayashi(1984)とOi(1984)で比較されたL1エッセイ(日本語)とL2エッセイ(英語)は異なる日本人学習者集団によって書かれている。さらにWu and Rubin(2000)は，同じ台湾の大学生が書いたL1エッセイ(中国語)とL2エッセイ(英語)を，アメリカの大学生が同じトピックで書いたL1エッセイ(英語)と比較した。台湾の大学生のL1エッセイは，アメリカの大学生の個人的なエピソードをちりばめた演繹的な書き方と比較すると帰納的であり，内容に関しては個人主義的というよりは集団主義的な価値観が認められた。しかし，L2英語エッセイとL1英語エッセイの間には書き方の差についての統計的有意性はなかったし，L1中国語エッセイが帰納的であるというのもL1英語エッセイと比較した度合いの話にすぎない(演繹的なエッセイは，L1英語エッセイでは90%であったが，L1中国語エッセイでは47.5%だった)。L1-L2転移については，L1エッセイとL2エッセイの間に主題提示の点で差が認められなかったことからWu and Rubin(2000)は転移があったとしている。しかしながら，L2エッセイで多く使われた1人称単数・複数代名詞の使用などといった修辞的特徴の転移は確認されなかった。

　これらの研究は注意深くデザインされ実施されたものであるが，ライティングとは書き手の自己を表現するために個人が取り組む活動であるとする見地からすれば(Clark & Ivanič 1997)，L1とL2の被験者集団間比較，つまりL1テキストとL2テキストを集合的に扱った比較では，個人レベルで実際に転移が起こっているかどうかはわからないであろう。個人の書き手がL1とL2で同じ修辞パターンを実際に使っているかどうか，また個人の認識や意図のどういったものが修辞法の決断に影響を与えているか調べるのに有効なのは，被験者内比較であろう(Hirose 2003; Kubota 1998b)。これらの批判的見解に横たわる前提は，L2ライティングは数多くの要因と関連しており，文化的影響だけに要因を限定することはできないという点である。

　比較修辞学が再構成され異文化間修辞法(Connor 2004, 2008)へと発展するにつれ，研究対象はアカデミック・ライティングだけでなく，ジャーナリズムの文章，研究費申請のための研究計画書，ビジネス文書，書評などと範囲が広がった。研究の焦点をある特定のジャンルに絞ることで，比較言語学的なテクスト比較においてジャンルを無視してしまう危険を減らすことができる。さらに最近の研究では，L1とL2の両方(あるいはどちらか)のエッセイ構造において，ライティング指導がどのような効果を及ぼすか研究され

ている(Kobayashi & Rinnert 2007; Petrić 2005)。他の研究では，読み手がある修辞的構造に熟練しているならテクストの理解と評価に影響が出るだろうとの仮説から，読み手がエッセイの質をどのように評価し記憶するかを研究している(Chu et al. 2002; Kobayashi & Rinnert 1996; Li 1996; Rinnert & Kobayashi 2001)。総じて，英語ディスコースに親しんでいる読み手はそうでない読み手に比べて，英語的な修辞法をよく好みよく理解することがわかっている。まとめると，比較修辞学研究は，文化パターンや L1-L2 転移を調べるために，出版されたものや学習者が書いた文章を使ってきたが，初期の研究には多くの方法論的欠陥があることが明らかになっている。

3. 歴史的背景

比較修辞学が台頭した 1960 年代には，米国の大学で留学生が急増した。米国の L2 ライティングの歴史を概観した Matsuda(2001)は，1940 年から 1950 年の間に留学生の数が 450% 以上増加したとしている。著者が米国国際教育協会のデータを調べたところでは，1951 年度から 1966 年度の 15 年間で大学の留学生数は 330% 以上増加した(Institute of International Education 2005)。この増加により，留学生を学術英語コミュニティに参加させるための支援が急務となった。比較修辞学は，この歴史的文脈において提唱されたのである。

3.1 対照分析と誤用分析

歴史的文脈に関しては，当時の第二言語研究の趨勢も考慮しておく必要がある。Lado(1957)に代表される 1950 年代と 60 年代の対照分析の出現の背景には，当時の心理学の分野で影響が強かった行動主義がある(Gass & Selinker 2001)。対照分析は，言語学習を刺激と反応による習慣形成であると考えた(たとえば，語を聞いてその語が指示する対象物を指さすことや，対象物を見てその対象物を意味する語を発することなど)。L2 学習とは，学習者が L1 で作り上げた古い習慣を，新しい習慣に換えることだと考えられた。この考え方によれば，L1 と L2 の構造を比較し対照することによって，第二言語学習者の新しい習慣形成を支援するための有益な情報が得られる。対照分析は，こういった強い教育学的関心の中から現れた。対照分析は当時の行動主義と言語学に影響されていたため口頭言語に関心が置かれていたのだが，比較修

辞学は概念と方法論において明らかにこの考え方の影響を受けていた。対照分析の前提のうち，比較修辞学と関連があるものは，以下のようにまとめられる (Gass & Selinker 2001: 72-73 参照)。

(1) 対照分析の基盤は，言語は習慣であり言語学習とは新しい習慣形成であると主張する言語理論である
(2) 第二言語で読み・書き・聴き・話す場合の誤用は主に母語に原因がある
(3) 第一言語と第二言語の違いを考慮することにより誤用を説明できる
(4) 上記(3)からの帰結として，第一言語との違いが大きければ大きいほど多くの誤用が生じる
(5) 第二言語学習に必要なのは第一言語との違いについて学ぶことである。2つの言語の類似点については新たな学習を必要としないので無視してかまわない。言い換えるなら，2つの言語の間で類似していない点が学習されなければならない

対照分析は L2 学習における L1 の役割についての考え方の違いから，強いタイプと弱いタイプに分化した。強いタイプは学習者の母語と第二言語を比較することにより学習者のアウトプットが予測できるとしたが，弱いタイプでは学習者のアウトプットだけが分析され L1 の影響が説明されるとされた。対照分析の強いタイプは L2 学習における L1 の役割についての仮説形成のための道具立てを提供はしたが，L2 学習者のアウトプットデータの実証的な分析は行わなかった。この限界に着目して，対照分析の弱いタイプが拡張され，誤用分析が誕生した。誤用分析は，L1 の言語的特徴を含む誤用の原因を分析するだけでなく，L2 学習者の誤用を広く収集し，分類し，数量化した。

方法論に関しては，対照分析の強いタイプは L1-L2 転移を予測するために 2 つの言語の構造を比較するが，弱いタイプは L2 学習者のアウトプットから L1 の影響を推定するという違いがある。誤用分析はさらに L2 学習者の誤用と目標言語の構造を比較する (Gass & Selinker 2001)。これは比較修辞学研究の方法論に相当する。比較修辞学のテクスト分析では，英語の修辞が規範視されているが，その点を除けば対照分析の強いタイプは比較修辞学と似ている。対照分析の弱いタイプと誤用分析は，L1-L2 転移を予測するた

めに L2 で書かれた英語エッセイの分析(これに母語で書かれた英語エッセイ分析が加わることもある)を行うことと似ている。比較修辞学は、ディスコース・書きことば・文化に着目した点ではユニークだったが、1960年代の言語学界の傾向に矛盾するものではなかった。

　対照分析と誤用分析に関するこのまとめから、比較修辞学は、少なくとも初期段階においてはその時代の学問的な動向—特に比較修辞学の第二の前提(L1-L2 転移)—に沿ったものであったことがわかる。方法論において、比較修辞学は、対照分析および誤用分析と類している。しかし、Connor(2008)などの研究者が指摘するように、比較修辞学の誕生には独自の側面がある。その時代のほとんどの研究の焦点であった話しことばの文あるいは句レベルの特徴ではなく、書きことばの文レベルを超えたディスコースの構造に焦点を置いたことである。以下、もうひとつの独自的側面について論じたい。

3.2　ウォーフの言語相対性

　書きことばに反映された思考パターンの文化差に関する比較修辞学の第一の前提は、1930年代に提唱されたウォーフの言語相対性(もしくは、ベンジャミン・ウォーフと彼の指導者であったエドワード・サピアの名前を取ってサピア・ウォーフ仮説とも呼ばれる)とほぼ同じである。この考えによれば、異なる言語システムは異なる思考パターンや世界観を生み出す。この仮説が Kaplan 自身の考えに影響を与えたのかについては、論議が交わされているが(Matsuda 2001; Ying 2000, 2001)、Kaplan 自身はサピア・ウォーフ仮説の影響についても言及し(Kaplan 1972)、比較修辞学の前提を「新たなウォーフ式言語相対論」と称している(Kaplan 1988: 279, Kowal 1998 参照)。しかしウォーフの言語相対性と比較修辞学の第一の前提がほぼ同じという事実だけから、より広い意味での言語と文化に関する言説について、両者が同じイデオロギーを共有していると推論することはできない。実際のところ、両者に反映されるイデオロギーはきわめて異なっている。この違いを理解するには、文化差がどう概念化されてきたのかを歴史的にも政治的にもきちんと位置づけなければならない。

　ベンジャミン・ウォーフは、アメリカ先住民の言語のひとつであるホピ語の研究で、1930年代から1940年代の初期に有名になった言語学者である。言語が思考を形成するという彼の考えは、しばしば言語決定論を推進するも

のとして批判されているが，彼の考えはそもそも言語と文化に関する偏狭的なヨーロッパ中心主義を批判するためのものであった。彼はヨーロッパ中心主義を「標準的・平均的ヨーロッパ」の言語と思考に基づいているとした。彼は，西洋の自民族中心主義を批判し，言語の多様性と多文化的意識を称揚した(Kowal 1998; Schultz 1990)。しかしながらチョムスキーの生成言語学が人気を博するようになると，ウォーフ式考え方はすたれていった。生成言語学は言語の普遍性と生得性を強調し，言語と思考の文化的側面は強調せずに，ウォーフを言語決定論の提唱者と決めつけた。しかしウォーフの政治的立場は，比較修辞学の概念基盤—英語中心主義・同化主義・本質主義—と鮮やかな対照をなしている。前述したように，研究者はこの比較修辞学の概念枠組みをさまざまな観点から問題視してきた。

4. 比較修辞学の前提に対する批判およびその批判の論拠

これまで整理したように，1960年代からの比較修辞学研究によって生み出された知識の大半は，英語とそれ以外の言語との差異を強調し，アカデミックESLライティングでの負のL1-L2転移も目立たせた。指導面では，英語エッセイの規範的な構造を明示的に教授することと文化差に関する自覚を高めることが主に勧められた。しかしこのようなアプローチは多くの批判にさらされた。その中でも，このアプローチが，文化と言語とESLの書き手を固定的かつ本質主義的に規定してしまうこと，および，同化主義的で規範的であり伝達中心の指導法であることに批判が集中した(批判のまとめはCasanave 2004参照)。

4.1 言語と文化についての多様で複合的で非本質主義的な見解

Leki(1997)，Matsuda(1997)，Spack(1997b)，Zamel(1997)といった研究者は，比較修辞学の単純主義・決定論的・本質主義的傾向を疑問視し，比較修辞学を規範的に教室場面に適用することを批判した。これらの研究者はまた，比較修辞学と関連するFox(1994)，Ramanathan and Kaplan(1996)，Carson(1992)の研究についても，英語(および英語に代表されるアカデミック文化)とESL学習者の母語・母文化の間に明確な境界線が引かれていると批判している。英語ライティングの特徴が直線的・個人主義的・批判思考的・理性的・読み手重視であり，その他の言語のライティングは反対に奇異

で劣った性質を持つという二項対立的な性質が作り上げられたことに批判が向けられている。これらの論客は，それぞれの言語に見られる修辞パターンの多元性・複合性・雑種性に注目し，また，複数の言語と文化の間にある類似性にも目を向けるべきだとした。さらに，学習者の行為主体性にも焦点を当て，学習者を多様な学習経験・主体性・能力を持った個人と見なすべきだともした。たとえばLeki(1997)は，類似性を無視することは，ESLの書き手が持つ言語と文化を奇異なものと見なし，個人としての書き手の行為主体性を軽んじてしまうことにつながると主張した。

　さらなる批判が注目するのは，個々の言語内に観察される多様性である。Y. Kachru(1995, 1997, 1999)は，従来の比較修辞学を批判し，英語の修辞をアメリカとイギリスの英語の規範的パターンと指導モデルに還元してしまうものだとしている。彼女は，「世界英語」(world Englishes)の観点から批判を続け，比較修辞学は，基準として「中心円」(inner circle)の英語(つまり，英語が第一言語である国々での英語)だけにしか焦点を当てておらず，「外周円」(outer circle)の英語(つまり，旧英国・米国植民地の英語)を正当に扱っていないと批判している。Y. Kachru(1997)はインドの英語学習者が書いた間接的なスタイルの英語エッセイを示した上で，英語修辞法の定義をより柔軟にするべきだと提言した。ここで文化差のタイプは，比較修辞学の前提に重なり，二項対立論理に基づく本質主義的なものとして批判されうるが(この点については後に論ずる)，Kachruは英語の多様性に着目することにより，英語を静的かつ均質的と見なす考え方に対して問題提起をしている。「中心円」の読者(編集者や大学教授など)が多様な英語変種のさまざまな慣習に対して自覚を高めるべきだというKachruの提言には，ポストコロニアル批評の要素も明らかにうかがえる。

4.2　歴史的変化への注目

　Y. Kachruはある言語内の多様性にも目を向けているが，そのことによって，何が比較され対照されるべきかという問題が浮かび上がってくる。前述のように，比較修辞学では，理想化された現代英語の構造が，古典的スタイルに本質主義的に還元されたアラビア語や中国語や韓国語や日本語と比較される傾向がある。この比較によりこれらの言語のイメージが他者として奇異なものとなり，言語の可変性が無視される。しかし，政治あるいは言語・文

化間の接触の影響により，言語は時がたつにつれ変化する。八股文は中国の英語学習者が英語エッセイを書く際に影響を与えているとこれまで主張されてきたが(Kaplan 1972)，特に1919年の文学革命での五四運動の後では，八股文は現代中国語の文章にほとんど影響を与えていない(Kirkpatrick 1997; Mohan & Lo 1985)。中国語の文章に儒教がどのような影響を与えたかを歴史的に分析したYou(2008)によると，八股文は規範として使用されていたが，文化革命期に明確な主題と読み手意識に重点が置かれると，糾弾されるようになった。さらにその後，主題は，支配的な政治イデオロギーは残っているものの，政治色の弱いものになっていった。さらにBloch and Chi(1995)は，中国語の古典的な修辞法も決して一枚岩だったわけではなく，むしろさまざまな考え方を受け入れ，中には論理的な議論の進め方と代表的文献の批判的な分析を奨励したものもあったと論じている。Li(2002)は，八股文は中国の高校の作文では影響力を保っているものの，大学レベルのライティングでは，論理・明晰さ・分析・解釈・自分の考えを展開することが強調されているとしている。しかし，最近の中国の中学校の国語教科書を分析してみると，英語ライティングと共通する指導方針，たとえば，読み手と目的を意識すること・明晰さを重視すること・構成をきちんとすること・主題は具体的な詳述で効果的に裏づけることなどの記述も見られた(Kubota & Shi 2005)。

　東アジアの言語のもうひとつの古典的スタイルは，4つのユニットからなる「起承転結」であるが，Hinds(1990)はこれを東アジアの文化に特有のものだとした。しかし，このスタイルの定義は明確に定まっておらず，中国でも日本でもこのスタイルが説明文に影響を与えているという証拠は得られていない(Kirkpatrick 1997; Kubota 1997)。加えて，Cahill(2003)は，3番目のユニットである「転」がトピックを急転させ話の流れが変わってしまうというHindsの説明は説得力がないとしている。「転」は，多様な方法で議論を発展させるためにゆるく機能しているのである。

　これらの研究からすると，古典的な修辞構造が中国語や日本語を母語とする学習者のエッセイに直接反映されているとは言い難い。事実，現代のアカデミック・ライティングは，言語を問わず，英語での学術的ライティングで推奨されている規範的スタイルに収束しているように思える。アラビア語について研究したSa'adeddin(1989)は，学術的ライティングの注意深く練っ

て書かれた視覚的テクストと，即興的で話しことばの特徴が多い聴覚的テクストを区別し，前者は英語のアカデミック・ライティングに似ていると論じている。英米のアカデミック・ライティングの慣習が他の言語に影響を与えていることは，「中心円」で学ぶ海外からの留学生や研究者が学術的ライティングの訓練を英語で受けることと明らかに関連している。学問訓練を英語圏で受けた専門家は，論文を公刊する際に英語はもとより，中国語や韓国語などの母語でも「中心円」英語の慣習に従うことが研究により明らかになっている（Eggington 1987; Shi 2002）。

　アカデミック・ライティングで英語が他の言語に影響を与えていることは，You（2008）が中国語について論じたような歴史的変化が修辞法に生じていることを示している。日本語について歴史的に概観するなら，現代の学術的文章の構造は西洋の修辞法に大きく影響を受けていることがわかる（Kubota 1997）。たとえば，日本の国語科学習指導要領の中での作文指導の傾向を見ると，特に1980年代後半からの改定では，最初に目的と主題を明確に述べることを強調するようになってきた（Kubota 2002a, 2002b; Kubota & Shi 2005）。かくして，日本人の英語学習者が書いた母語エッセイと英語エッセイを比較した最近の研究では，学習者が演繹的なスタイルで書くことを好み実際にもそうしているという結果が得られている（Hirose 2003; Kobayashi & Rinnert 2002, 2007; Kubota 1998a, 1998b; Rinnert & Kobayashi 2007）。

4.3 規範と記述の間のギャップ

　もう1つの問題は，規範としての修辞法と，実際の文章に使われる修辞法とのギャップである。比較修辞学の研究では，英語の修辞法の規範性が当然視されてきた。これにはもちろん教育がからんでいる。つまり，ESL学習者を英語のアカデミック・ディスコースになじませるには，修辞法の形式を明示的に提示することが教育的には最も便利だからである。しかし，「5段落構成」などの典型的なスタイルが，英語の文章で常に好まれ使われているという証拠はほとんどない。カナダとアメリカで出版されている中学校の母語としての英語教科書を分析したShi and Kubota（2007）によれば，主題は必ずしも意見文の序論で述べられているわけではなく，むしろ文章の中間部もしくは最後で述べられていることもある。したがって，学校の作文（特

に小・中学校)で固定的に教えられているスタイルは，英語の書きことば文章の望ましいスタイルの一例にすぎず，巧みに書かれた英語文章のすべてが直線的であるわけでもない(Leki 1997)。事実，5段落構成の文章が指導の目標として常に好まれてきたとは言えない。5段落構成の文章は，学習者の創造性と修辞法の選択肢を制限してしまうと主張する教師や研究者もいる(Shi & Kubota 2007)。同じように，中国と日本の母語指導では英語型の修辞法が奨励されているにもかかわらず，一部の教科書に出てくる読み物教材を見ると英語型の修辞法では書かれていない(Kubota & Shi 2005)。文章と作文の具体的文脈から考えると，はたしてよい文章の普遍的概念とは存在するのか疑問である(Coe & Freedman 1998)。

4.4 批判的比較修辞学

これまで紹介してきた研究は，文化に根ざした修辞法を，歴史を顧みず固定的かつ単純に定義することを批判し，人間の主体性に注目している。これらの研究は，批判的比較修辞学の枠組みで理論化できるだろう。批判的比較修辞学は，いわゆるポスト基礎づけ主義(つまり，ポストモダニズム・ポスト構造主義・ポストコロニアリズム)の批判に基づき，規範的・本質主義的前提を疑い，言語と文化についての知識が社会政治的に構築されることを明らかにし，新たな意味を表現するために言語形式を占有する可能性を提示している(Kubota & Lehner 2004; 本書第7章)。批判的応用言語学および批判的教育学(例：Pennycook 2001)と同様，批判的比較修辞学は，言語・文化・指導・学習に関する通常の理解を問題視し，それらの理解を政治と関連づけ，そのような知に潜む権力の不平等な関係を明らかにし，言説と社会における抑圧的な実践を変革することをめざしている。

ポストモダン的な観点からすると，近代の相対主義は，文化的言語的二項対立を固定的な前提としている点で疑わしい。知識と実践は，社会政治的な場と歴史的な変遷の中で生じるものであり，それゆえ常に流動状態にある。ポストモダニズムは，意味の多元性および言語と文化の雑種性・ディアスポラ性・動態性に着目し，比較修辞学研究によって構築されてきた言語と文化の静的な考え方も含むさまざまな形の本質主義を問題視してきた。

批判的比較修辞学のポスト構造主義的アプローチでは，自己と他者の言語と文化についての知識は，政治や権力関係から独立して先験的に存在するの

ではなく，言説によって構築されるのだと考えられている。この考えにより，比較修辞学研究が修辞法の文化差と英語の優位性についての暗黙の前提をいかに言説的に構築してきたかを精査することができる。さらに，学習者は，L1の修辞法(それが何であれ)をL2の文章に自動的に転移してしまう主体性を欠いた個人ではなく，多数の主体性を持ちながらL1とL2で文章を書く主体として見なされている。

ポストコロニアル的観点からすれば，コロニアリズムの言説は，優れた西洋(例：英語の修辞法)と劣った非西洋(例：他の言語の修辞法)の間の不平等な権力関係を正当化し「他者化」を推し進めるものとして批判の対象となる。そのような権力の不平等関係ならびに自己と他者の概念は，周縁に追いやられた者の中で内面化を起こし(Fanon 1967)，象徴的暴力を生み出す(Bourdieu 1991)。このような世界観は，研究者の個人的偏見によってではなく，学術的言説の内部で構築されることに気づくことが重要である。言語と文化のポストコロニアル的観点により，修辞法を政治的せめぎ合いの場に存在するものとして考えることができ，抵抗するために，権力を持った言語を占有したり文化固有の修辞法を使用したりする可能性が生まれてくる。

総じて言うなら，批判的比較修辞学は，修辞的形式の政治的側面に光を当て，反本質主義的で反英米中心的な探究を実践していくものである。また，書き手としての学習者を，L1とL2の文章における複数の修辞法的規範と主体性をうまく使い分ける主体的な人間と見なすアプローチである。

5. 比較修辞学から異文化間修辞法への最近の発展

比較修辞学への多くの批判に応えて，Ulla Connorは新しいアプローチに関する一連の提言を行った(Connor 2002, 2004, 2008)。比較修辞学が還元主義的で本質主義的であるとの批判に対して，Connorは，「演繹的パターン」対「帰納的パターン」，「直線的文章」対「非直線的文章」，「個人主義」対「集団主義」といった文化と言語の二項対立を超えて，「作文の状況に影響を与えている文化的・社会的・教育的要因の膨大な複雑性を記述する」ことに研究の中心を移すべきだと主張した(Connor 2008: 304)。「ポストモダン」の見取り図として，Connorは以下の3つを掲げている。(1)文章を社会政治的文脈に位置づけるFairclough(1992)のアプローチ(だが，Connorは，Norman Faircloughの研究で代表的な「批判的言説分析」という用語を

使っていない上，権力・イデオロギー・社会変革に対する言語の役割についても述べていない)。(2)国民文化という本質主義的な概念を超えてさまざまな地域の制度に見られる実践を調べる，Holliday(1999)の「小さな文化」対「大きな文化」という考え方，(3)文化間を横断するコミュニケーションを考える「通文化的コミュニケーション(cross-cultural communication)研究」から，民族間のコミュニケーションに注目する「異文化間的(intercultural)研究」への移行(しかし，「通文化的」コミュニケーションと「異民族間的」(interethnic)コミュニケーションの違いははっきりと示されていない)。かくして，Connorはライティング実践の複雑性と動態性に注目することと，研究方法として文章の分析だけでなく書き手と読み手へのインタビューも使用することを提言している。

　新しいアプローチが書きことばでのコミュニケーションの地域的な文脈と流動性に焦点を当てることは，応用言語学一般での最近の傾向にかなっているが，比較修辞学を批判する多くの研究者が持ってきた批判的な切れ味や視点——つまり，言語・文化・教育実践などのさまざまなカテゴリーに見られる権力の不平等な関係や言説による文化差の構築を問題視する立場——が欠落している。ConnorがKaplanの最新の論文(2005)をこの分野の進展として是認していることからも，基本的な前提が変わっていないことがわかる。Kaplan(2005)で提唱されたモデルは，ジャンル・目的・文章作法・共有されている経験などを媒介にした，書き手と読み手とテクストの間の相互作用を扱っている点で，以前の概念図式よりも確かに複雑ではある。しかし，このモデルが前提としているのは言語Aと言語Bの非互換性であり，それゆえにL2の書き手は目標言語の文章作法の知識が欠落しているとされている。この見解は本質的に，長い間批判の的となっている文化・言語的二項対立と能力欠如説を反映したものであり，教育の場において有効活用できる学習者の文化的資源である「知識の資産」(Moll et al. 1992)といった概念に見られるエンパワーメントの観点を取ってはいない。さらに，グローバリゼーションが進行するにつれ，国際コミュニケーションはますます間接性よりも直接性を好むような英語を基盤とするスタイルに収束してきており(Cameron 2002)，2つの言語システム間の絶対的非互換性を主張することは難しくなってきている。

　確かに比較修辞学が多様化し，研究範囲を拡大し，コーパス分析やさまざ

まなジャンル，さらにインタビュー調査で明らかにされる社会的文脈までも含むようになったのは事実である(Connor 2004)。Connorらによって編集された最近の書(2008)では，ビジネスレター・研究予算申請書・新聞の社説や論説・学術書の書評といったジャンルも研究されている。さらに同言語内の修辞的多様性(Y. Kachru 1995, 1997, 1999)も扱われるようになり，アメリカとイギリスの学習者の書く英語の違いに関する論文(Ädel 2008)や，メキシコシティ・マドリード・ニューヨーク・ロサンゼルスで出版されたスペイン語新聞の社説の違いについての論文(Pak & Acevedo 2008)も掲載されている。

　しかし，より狭いカテゴリーあるいは「小さな文化」(Holliday 1999)に焦点を絞って差異を探そうとしたところで，本質主義から逃れることはできない。なぜなら，「小さな文化」たとえば英語の変種もそれぞれの相違が本質主義的に記述されうるからだ。この書には剽窃に関する批判的視点(Bloch 2008)や，政治との関連から見た中国の修辞法の歴史的変化(You 2008)といった多様な研究が収録され批判的観点も取り上げられてはいるが，データを用いた多くの研究の結論は，いまだに書きことばの文化差に焦点を当てたものである。たとえば，英語とロシア語でのビジネス文書の研究をまとめたWolfe(2008)は，権力関係の中での距離の取り方，不確実性の回避，「個人主義」対「集団主義」，「男性的特徴」対「女性的特徴」といった観点で境界線を引くHofstede(1984)の文化的次元論を採択している。分析の結果，文化差が見出された。つまり，アメリカ人に英語でビジネス文を書くロシア語話者は，ロシア語の慣習を転移させコミュニケーション上の誤解を生じさせる傾向があると結論づけられている。修辞法の差を説明するために，いまだにこのような従来の文化的二項対立が用いられているのならば，これを新しいアプローチと呼べるのか疑問を抱かざるを得ない。さらに，コミュニケーション上の誤解の原因は，英語慣習を用いないロシア人ビジネスマンだけにあると言われ，その逆が主張されることは決してないのはどうしてだろうか。ここで問うべきは，Connorが提唱している修辞法への動態的で非本質主義的アプローチが，依然としてポストモダン的ではないモダニズムの枠組みの中にあるのではないか，そして文化(もしくは小さな文化)間の差についての客観的な真理を探し続けているのではないか，また，分野の名称変更はパラダイム・チェンジではなく，うわべだけの変化にすぎないのではないか，ということである。

どんな研究分野も新しい知識を生み出すべきである。比較修辞学は確かに異論を招いたが，作文における文化の問題について光を当ててきたことは事実だ。しかし，比較修辞学研究にはひとつ特有の側面がある。それは英語以外の言語の修辞法の変化に与えた影響である。これは学術研究が社会的・イデオロギー的影響力を持つことを示している。次の節ではそれについて述べたい。

6. 比較修辞学が修辞法の変化に与えたイデオロギー的影響

　前述のように，日本語では最近，英語型のコミュニケーションが推奨されている。この変化は，日本語と英語の間に言語的・文化的差異があるという認識に影響された結果だと言えるかもしれない。日本の言語教育者は実際，比較修辞学の前提を当然として文化差を強調し，グローバル化した世界で効果的にコミュニケーションを行うためには日本語が改善されなければならないと主張してきた。Kaplan(1966)のモデル図を引用して思考パターンに文化差があることを指摘し，ますます国際化するコミュニケーションの舞台で日本人が意見や見解を明晰で説得力をもって表現するには，英語型で文章を作らなければならないとされた(Kubota 2002b 参照)。英語型の修辞法への傾倒は，日本の国語科教科書に反映されている。Kubota and Shi(2005)が示すように，これらの教科書は英語の慣習に沿った文章の書き方を勧めている。さらに，最近の研究では日本人学習者は演繹的スタイルで書く傾向があることが示されているが，このことからすれば，「帰納的で間接的なスタイルは，国際的なコミュニケーションの障害となっており，日本語の書きことば(そして話しことば)の文章は，英語の文章のようにするべきだ」という言説が，比較修辞学研究で構築された知識によって促進されたのかもしれない。これが示唆するのは，比較修辞学という研究は，文化と言語のパターンを見い出すための中立的な試みだけではないということである。むしろ比較修辞学研究によって構築された知識は，さまざまな言語と文化を一定の範囲に閉じ込め，肯定的から否定的までの価値づけをし，どの言語・文化が他の言語・文化よりも優位で望ましいのかを判断する際に影響を与え，言語・文化の変化を促しているのだ。

　言語間の価値の相違はグローバルな権力構造と関係していることは確実である。英語は，最も特権的な国際共通語であり「素晴らしいことば」

(Pennycook 1998: 133)であると考えられている。さらに西洋のアングロサクソン圏で生み出された比較修辞学などの学術的知識は，覇権的な力を持っている(Scheurich 1997; Willinsky 1998)。したがって，たとえて言うなら，メキシコ政府からの予算で西洋圏の研究者がメキシコに来て，メキシコでのライティング教育の現状について比較修辞学的研究(LoCastro 2008)をしたとしよう。その結果，L1とL2の両方でライティング教育が不十分であると結論づけたとすると，メキシコ政府はスペイン語の文章の特徴(たとえば，文が長く，等位構造関係が厳密でなく，語のつながりを示す表現が少ないといった傾向)を維持するべきだと感じるだろうか。それともL1でもL2でも英語型のライティング教育を導入しようとするだろうか。

　ただ，世界中のあらゆる言語が西洋的知識もしくは一般に好まれている修辞スタイルを必ずしも採択するというわけではない。ポストコロニアル社会においては，英語は宗教的・文化的アイデンティティを表すために占有され，国家形成という政治的目的のために使われている。たとえば，現代のパキスタンの英語教科書では，伝記などのジャンルにおいて，事実の伝達よりもイスラム信仰への言及を優先させている部分がある(Mahboob 2009)。ここでは宗教的・文化的アイデンティティを表現するため，非英語型の修辞が意図的に英語の文章で使われている。従来の比較修辞学の観点からするなら，これは独自の「文化的」思考パターンの反映だと判断されるだろう。しかし，文化の定義については議論が必要だ。文化は，客観的で不変の原初的なカテゴリーとして考えられるべきだろうか，それとも政治やイデオロギーを通じて言説により構築されるものとして考えられるべきだろうか(Kubota 1999; 本書第1章)。さらに関連して修辞規範は言語や文化的特徴によって決められるのだろうか，それとも，国家の政治とイデオロギーによって影響される教育機構が，規範を押しつけているのだろうか(Kramsch 2004)。もしパキスタンの国家主義的な学者がパキスタン英語の修辞法の独自性を強調するとしたら，それは文化的独自性の証拠として解釈されるべきなのだろうか，それともアイデンティティ・ポリティクス(抑圧された集団の本質的アイデンティティの表出)として解釈されるべきなのだろうか。

　文化固有の修辞法を記述することの問題点は，比較修辞学研究の根本目的は何か，そして研究の展望はどうなるのかという問いを投げかける。この研究分野はもともと教育的ニーズに応えるため発展してきた。しかし，英語以

外の修辞的特徴が劣るものとして暗黙的に描かれたときに，隠れたメッセージが生まれた。形式に注目したライティング教育，たとえば，主題は明確かつ効果的に序論で述べるといった規範が，学習者の修辞的構成に与えたインパクトを調べる研究(例：Petrić 2005)は，その種の介入が効果的であることを確かめ，英語型の構成を用いることが望ましいという考えを強化しているのかもしれない。英語のアカデミック・ライティングの修辞的特徴の指導は，母語のライティング・スタイルを捨てさせることを意図していないと比較修辞学の研究者は主張するだろうが，非英米圏の人々，たとえば学習者・教師・教育政策決定者はそのような主張には納得できないかもしれない。もしあるジャンル(アカデミック・ライティングやビジネス・ライティングなど)の修辞構造が本当に世界中で均一化されているのなら，比較修辞学研究は自らの研究の中核的動機を失ってしまうのだろうか。それとも極小の言語共同体の中に「エキゾチックな」修辞法慣習を見つけようとし続けるのだろうか。比較修辞学研究は書きことばの言説的特徴の政治的側面についてさらに探究するのだろうか。比較修辞学研究の社会的責任とは何なのだろうか。

7．教師・学習者・研究者への示唆

　これまでの議論から明らかなように，比較修辞学については多くの議論が必要である。しかしその議論は，どのように文化と言語の違いを把握すればよいか批判的に考える機会を教師に与えてくれる。英語圏の教師は，文化の違いを簡単に無視して，英語ライティングを学ぶ留学生や移民学習者に英語文章の規範を押しつけがちである。さらに，学習者の言語と文化を本質主義的に捉え，主流の言語・文化と「他者」の間に明確な境界線を引いてしまいがちである。文化の違いを認識しようとする態度は善意であることが多い。比較修辞学の当初の教育的動機もそうだった。しかし，文化的差異を注視することには，「他者化」というリスクが隠れており，L2学習者を子ども扱いして，彼らの言語と文化をL2ライティング学習の妨げになる劣ったものと見てしまうリスクもある。比較修辞学を批判する多くの研究者が言うように，L2学習者の母語と母語での経験を認識・肯定し，彼らのライティングはエキゾチックな「文化」の裏返しなのではなく，教育実践，身近にある政治とイデオロギー，そしてグローバリゼーション時代の超国家的言説に強い影響を受けていることを理解することが重要である。典型的な英語の文章と

は異なる構成で書かれたエッセイに出会ったとき，教師はその文章に影響を与えている多くの要因を考慮する必要がある。それは，たとえば母語の作文能力かもしれないし，第二言語熟達度や，ある特定のジャンルでのL1・L2でのライティング経験かもしれない。あるいは教師自身の文化差に関する信念かもしれない。いずれにせよ，違いをひとえに学習者の文化のせいだと決めつけることは避けるべきである。

　第二言語ライティングの分野で，文化・言語・学習者に対して反本質主義的なアプローチを取ることで，教育場面において文化一般を批判的に理解することができるようになるかもしれない。たとえば，第二言語としての英語学習者に見られる文化的特徴についての解説書には(例：Ariza 2006)，指導と学習において文化を理解することは重要だと説かれているのだが，すべての学習者が同種の知識・技能・主体性・社会慣習を持っているわけではないし，ある民族や言語集団に属する人々をひとつの文化的鋳型に押し込むべきでもない。本質主義的アプローチは，還元主義的あるいは固定的に人々の行動を説明する。固定的な文化観に従って当然視されている人々の分類カテゴリーを受け入れるのではなくて，個人を政治的状況下の複雑な権力構造に位置づけることによって，一見，文化的差異と見えるものを批判的に考察することが重要である。

　ここでひとつ重要なのは，文化差の概念理解は，互いに矛盾しているようで共存している2つのリベラル言説——文化差を賛美する言説と肌の色や違いを見ないようにする言説(Kubota 2004; Larson & Ovando 2001; 本書第4章)——によって影響を受けやすいことだ。一方で，多くの教育機関が，国際フェスティバルや文化イベントなどを開催することで文化差を賛美する。しかし，そのような賛美は多くの場合，食べ物・ファッション・民族舞踊といった表面的な要素だけに注目している。他方では，文化差を賛美する教育者であっても，同時に教育場面において人種・文化・個人の差を軽視しているかもしれない。このような教育者は，文化や肌の色は重要ではなく，だれもが同じであり，ゆえに主流の教授法はどんな学習者に対しても有効であると考えられがちである。しかしこのアプローチは同化主義的であり，以前から存在する不平等をそのまま継続させてしまう。ライティングでの文化差を強調する教師は，修辞法慣習の違いを教室では肯定的に語るかもしれないが，その一方で，英語のアカデミック・ライティングを教える際には，定型

的な英米の修辞法を押しつけるかもしれない。学習者が主流のディスコース共同体に適応する必要がある以上(Delpit 1995)，主流の修辞法を教えることはそれ自体，問題ではない。しかし，その修辞法を学ぶ目的と文化差という概念の根底にある政治性やイデオロギー性については熟考しなければならない。つまり，問われるのは修辞・イデオロギーの点で支配的共同体に無批判に同化するのか，それとも，権力を持つ修辞法を占有し，不平等な文化・言語・人種間のヒエラルキーに抵抗し，それを批判して新しい言説空間を創り出すか，という問題である。

　比較修辞学は，議論を呼ぶ研究分野であるが，異文化教育に関してさまざまな示唆を生み出している。特に，言語と文化はどのように概念化されるのか，どのように政治とイデオロギーがライティング教育に関わってくるのか，言語的・文化的推移についての問いかけはどのような役割を果たすべきかといった問題が示唆される。文化と言語の差異に関する問いかけは私たちの世界観に大きな影響を与えるが，その世界観は，文化と言語の既存権力関係を是認するものであったり疑問視するものであったりする。教師と教育関係者は，批判的な視点と絶えざる省察を通して，このような問いかけをしていく必要があろう。

参考文献

≪英語文献≫

Ädel, A.(2008). Metadiscourse across three varieties of English: American, British, and advanced-learner English. In U. Connor, E. Nagelhout, & M. V. Rozycki (Eds.), *Contrastive rhetoric: Reaching to intercultural rhetoric* (pp. 45-62). Amsterdam, The Netherlands: John Benjamins.

Adger, C. T., Christian, D., & Taylor, O.(1999). *Making the connection: Language and academic achievement among African American students.* Washington, D.C.: Center for Applied Linguistics.

Allen, T. W.(1994). *The invention of the white race. Vol. 1. Racial oppression and social control.* London: Verso.

Allen, T. W.(1997). *The invention of the white race. Vol. 2. The origin of racial oppression in Anglo-America.* London: Verso.

Amin, N.(1997). Race and the identity of the nonnative ESL teacher. *TESOL Quarterly, 31*, 581-583.

Amin, N.(1999). Minority women teachers of ESL: Negotiating white English. In G. Braine (Ed.), *Non-native education in English language teaching* (pp. 93-104). Mahwah, NJ: Lawrence Erlbaum.

Amin, N.(2000). *Negotiating nativism: Minority immigrant women ESL teachers and the native speaker construct* (Unpublished doctoral dissertation). Ontario Institute for Studies in Education, University of Toronto, Ontario, Canada.

Amin, N.(2004). Nativism, the native speaker construct, and minority immigrant women teachers of English as a second language. In L. Kamhi-Stein (Ed.), *Learning and teaching from experience: Perspectives on nonnative English-speaking professionals* (pp. 61-80). Ann Arbor: University of Michigan Press.

Anderson, B.(2006). *Imagined communities: Reflections on the origin and spread of nationalism.* London: Verso.

Anderson, W., Best, C., Black, A., Hurst, J., Miller, B., & Miller, S.(1990). Cross-curricular underlife: A collaborative report on ways with academic words. *College Composition and Communication, 41*, 11–36.

Anthias, F., & Yuval-Davis, N.(1992). *Racialized boundaries: Race, nation, gender colour and class and the anti-racist struggle.* London: Routledge.

Applebee, A. N.(1996). *Curriculum as conversation: Transforming traditions of teaching and learning.* Chicago, IL: University of Chicago Press.

Ariza, E. N.(2006). *Not for ESOL Teachers: What every classroom teacher needs to know about the linguistically, culturally, and ethnically diverse student.* Boston, MA: Pearson Education.

Association of American Colleges.(1985). *Integrity in the college curriculum: A report to the academic community.* Washington, DC: Author.

Atkinson, D.(1997). A critical approach to critical thinking in TESOL. *TESOL Quarterly, 31*, 71-94.

Atkinson, D.(1999). TESOL and culture. *TESOL Quarterly, 33*, 625–654.

Atkinson, D., & Ramanathan, V. (1995). Cultures of writing: An ethnographic comparison of

L1 and L2 university writing/language programs. *TESOL Quarterly, 29*, 539-568.

Auerbach, E. R.(1993). Reexamining English Only in the ESL classroom. *TESOL Quarterly, 2*, 9-32.

Auerbach, E. R.(1995). The politics of the ESL classroom: Issues of power in pedagogical choices. In J. Tollefson (Ed.), *Power and inequality in language education* (pp. 9-33). New York: Cambridge University Press.

Austin, T.(1998, March). *Initial stages in learning how to "happyo": Ethnographic observations in Japanese elementary schools classrooms*. Paper presented at the 13th Annual Conference of the Southeast Association of Teaches of Japanese, Chapel Hill, NC.

Baker, D. P.(1997a). Good news, bad news, and international comparisons: Comment on Bracey. *Educational Researcher, 26*(3), 16–17.

Baker, D. P.(1997b). Surviving TIMSS: Or, everything you blissfully forgot about international comparisons. *Phi Delta Kappan, 79*, 295–300.

Ballard, B., & Clanchy, J.(1991). Assessment by misconception: Cultural influences and intellectual tradition. In L. Hamp-Lyons (Ed.), *Assessing second language writing in academic contexts* (pp. 19–36). Norwood, NJ: Ablex.

Bangou, F., & Wong, S. (2009). Race and technology: Where is the access? In R. Kubota & A. Lin (Eds.), *Race, culture, and identities in second language education: Exploring critically engaged practices* (pp. 158-176). New York: Routledge.

Banks, J. A.(1996). *Multicultural education, transformative knowledge, and action: Historical and contemporary perspectives*. New York: Teachers College Press.

Banks, J. A.(1999). *An introduction to multicultural education* (2nd ed.). Boston, MA: Allyn & Bacon.

Bashir-Ali, K.(2006). Language learning and the definition of one's social, cultural, and racial identity. *TESOL Quarterly, 40*, 628-639.

BBC Online.(2001). World inequality. Retrieved October 18, 2002, from http://news.bbc.co.uk/hi/ english/business/newsid_1442000/1442073.stm

Bean, J., Eddy, R., Grego, R., Irvine, P., Kutz, E., Matsuda, P. K.,...Lehner, A. (2003). Should we invite students to write in home languages? Complicating the yes/no debate. *Composition Studies, 31*, 25–42.

Beebe, L. M., & Takahashi, T.(1989). Sociolinguistic variation in face-threatening speech acts: Chastisement and disagreement. In M. R. Eisenstein (Ed.), *The dynamic interlanguage: Empirical studies in second language variation* (pp. 199-218). New York: Plenum Press.

Belcher, D. D.(1995). Writing critically across the curriculum. In D. Belcher & G. Braine (Eds.), *Academic writing in a second language: Essays on research and pedagogy* (pp. 135–154). Norwood, NJ: Ablex.

Belcher, D. D.(1997). An argument for nonadversarial argumentation: On the relevance of the feminist critique of academic discourse to L2. *Journal of Second Language Writing, 6*, 1–21.

Belcher, D. D.(2001). Does second language writing theory have gender? In T. Silva & P. K. Matsuda (Eds.), *On second language writing* (pp. 59–71). Mahwah, NJ: Lawrence Erlbaum Associates.

Belcher, D. D., & Connor, U.(Eds.).(2001). *Reflections on multiliterate lives.* Clevedon, UK: Multilingual Matters.

Belcher, D. D., & Hirvela, A.(2001). Voice in L2 writing [Special issue]. *Journal of Second Language Writing, 10,* 1–2.

Benesch, S.(1993). ESL, ideology, and the politics of pragmatism. *TESOL Quarterly, 27,* 705-716.

Benesch, S.(1999). Thinking critically, thinking dialogically. *TESOL Quarterly, 33,* 573-580.

Benesch, S.(2001). *Critical English for academic purposes: Theory, politics, and practice.* Mahwah, NJ: Lawrence Erlbaum Associates.

Bennett, W. J.(1984). *To reclaim a legacy: A report on the humanities in higher education.* Washington, DC: National Endowment for the Humanities.

Benson, P.(1997). The philosophy and politics of learner autonomy. In P. Benson & P. Voller (Eds.), *Autonomy & independence in language learning* (pp. 18–34). London: Longman.

Berlin, J.(1988). Rhetoric and ideology in the writing class. *College English, 50,* 477-494.

Berliner, D. C.(1993). Mythology and the American system of education. *Phi Delta Kappan, 74,* 632–640.

Berliner, D. C., & Biddle, B. J.(1995). *The manufactured crisis: Myths, fraud, and the attack on America's public schools.* White Plains, NY: Longman.

Berliner, D. C., & Biddle, B. J.(1996). Making molehills out of molehills: Reply to Lawrence Stedman's review of The manufactured crisis. *Education Policy Analysis Archives, 4*(3). Retrieved May 5, 2000, from http://epaa.asu.edu/ojs/article/view/624/746

Bhabha, H. K.(1994). *The location of culture.* New York: Routledge.

Blaut, J. M.(1993). *The colonizer's model of the world: Geographical diffusionism and Eurocentric history.* New York: Guilford Press.

Bloch, J.(2008). Plagiarism in an intercultural rhetoric context: What we can learn about one from the other. In U. Connor, E. Nagelhout, & M. V. Rozycki (Eds.), *Contrastive Rhetoric: Reaching to Intercultural Rhetoric* (pp. 257-273). Amsterdam, The Netherlands: John Benjamins.

Bloch, J., & Chi, L.(1995). A comparison of the use of citations in Chinese and English academic discourse. In D. Belcher & G. Braine (Eds.), *Academic writing in a second language: Essays on research and pedagogy* (pp. 231–274). Norwood, NJ: Ablex.

Bloom, A.(1987). *The closing of the American mind: How higher education has failed democracy and impoverished the souls of today's students.* New York: Simon & Schuster.

Bonilla-Silva, E.(2003). *Racism without racists: Color-blind racism and the persistence of racial inequality in the United States.* Lanham, MD: Rowman & Littlefield.

Bourdieu, P.(1984). *Distinction: A social critique of the judgment of taste.* Cambridge, MA: Harvard University Press.

Bourdieu, P.(1986). The forms of capital. In J. G. Richardson (Eds.), *Handbook of theory and research for the sociology of education* (pp. 241-258). New York: Greenwood Press.

Bourdieu, P.(1991) *Language and symbolic power.* Cambridge, MA: Harvard University Press.

Bourdieu, P., Passeron, J.-C., & Martin, M.(1994). *Academic discourse: Linguistic misunderstandings and professorial power.* Cambridge, UK: Polity Press.

Boyer, E. L.(1984). *High school: A report on secondary education in America.* New York: Harper & Row.

Boyer, E. L.(1987). *College: The undergraduate experience in America.* New York: Harper & Row.

Bracey, G. W.(1993). The third Bracey report on the condition of public education. *Phi Delta Kappan, 75,* 104–117.

Bracey, G. W.(1996a). Asian and American schools again. *Phi Delta Kappan, 77,* 641–642.

Bracey, G. W.(1996b). International comparisons and the condition of American education. *Educational Researcher, 25*(1), 5–11.

Bracey, G. W.(1997a). Japanese education system is a failure, say some Japanese. *Phi Delta Kappan, 79,* 328–330.

Bracey, G. W.(1997b). On comparing the incomparable: A response to Baker and Stedman. *Educational Researcher, 26*(3), 19–26.

Bracey, G. W.(1998). TIMSS: The message and the myths. *Principal, 77*(3), 18–22.

Braine, G.(Ed.).(1999) *Non-native education in English language teaching.* Mahwah, NJ: Lawrence Erlbaum Associates.

Brutt-Griffler, J.(2002). *World English: A study of its development.* Clevedon, UK: Multilingual Matters.

Butler, J.(1990). *Gender trouble: Feminism and the subversion of identity.* New York: Routledge.

Cahill, D.(2003). The myth of the "turn" in contrastive rhetoric. *Written Communication, 20,* 170–194.

Cai, J.(1995). *Cognitive analysis of U. S. and Chinese students' mathematical performance on tasks involving computation, simple problem solving, and complex problem solving* (Journal for Research in Mathematics Education Monograph No. 7). Reston, VA: National Council of Teachers of Mathematics.

Callis Buckley, L.(2001). Culture specific learning strategies. *Intercultural Communication Interest Section, 4*(4), 2-5.

Cameron, D.(1992). *The feminist critique of language* (2nd ed.). London: Routledge.

Cameron, D.(2002). Globalization and the teaching of "communication skills". In D. Block & D. Cameron (Eds.), *Globalization and language teaching* (pp. 67-82). London: Routledge.

Canagarajah, A. S.(1993). Critical ethnography of a Sri Lankan classroom: Ambiguities in student opposition to reproduction through ESOL. *TESOL Quarterly, 27,* 601-626.

Canagarajah, S.(1995). From critical research practice to critical research reporting. *TESOL Quarterly, 29,* 321–331.

Canagarajah, A. S.(1996). "Non-discursive" requirements in academic publishing, material resources of periphery scholars, and the politics of knowledge production. *Written Communication, 48,* 435–472.

Canagarajah, A. S.(1999). *Resisting linguistic imperialism in English teaching.* Oxford, UK: Oxford University Press.

Carson, J. G.(1992). Becoming biliterate: First language influences. *Journal of Second Language Writing, 1,* 37-60.

Carson, J. G.(2001). Second language writing and second language acquisition. In T. Silva &

P. K. Matsuda (Eds.), *On second language writing* (pp. 191–199). Mahwah, NJ: Lawrence Erlbaum Associates.

Carson, J. G., & Nelson, G. L.(1994). Writing groups: Cross-cultural issues. *Journal of Second Language Writing, 3*, 17-30.

Carson, J. G., & Nelson, G. L.(1996). Chinese students' perceptions of ESL peer response group interaction. *Journal of Second Language Writing, 5*, 1-19.

Casanave, C. P.(1992). Cultural diversity and socialization: A case study of a Hispanic woman in a doctoral program in sociology. In D. E. Murray (Ed.), *Diversity as resource: Redefining cultural literacy* (pp. 148–182). Alexandria, VA: TESOL.

Casanave, C. P.(2004). *Controversies in second language writing: Dilemmas and decisions in research and instruction*. Ann Arbor: The University of Michigan Press.

Chiseri-Strater, E.(1991). *Academic literacies: The public and private discourse of university students*. Portsmouth, NH: Boynton/Cook.

Chu, H-C. J., Swaffar, J., & Charney, D. H.(2002). Cultural representations of rhetoric conventions: The effects on reading recall. *TESOL Quarterly, 36*, 511-541.

Clancy, P. M.(1986). The acquisition of communicative style in Japanese. In B. B. Schieffelin & E. Ochs (Eds.), *Language socialization across cultures* (pp. 213-250). Cambridge, UK: Cambridge University Press.

Clark, R., & Ivanic, R.(1997). *The politics of writing*. London: Routledge.

Clifford, J.(1988). *The predicament of culture: Twentieth-century ethnography, literature, and art*. Cambridge, MA: Harvard University Press.

Coe, R. M., & Freedman, A.(1998). Genre theory: Australian and North American approaches. In M. L. Kenney (Ed.), *Theorizing composition: A critical sourcebook of theory and scholarship in contemporary composition studies* (pp. 136-147). Westport, CT: Greenwood.

Collins, P. H.(1990). *Black feminist thought: Knowledge, consciousness and the politics of empowerment*. Boston, MA: Unwin Hyman.

Comfort, J. R.(2001). African-American women's rhetorics and the culture of Eurocentric scholarly discourse. In C. G. Panetta (Ed.), *Contrastive rhetoric revisited and redefined* (pp. 91–104). Mahwah, NJ: Lawrence Erlbaum Associates.

Connor, U.(1996). *Contrastive rhetoric: Cross-cultural aspects of second-language writing*. Cambridge, UK: Cambridge University Press.

Connor, U.(2002). New directions in contrastive rhetoric. *TESOL Quarterly, 36*, 493–510.

Connor, U.(2004). Intercultural rhetoric research: Beyond texts. *Journal of English for Academic Purposes, 3*, 291-304.

Connor, U.(2008). Mapping multidimensional aspects of research. In U. Connor, E. Nagelhout, & M. V. Rozycki (Eds.), *Contrastive rhetoric: Reaching to intercultural rhetoric* (pp. 299-315). Amsterdam, The Netherlands: John Benjamins.

Connor, U., Nagelhout, E., & Rozycki, W. V.(Eds.).(2008). *Contrastive rhetoric: Reaching to intercultural rhetoric*. Amsterdam, The Netherlands: John Benjamins.

Cope, B., & Kalantzis, M.(Eds.).(1993). *The powers of literacy: A genre approach to teaching writing*. Philadelphia, PA: University of Pittsburgh Press.

Crawford, J.(2000). *At war with diversity: US language policy in an age of anxiety*. Clevedon,

UK: Multilingual Matters.
Cuban, L.(1993). *How teachers taught: Constancy and change in American classrooms 1890–1990* (2nd ed.). New York: Teachers College Press.
Cumming, A.(1989). Writing expertise and second language proficiency. *Language Learning, 39*, 81–141.
Cummins, J.(2000). *Language, power and pedagogy: Bilingual children in the crossfire.* Clevedon, UK: Multilingual Matters.
Cummins, J.(2001). *Negotiating identities: Education for empowerment in a diverse society* (2nd ed.). Los Angeles, CA: California Association for Bilingual Education.
Curtis, A., & Romney, M.(Eds.).(2006). *Color, race and English language teaching: Shades of meaning.* Mahwah, NJ: Lawrence Erlbaum Associates.
Dale, P.(1986). *The myth of Japanese uniqueness.* London: Croom Helm.
Darder, A., & Torress, R. D.(2004). *After race: Racism after multiculturalism.* New York: New York University Press.
Davidson, B. W.(1998). Comments on Dwight Atkinson's "A critical approach to critical thinking in TESOL: A case for critical thinking in the English language classroom". *TESOL Quarterly, 32*, 119-123.
Davis, K. A., & Skilton-Sylvester, E.(2004). Looking back, taking stock, moving forward: Investigating gender in TESOL. *TESOL Quarterly, 38*, 381-404.
Delgado, R.(2000). Storytelling for oppositionists and others: A plea for narrative. In R. Delgado & J. Stefancic (Eds.), *Critical race theory: The cutting edge* (pp. 60-70). Philadelphia, PA: Temple University Press.
Delgado, R., & Stefancic, J.(Eds.).(1997). *Critical white studies: Looking behind the mirror.* Philadelphia, PA: Temple University Press.
Delgado, R., & Stefancic, J.(2001). *Critical race theory: An introduction.* New York: New York University Press.
Delpit, L.(1986). Skills and other dilemmas of a progressive black educator. *Harvard Educational Review, 56*, 379-385.
Delpit, L.(1988). The silenced dialogue: Power and pedagogy in educating other people's children. *Harvard Educational Review, 58*, 84–102.
Delpit, L.(1995). *Other people's children: Cultural conflict in the classroom.* New York: The New Press.
Derman-Sparks, L.(1998). Educating for equality: Forging a shared vision. In E. Lee, D. Menkart, & M. Okazawa-Rey (Eds.), *Beyond heroes and holidays: A practical guide to K-12 anti-racist, multicultural education and staff development* (pp. 2-6). Washington, DC: Network of Educators and Americas.
Dilg, M. A.(1999). *Race and culture in the classroom: Teaching and learning through multicultural education.* New York: Teachers College Press.
Donahue, R. T.(1998). *Japanese culture and communication: Critical cultural analysis.* Lanham, MD: University Press of America.
Duster, T.(2005). Race and reification in science. *Science, 307*, 1050-1051.
Dyer, B., & Friederich, L.(2002). The personal narrative as cultural artifact: Teaching

autobiography in Japan. *Written Communication, 19*, 265–296.

Easley, J., & Easley, E.(1981). *Kitaemono School as an environment in which children study mathematics themselves.* (Unpublished report). University of Illinois, Bureau of Education Research, Champaign.

Edgerton, S. H.(1996). *Translating the curriculum: Multiculturalism into cultural studies.* New York: Routledge.

Eggington, W. G.(1987). Written academic discourse in Korean: Implications for effective communication. In U. Connor & R. B. Kaplan (Eds.), *Writing across languages: Analysis of L2 text* (pp. 153-168). Reading, MA: Addison-Wesley.

Ehrlich, S.(1997). Gender as social practice: Implications for second language acquisition. *Studies in Second Language Acquisition, 19*, 421–446.

Ellsworth, E.(1997). Double binds of whiteness. In M. Fine, L. Weis, L. Powell, & L. M. Wong (Eds.), *Off white: Readings on race, power, and society* (pp. 259-269). New York: Routledge.

Emig, J.(1971). The composing process of twelfth graders (NCTE research report no. 13). Urbana, IL: National Council of Teachers of English.

Fairclough, N.(1992). *Discourse and social change.* Cambridge, UK: Polity Press.

Fanon, F.(1967). *Black skin, white masks.* New York: Grove Weidenfeld.

Fine, M., & Weis, L.(1993). *Beyond silenced voices: Class, race and gender in United States schools.* Albany: State University of New York.

Fine, M., Weis, L., Powell, L. C., & Wong, L. M.(Eds.).(1997). *Off white: Readings on race, power, and society.* New York: Routledge.

Foucault, M.(1980). *Power/knowledge: Selected interviews and other writings 1972–1977.* New York: Pantheon.

Foucault, M.(1990). *The history of sexuality. Vol. 1. An introduction.* New York: Vintage Books.

Fox, H.(1994). *Listening to the world: Cultural issues in academic writing.* Urbana, IL: National Council of Teachers of English.

Frankenberg, R.(1993). *White women, race matters: The social construction of whiteness.* Minneapolis: University of Minnesota Press.

Franklin, W.(2000). Students at promise and resilient: A historical look at risk. In M. S. Sanders (Ed.), *Schooling students placed at risk: Research, policy, and practice in the education of poor and minority adolescents* (pp. 3-17). Mahwah, NJ: Lawrence Erlbaum Associates.

Freire, P.(1993). *Pedagogy of the city.* New York: Continuum.

Freire, P.(1998). *Pedagogy of the oppressed.* New York: Continuum Press. （三砂ちづる訳『被抑圧者の教育学』亜紀書房，2011年）

Freire, P., & Macedo, D.(1987). *Literacy: Reading the word and the world.* South Hadley, MA: Bergin & Garvey.

Fujita, M., & Sano, T.(1988). Children in American and Japanese day-care centers: Ethnography and reflective cross-cultural interviewing. In H. T. Trueba & C. Delgado-Gaitán (Eds.), *School and society: Learning content through culture* (pp. 73–97). New York: Praeger.

Fullinwider, R. K.(Ed.).(1996). *Public education in a multicultural society: Policy, theory, and critique*. Cambridge, UK: Cambridge University Press.

Fuss, D.(1989). *Essentially speaking: Feminism, nature & difference*. New York: Routledge.

Gass, S., & Selinker, L.(2001). *Second language acquisition: An introductory course* (2nd ed.). Mahwah, NJ: Lawrence Erlbaum Associates.

Gee, J. P.(1996). *Social linguistics and literacies: Ideology in discourses* (2nd ed.). London: Taylor & Francis.

Gieve, S.(1998). Comments on Dwight Atkinson's "A critical approach to critical thinking in TESOL: A reader reacts.... *TESOL Quarterly, 32*, 123-129.

Gimenez, M. F.(1989). Silence in the classroom: Some thoughts about teaching in the 1980s. *Teaching Sociology, 17*, 184-191.

Giroux, H. A.(1988). Border pedagogy in the age of postmodernism. *Journal of Education, 170*, 162-181.

Giroux, H. A.(1992). *Border crossing: Cultural workers and the politics of education*. New York: Routledge.

Giroux, H. A.(1995). The politics of insurgent multiculturalism in the era of the Los Angeles Uprising. In B. Kanpol & P. Mclaren (Eds.), *Critical multiculturalism: Uncommon voices in a common struggle* (pp. 107-124). Westport, CT: Bergin & Garvey.

Glazer, N.(1997). *We are all multiculturalists now*. Cambridge, MA: Harvard Education Press.

Goldberg, D. T.(1993). *Racist culture: Philosophy and the politics of meaning*. Oxford, UK: Blackwell.

Golombek, P., & Jordon, S. R. (2005). Becoming "black lambs" not "parrots": A poststructuralist orientation to intelligibility and identity. *TESOL Quarterly, 39*, 513-533.

Goodlad, J. I.(1984). *A place called school: Prospects for the future*. New York: McGraw-Hill.

Goodlad, J. I.(1997). *In praise of education*. New York: Teachers College Press.

Grabe, W., & Kaplan, R. B.(1989). Writing in a second language: Contrastive rhetoric. In D. M. Johnson & D. H. Roen (Eds.), *Richness in writing: Empowering ESL students* (pp. 263–283). New York: Longman.

Grabe, W., & Kaplan, R. B.(1996). *Theory and practice of writing: An applied linguistic perspective*. New York: Addison Wesley Longman.

Grant, C. A., & Sachs, J. M.(1995). Multicultural education and postmodernism: Movement toward a dialogue. In B. Kampol & P. McLaren (Eds.), *Critical multiculturalism: Uncommon voices in a common struggle* (pp. 89-105). Wesport, CT: Bergin & Garvey.

Grillo, T., & Wildman, S. M.(1997). Obscuring the importance of race: The implications of making comparison between racism and sexism (or other isms). In R. Delgado & J. Stefancic (Eds.).(1997), *Critical white studies: Looking behind the mirror* (pp. 619-629). Philadelphia, PA: Temple University Press.

Hammond, K.(2006). More than a game: A critical discourse analysis of a racial inequality exercise in Japan. *TESOL Quarterly, 40*, 545-571.

Haraway, D.(1988). Situated knowledges: The science question in feminism and the privilege of partial perspective. *Feminist Studies, 14*, 575–599.

Harklau, L.(1994). ESL versus mainstream classes: Contrasting L2 learning environments.

TESOL Quarterly, 28, 241–272.
Harklau, L.(1999a). Representing culture in the ESL writing classroom. In E. Hinkel (Ed.), *Culture in second language teaching and learning* (pp. 109-130). Cambridge, UK: Cambridge University Press.
Harklau, L.(1999b). The ESL learning environment in secondary school. In C. J. Faltis & P. M. Wolfe (Eds.), *So much to say: Adolescents, bilingualism, and ESL in the secondary school* (pp. 42–60). New York: Teachers College Press.
Harklau, L.(2000). From the "good kids" to the "worst": Representations of English language learners across educational settings. *TESOL Quarterly, 34,* 35-67.
Hartsock, N.(1990). Foucault on power: A theory for women? In L. J. Nicholson (Ed.), *Feminism/postmodernism* (pp. 157-175). New York: Routledge.
Haswell, J., & Haswell, R. H.(1995). Gendership and the miswriting of students. *College Composition and Communication, 46,* 223–254.
Hawkins, M. R.(1998). Comments on Dwight Atkinson's "A critical approach to critical thinking in TESOL": Apprenticing nonnative speakers to new discourse communities. *TESOL Quarterly, 32,* 129-132.
Heath, S. B.(1983). *Ways with words: Language, life, and work in communities and classrooms.* Cambridge, UK: Cambridge University Press.
Herman, D. M.(2007). It's a small world after all: From stereotypes to invented worlds in secondary school Spanish textbooks. *Critical Inquiry in Language Studies, 4,* 117-150.
Herrnstein, R. J., & Murray, C.(1994). *The bell curve: Intelligence and class structure in American life.* New York: The Free Press.
Hess, R. D., & Azuma, H.(1991). Cultural support for schooling: Contrasts between Japan and the United States. *Educational Researcher, 20*(9), 2–8, 12.
Hill, J. H.(2001). The racializing function of language panics. In R. D. Gonzallez & I. Melis (Eds.), *Language ideologies: Critical perspectives on the official English movement* (pp. 245-267). Mahwah, NJ: Lawrence Erlbaum Associates.
Hinds, J.(1982). Linguistics and written discourse in English and Japanese: A contrastive study (1978–1982). *Annual Review of Applied Linguistics, 3,* pp. 78–84.
Hinds, J.(1983). Contrastive rhetoric: Japanese and English. *Text, 3,* 183–195.
Hinds, J.(1987). Reader versus writer responsibility: A new typology. In U. Connor & R. B. Kaplan (Eds.), *Writing across languages: Analysis of L2 text* (pp. 141- 152). Reading, MA: Addison-Wesley.
Hinds, J.(1990). Inductive, deductive, quasi-inductive: Expository writing in Japanese, Korean, Chinese, and Thai. In U. Connor & A. M. Johns (Eds.), *Coherence in writing: Research and pedagogical perspectives* (pp. 87–109). Alexandria, VA: TESOL.
Hinkel, E.(1999). Introduction: Culture in research and second language pedagogy. In E. Hinkel (Ed.), *Culture in second language teaching and learning* (pp. 1–7). Cambridge, UK: Cambridge University Press.
Hirose, K.(2003). Comparing L1 and L2 organizational patterns in the argumentative writing of Japanese EFL students. *Journal of Second Language Writing, 12,* 181 209.
Hirsch, E. D.(1987). *Cultural literacy: What every American needs to know.* Boston, MA:

Houghton Mifflin.

Hofstede, G. H.(1984). *Culture's consequences: International difference in work-related values* (Abridged Edition). Beverly Hill, CA: Sage.

Holliday, A.(1994). *Appropriate methodology and social context.* Cambridge, UK: Cambridge University Press.

Holliday, A.(1999). Small cultures. *Applied Linguistics, 20,* 237–264.

Howard, G.(1999). *We can't teach what we don't know: White teachers, multiracial schools.* New York: Teachers College Press.

Hutchinson, J. F.(2005). The past, present and future of race and health. *Anthropology News, 46*(8), 13.

Ibrahim, A.(1999). Becoming Black: Rap and hip-hop, race, gender, identity and the politics of ESL learning. *TESOL Quarterly, 33,* 349–369.

Ibrahim, A.(2000). Identity or identification? A response to some objections. *TESOL Quarterly, 34,* 741-744.

Indraustra, C.(1988). Narrative styles in the writing of Thai and American students. In A. C. Purves (Ed.), *Writing across languages and cultures* (pp. 206–226). Newbury Park, CA: Sage.

Institute of International Education.(2005). *Open doors: 1928-2004: Report on international education exchange.* New York: Institute of International Education.

Ivanič, R.(1998). *Writing and identity: The discoursal construction of identity in academic writing.* Amsterdam, The Netherlands: John Benjamins.

Iwabuchi, K.(1994). Complicit exoticism: Japan and its other. *Continuum: The Australian Journal of Media and Culture, 8*(2). Retrieved July 18, 2014, from http://wwwmcc.murdoch.edu.au/ReadingRoom/8.2/Iwabuchi.html

Jaeger, R. M.(1992). Weak measurement serving presumptive policy. *Phi Delta Kappan, 74,* 118–128.

Jensen, A.(1969). How much can we boost IQ and scholastic achievement? *Harvard Educational Review, 39,* 1–123.

Johns, A. M.(Ed.).(2002). *Genre in the classroom: Multiple perspectives.* Mahwah, NJ: Lawrence Erlbaum Associates.

Johnson, D. M.(1992). Interpersonal involvement in discourse: Gender variation in L2 writers' complimenting strategies. *Journal of Second Language Writing, 1,* 195–215.

Johnson, D. M., & Roen, D. H.(1992). Complimenting and involvement in peer review: Gender variation. *Language in Society, 21,* 27–57.

Johnson, R. T., & Johnson, D. W.(1994). An overview of cooperative learning. In J. S. Thousand, R. A. Villa, & A. I. Nevin (Eds.), *Creativity and collaborative learning: A practical guide to empowering students and teachers* (pp. 31–44). Baltimore, MD: Paul H. Brookes.

Jones, G., Jones, B. D., Hardin, B., Chapman, L., Yarbrough, T., & Davis, M.(1999). The impact of high-stakes testing on teachers and students in North Carolina. *Phi Delta Kappan, 81,* 199–203.

Jones, J. F.(1999). From silence to talk: Cross-cultural ideas on students' participation in academic group discussion. *English for Specific Purposes, 18,* 243–259.

Jordán, J. S.(2001). In the interest of national security: The English only initiative. In S. R. Steinberg (Ed.), *Multi/intercultural conversations: A reader* (pp. 609–624). New York: Peter Lang.

Kachru, B. B.(1986). *The Alchemy of English: The spread, functions and models of non-native Englishes.* London: Pergamon Press.

Kachru, B. B.(1997). World Englishes and English-using communities. *Annual Review of Applied Linguistics, 17,* 66–87.

Kachru, Y.(1988). Writers in Hindi and English. In A. C. Purves (Ed.), *Writing across language and cultures* (pp. 109-137). Newbury Park, CA: Sage.

Kachru, Y.(1995). Contrastive rhetoric in World Englishes. *English Today, 11,* 21–31.

Kachru, Y.(1997). Cultural meaning and contrastive rhetoric in English education. *World Englishes, 16,* 337-350.

Kachru, Y.(1999). Culture, context, and writing. In E. Hinkel (Ed.), *Culture in second language teaching and learning* (pp. 75–89). Cambridge, UK: Cambridge University Press.

Kádár-Fülop, J. (1988). Culture, writing, and curriculum. In A. Purves (Ed.), *Writing across languages and cultures: Issues in contrastive rhetoric* (pp.25-50). Newbury Park, CA: Sage.

Kamhi-Stein, L. D.(Ed.).(2004). *Learning and teaching from experience: Perspectives on nonnative English-speaking professionals* (pp. 61-80). Ann Arbor: University of Michigan Press.

Kanno, Y.(2003). Negotiating bilingual and bicultural identities: Japanese returnees betwixt two worlds. Mahwah, NJ: Lawrence Erlbaum Associates.

Kanpol, B.(1997). *Issues and trends in critical pedagogy.* Cresskill, NJ: Hampton Press.

Kanpol, B., & McLaren, P.(Eds.).(1995). *Critical multiculturalism: Uncommon voices in a common struggle.* Westport, CT: Bergin & Garvey.

Kaplan, R. B.(1966). Cultural thought patterns in inter-cultural education. *Language Learning, 16,* 1–20.

Kaplan, R. B.(1967). Contrastive rhetoric and the teaching of composition. *TESOL Quarterly, 1,* 10–16.

Kaplan, R. B.(1972). *The anatomy of rhetoric: Prolegomena to a functional theory of rhetoric.* Philadelphia, PA: Center for Curriculum Development.

Kaplan, R. B.(1988). Contrastive rhetoric and second language learning: Notes towards a theory of contrastive rhetoric. In A. C. Purves (Ed.), *Writing across languages and cultures* (pp. 275–304). Newbury Park, CA: Sage.

Kaplan, R. B.(2001). Foreword: What in the world is contrastive rhetoric? In C. G. Panetta (Ed.), *Contrastive rhetoric revisited and redefined* (pp. vii–xx). Mahwah, NJ: Lawrence Erlbaum Associates.

Kaplan, R. B.(2005). Contrastive rhetoric. In E. Hinkel (Ed.), *Handbook of research in second language teaching and learning* (pp. 375-392). Mahwah, NJ: Lawrence Erlbaum Associates.

Kawamura, N.(1980). The historical background of arguments emphasizing the uniqueness of Japanese society. *Social Analysis, 5/6,* 44-62.

Kincheloe, J. L.(2004). *Critical pedagogy.* New York: Peter Lang.

Kincheloe, J. L., & Steinberg, S. R.(1997). *Changing multiculturalism.* Buckingham, UK: Open University Press.

Kirkpatrick, A.(1997). Traditional Chinese text structures and their influence on the writing in Chinese and English of contemporary mainland Chinese students. *Journal of Second Language Writing, 6,* 223–244.

Kobayashi, H.(1984). Rhetorical patterns in English and Japanese. *TESOL Quarterly, 18,* 737–738.

Kobayashi, H., & Rinnert, C.(1996). Factors affecting composition evaluation in an EFL context: Cultural rhetorical pattern and readers' background. *Language Learning, 46,* 397–437.

Kobayashi, H., & Rinnert, C.(2002). High school student perceptions of first language literacy instruction: Implications for second language writing. *Journal of Second Language Writing, 11,* 91–116.

Kobayashi, H., & Rinnert, C.(2007). Task response and text construction across L1 and L2 writing. *Journal of Second Language Writing, 17,* 7-29.

Kowal, K. H.(1998). *Rhetorical implications of linguistic relativity: Theory and application to Chinese and Taiwanese interlanguage.* New York: Peter Lang.

Kramsch, C.(2004). Language, thought, and culture. In A. Davies & C. Elder (Eds.), *The handbook of applied linguistics* (pp. 235-261). Malden, MA: Blackwell.

Kubota, R.(1992). *Contrastive rhetoric of Japanese and English: A critical approach.* (Unpublished doctoral dissertation). The Ontario Institute for Studies in Education/ University of Toronto, Canada.

Kubota, R.(1997). A reevaluation of the uniqueness of Japanese written discourse: Implications to contrastive rhetoric. *Written Communication, 14,* 460-480.

Kubota, R.(1998a). An investigation of Japanese and English L1 essay organization: Differences and similarities. *The Canadian Modern Language Review, 54,* 475–507.

Kubota, R.(1998b). An investigation of L1–L2 transfer in writing among Japanese university students: Implications for contrastive rhetoric. *Journal of Second Language Writing, 7,* 69–100.

Kubota, R.(1998c). Ideologies of English in Japan. *World Englishes, 17,* 295-306.

Kubota, R.(1999). Japanese culture constructed by discourses: Implications for applied linguistic research and English language teaching. *TESOL Quarterly, 33,* 9-35.

Kubota, R.(2001a). Discursive construction of the images of U. S. classrooms. *TESOL Quarterly, 35,* 9-38.

Kubota, R.(2001b). Teaching World Englishes to native speakers of English: A pilot project in a high school class. *World Englishes, 20,* 47-64.

Kubota, R.(2002a). Japanese identities in written communication: Politics and discourses. In R. T. Donahue (Ed.), *Exploring Japaneseness: On Japanese enactments of culture and consciousness* (pp. 293–315). Westport, CT: Ablex.

Kubota, R.(2002b). The author responds: (Un)Raveling racism in a nice field like TESOL. *TESOL Quarterly, 36,* 84–92.

Kubota, R.(2003). New approaches to race, class, and gender in second language writing.

Journal of Second Language Writing, 12, 31-47.
Kubota, R.(2004). Critical multiculturalism and second language education. In B. Norton & K. Toohey (Eds.), *Critical pedagogies and language learning* (pp. 30-52). New York: Cambridge University Press.
Kubota, R., & Lehner, A.(2004). Toward critical contrastive rhetoric. *Journal of Second Language Writing, 13,* 7-27.
Kubota, R., & Lin, A.(Eds.).(2006). Race and TESOL [Special issue]. *TESOL Quarterly, 40,* 471-493.
Kubota, R., Garnder, K., Pattern, M., Thatcher-Fettig, C., & Yoshida, M.(2000). Mainstream peers try on English language learner's shoes: A shock language learning experience. *TESOL Journal, 9,* 12-16.
Kubota, R., & Ward, L.(2000). Exploring linguistic diversity through World Englishes. *English Journal, 89,* 80-86.
Kuobta, R., & Shi, L.(2005). Instruction and reading samples for opinion and argumentative writing in L1 junior high school textbooks in China and Japan. *Journal of Asian Pacific Communication, 15,* 97-127.
Kumaravadivelu, B.(1997). Critical classroom discourse analysis. *TESOL Quarterly, 33,* 453-484.
Kumaravadivelu, B.(2006). TESOL methods: Changing tracks, challenging trends. *TESOL Quarterly, 40,* 59-81.
Lado, R.(1957). *Linguistics across cultures.* Ann Arbor: University of Michigan Press.
Ladson-Billings, G.(1999). Just what is critical race theory, and what's it doing in a *nice* field like education? In L. Parker, D. Deyhle, & S. Villenas (Eds.), *Race is—race isn't: Critical race theory and qualitative studies in education* (pp. 7-30). Boulder, CO: Westview Press.
Ladson-Billings, G., & Tate, W. F., IV (1995). Toward a critical race theory of education. *Teachers College Record, 97,* 47-68.
Laine, S. W. M., & Sutton, M.(2000). The politics of multiculturalism: A three-country comparison. In C. J. Ovado & P. Mclaren (Eds.), *Multiculturalism and bilingual education: Students and teachers caught in the cross fire* (pp. 83-103). Boston, MA: McGraw-Hill.
Lamont, M., & Lareau, A.(1988). Cultural capital: Allusion, gaps, and glissandos in recent theoretical development. *Sociological Theory, 6,* 153-168.
Land, R. E., & Whitley, C.(1989). Evaluating second language essays in regular composition classes: Toward a pluralistic U. S. rhetoric. In D. Johnson & D. H. Roen (Eds.), *Richness in writing: Empowering ESL students* (pp. 284-293). New York: Longman.
Langman, J.(Ed.).(2004).(Re)Constructing gender in a new voice [Special issue]. *Journal of Language, Identity, and Education, 3*(4), 235-323.
Larsen-Freeman, D., & Long, M.(1991). *An introduction to second language acquisition research.* London: Longman.
Larson, C. L., & Ovando, C. J.(2001). *The color of bureaucracy: The politics of equity in multicultural school communities.* Belmont, CA: Wadsworth/Thomson Learning.
Lay, N. D. S., Carro, G., Tien, S., Niemann, T. C., & Leong, S.(1999). Connections: High school to college. In L. Harklau, K. M. Losey, & M. Siegal (Eds.), *Generation 1.5 meets*

college composition: Issues in the teaching of writing to U. S.-educated learners of ESL (pp. 175–190). Mahwah, NJ: Lawrence Erlbaum Associates.
Lee, S. J.(2005). *Up against whiteness: Race, school, and immigrant youth.* New York: Teachers College Press.
Lee, E., & Simon-Maeda, A.(2006). Racialized research identities in ESL/EFL research. *TESOL Quarterly, 40,* 573-594.
Lee, S., Graham, T., & Stevenson, H. W.(1996). Teachers and teaching: Elementary schools in Japan and the United States. In T. Rohlen & G. LeTendre (Eds.), *Teaching and learning in Japan* (pp. 157–189). Cambridge, UK: Cambridge University Press.
Lehner, A.(2001). *Bilingual students, writing, and academic discourse: An interpretive inquiry of university writing-across-the-curriculum instructors.* (Unpublished doctoral dissertation). Department of English as a Second Language, University of Hawai'i at Manoa. Honolulu, HI.
Lehner, A.(2002). *"So I becoming to find out that writing is enjoyable":* Fluency acquisition, confidence and motivation development, and the production of academic English in a university foreign language intermediate writing course—a qualitative glance. *Lingua, 13,* 54 −82.
Leki, I.(1997). Cross-talk: ESL issues and contrastive rhetoric. In C. Severino, J. C. Guerra, & J. E. Butler (Eds.), *Writing in multicultural settings* (pp. 234–244). New York: The Modern Language Association of America.
Leki, I.(1999). "Pretty much I screwed up": Ill-served needs of a permanent resident. In L. Harklau, K. M. Losey, & M. Siegal (Eds.), *Generation 1.5 meets college composition: Issues in the teaching of writing to U. S.-educated learners of ESL* (pp. 17–43). Mahwah, NJ: Lawrence Erlbaum Associates.
Leonardo, Z.(2002). The souls of white folk: Critical pedagogy, whiteness studies, and globalization discourse. *Race, Ethnicity and Education, 5,* 29-50.
LeTendre, G. K.(1999). The problem of Japan: Qualitative studies and international educational comparisons. *Educational Researcher, 28*(2), 38–45.
Leung, C., Harris, R., & Rampton, B.(1997). The idealized native speaker, reified ethnicities, and classroom realities. *TESOL Quarterly, 31,* 543-560.
Lewis, C. C.(1988). Japanese first-grade classrooms: Implications for U. S. theory and research. *Comparative Education Review, 32,* 159–172.
Lewis, C. C.(1992). Creativity in Japanese education. In R. Leestma & H. J. Walberg (Eds.), *Japanese educational productivity* (pp. 225–266). Ann Arbor: The University of Michigan, Center for Japanese Studies.
Lewis, C. C.(1995). *Educating hearts and minds: Reflections on Japanese preschool and elementary education.* New York: Cambridge University Press.
Lewis, C. C.(1996). Fostering social and intellectual development: The roots of Japan's educational success. In T. Rohlen & G. LeTendre (Eds.), *Teaching and learning in Japan* (pp. 79–97). Cambridge, UK: Cambridge University Press.
Lewis, C. C., & Tsuchida, I.(1997). Planned educational change in Japan: The case of elementary science instruction. *Educational Policy, 12,* 313–331.

Lewis, C. C., & Tsuchida, I.(1998). The basics in Japan: The three C's. *Educational Leadership, 55*(6), 32–37.

Lewis, G., & Phoenix, A.(2004). "Race", "ethnicity" and identity. In K. Woodward (Ed.), *Questioning identity: Gender, class, ethnicity* (2nd ed.).(pp. 115-150). London: Routledge.

Li, X.(1996). *"Good writing" in cross-cultural context*. Albany: State University of New York Press.

Li, X.(2002). "Track (dis)connecting": Chinese high school and university writing in a time of change. In D. Foster & D. R. Russell (Eds.), *Writing and learning in cross-national perspective: Transitions from secondary to higher education* (pp. 49–87). Mahwah, NJ: Lawrence Erlbaum Associates.

Lin, A. M. Y.(1999). Doing-English-lessons in the reproduction or transformation of social worlds? *TESOL Quarterly, 33*, 393-412.

Lin, A. M. Y., & Luke, A.(Eds.).(2006). Coloniality, postcoloniality, and TESOL. *Critical Inquiry in Language Studies, 3*, 65-73.

Lin, A. M. Y., Wang, W., Akamatsu, N., & Riazi, A. M.(2002). Appropriating English, expanding identities, and re-visioning the field: From TESOL to teaching English for glocalizsed communication (TEGCOM). *Journal of Language, Identity, and Education, 1*, 295-316.

Lippi-Green, R.(1997). *English with an accent: Language, ideology, and discrimination in the United States*. New York: Routledge.

Lippi-Green, R.(2002). Language ideology and language prejudice. In E. Finegan & J. R. Rickford (Eds.), *Language in the USA: Perspectives for the twenty-first century* (pp. 289-304). Cambridge, UK: Cambridge University Press.

LoCastro, V.(2008). "Long stances and floating commas": Mexican students' rhetorical practices and the sociocultural context. In U. Connor, E. Nagelhout, & M. V. Rozycki (Eds.), *Contrastive rhetoric: Reaching to intercultural rhetoric* (pp. 195-217). Amsterdam, The Netherlands: John Benjamins.

Luke, A.(1996). Genre of power? Literacy education and the production of capital. In R. Hasan & G. Williams (Eds.), *Literacy in society* (pp. 308–338). New York: Addison Wesley Longman.

Mahboob, A.(2009). English as an Islamic language: A case study of Pakistani English. *World Englishes, 28*, 175-189.

Mahboob, A., Uhrig, K., Newman, K. L., & Hartford, B. S.(2004). Children of a lesser English: Nonnative English speakers as ESL teachers in English language programs in the United States. In L. Kahmhi-Stein (Ed.), *Learning and teaching from experience: Perspectives on non-native English-speaking professionals* (pp. 100-120). Ann Arbor: University of Michigan Press.

Matalene, C (1985). Contrastive rhetoric: An American writing teacher in China. *College English, 47*, 789-808.

Matsuda, A.(2002). Representation of users and users of English in beginning Japanese EFL textbooks. *JALT Journal, 24*, 80-98.

Matsuda, P. K.(1997). Contrastive rhetoric in context: A dynamic model of L2 writing. *Journal of Second Language Writing, 6*, 45-60.

Matsuda, P. K.(2001). On the origin of contrastive rhetoric: A response to H. G. Ying. *International Journal of Applied Linguistics, 11,* 257–260.

May, S. (Ed.).(1999a). *Critical multiculturalism: Rethinking multicultural and antiracist education.* London: Falmer Press.

May, S.(1999b). Critical multiculturalism and cultural difference: Avoiding essentialism. In S. May (Ed.), *Critical multiculturalism: Rethinking multicultural and antiracist education* (pp. 11–41). London: Falmer Press.

May, S.(2001). *Language and minority rights: Ethnicity, nationalism and the politics of language.* Harlow, UK: Pearson Education Limited.

Mayer, R. E., Tajika, H., & Stanley, C.(1991). Mathematical problem solving in Japan and the United States: A controlled comparison. *Journal of Educational Psychology, 83,* 69–72.

Maynard, S.(1996). Presentation of one's view in Japanese newspaper columns: Commentary strategies and sequencing. *Text, 16,* 391–421.

McCagg, P.(1996). If you can lead a horse to water, you don't have to make it drink: Some comments on reader and writer responsibilities. *Multilingua, 15,* 239- 256.

McIntosh, P.(1997). White privilege and male privilege: A personal account of coming to see correspondences through work in women's studies. In R. Delgado & J. Stefancic, J.(Eds.), *Critical white studies: Looking behind the mirror* (pp. 291-299). Philadelphia: Temple University Press.

McIntyre, A.(1997). *Making meaning of whiteness: Exploring racial identity with white teachers.* Albany: State University of New York Press.

McKay, S. L.(1993). Examining L2 composition ideology: A look at literacy education. *Journal of Second Language Writing, 2,* 65-81.

McKay, S. L.(2002). *Teaching English as an international language.* Oxford, UK: Oxford University Press.

McKay, S. L., & Wong, S.-L. C.(1996). Multiple discourses, multiple identities: Investment and agency in second-language learning among Chinese adolescent immigrant students. *Harvard Educational Review, 66,* 577–608.

McLaren, P.(1989). *Life in schools: An introduction to critical pedagogy in the foundations of education.* New York: Longman.

McLaren, P.(1995). White terror and oppositional agency: Towards a critical multiculturalism. In C. E. Sleeter & P. L. McLaren (Eds.), *Multicultural education, critical pedagogy, and the politics of difference.* Albany: State University of New York Press.

McLaren, P.(1997). *Revolutionary multiculturalism: Pedagogies of dissent for the new millennium.* Boulder, CO: Westview Press.

McLaren, P., & Muñoz, J.(2000). Contesting whiteness: Critical perspectives on the struggle for social justice. In C. J. Ovando & P. McLaren (Eds.), *Multiculturalism and bilingual education: Students and teachers caught in the cross fire* (pp. 22-29). Boston, MA: McGraw Hill.

McLaren, P., & Torres, R.(1999). Racism and mutliculrutral education: Re-thinking "race" and "whiteness" in late capitalism. In S. May (Ed.), *Critical multiculturalism: Rethinking multicultural and antiracist education* (pp. 11–41). London: Falmer Press.

Memmi, A (1967). *The colonizer and the colonized.* Boston, MA: Beacon Press.
Memmi, A.(2000). *Racism.* Minneapolis: University of Minnesota Press.
Miles, R.(1987). Recent Marxist theories of nationalism and the issues of racism. *British Journal of Sociology, 38*, 24-43.
Miles, R.(1993). *Racism after "race relations".* London: Routledge.
Miles, R., & Brown, M.(2003). *Racism* (2nd ed.). London: Routledge.
Miner, B.(1999). Testing: Full speed ahead. *Rethinking Schools, 14*(2). Retrieved May 5, 2000, from http://www.rethinkingschools.org/Archives/14_02/test142.htm.
Minh-ha, T. T.(1989). *Woman, native, other.* Bloomington: Indiana University Press.
Mitchell, R., & Myles, F.(1998). *Second language learning theories.* London: Arnold.
Mohan, B., & Lo, W.(1985). Academic writing and Chinese students: Transfer and developmental factors. *TESOL Quarterly, 19*, 515–534.
Mohanty, C.(1988). Under Western eyes: Feminist scholarship and colonial discourses. *Feminist Review, 30*, 61–88.
Moll, L., Amanti, C., Neff, D., & Gonzalez, N.(1992). Funds of knowledge for teaching: Using qualitative approach to connect homes and classrooms. *Theory Into Practice, 31*, 132-141.
Montaño-Harmon, M. R.(1991). Discourse features of written Mexican Spanish: Current research in contrastive rhetoric and its implications. *Hispania, 74*, 417–425.
Morgan, B.(1998). *The ESL classroom: Teaching, critical practice, and community development.* Toronto, Canada: University of Toronto Press.
Motha, S.(2006). Racializing ESOL teacher identities in U. S. K-12 public schools. *TESOL Quarterly, 40*, 495-518.
Mouer, R., & Sugimoto, Y.(1986). *Images of Japanese society.* London: Kegan Paul.
Mouer, R., & Sugimoto, Y.(1995). Nihonjinron at the end of the twentieth century: A multicultural perspective. In J. P. Arnason & Y. Sugimoto (Eds.), *Japanese encounters with postmodernity* (pp. 237-269). New York: Kegan Paul.
Murji, K., & Solomos, J.(2005). Introduction: Racialization in theory and practice. In K. Murji & J. Solomon (Eds.), *Racialization: Studies in theory and practice* (pp. 1-27). New York: Oxfrod University Press.
Murray, D. E.(2000). Protean communication: The language of computer-mediated communication. *TESOL Quarterly, 34*, 397-421.
Nandy, S.(1983). *The intimate enemy: Loss and recovery of self under colonialism.* Delhi, India: Oxford University Press.
National Commission on Excellence in Education.(1983). *A nation at risk.* Washington, DC: U. S. Government Printing Office.
Nelson, C.(1999). Sexual identities in ESL: Queer theory and classroom inquiry. *TESOL Quarterly, 33*, 371–391.
Nelson, C.(2006). Queer inquiry in language education. *Journal of Language, Identity, and Education, 5*, 1-9.
Nelson, C.(2008). *Sexual identities in English language education: Classroom conversation.* New York: Routledge.

Nelson, G. L., & Carson, J. G.(1995). Social dimensions of second-language writing instruction: Peer response groups as cultural context. In D. L. Rubin (Ed.), *Composing social identity in written language* (pp. 89–109). Hillsdale, NJ: Lawrence Erlbaum Associates.

Nelson, G, L., & Carson, J, G.(1998). ESL students' perceptions of effectiveness in peer response groups. *Journal of second language writing, 7*, 113-131.

Nero, S.(2006). An exceptional voice: Working as a TESOL professional of color. In A. Curtis & M. Romney (Eds.), *Color, race, and English language teaching: Shades of meaning* (pp. 23-36). Mahwah, NJ: Lawrence Erlbaum Associates.

Nieto, S.(1995). From brown heroes and holidays to assimilationist agendas: Re-considering the critiques of multicultural education. In C. E. Sleeter & P. L. McLaren (Eds.), *Multicultural education, critical pedagogy, and the politics of difference.* Albany: State University of New York Press.

Nieto, S.(1996). *Affirming diversity: The sociopolitical context of multicultural education* (2nd ed.). White Plains, NY: Longman.

Nieto, S.(1998). Affirmation, solidarity and critique: Moving beyond tolerance in education. In E. Lee, D. Menkart, & M. Okazawa-Rey (Ed.), *Beyond heroes and holidays: A practical guide to K-12 anti-racist, multicultural education and staff development* (pp. 2-6). Washington, DC: Network of Educators and Americas.

Nieto, S.(1999a). *The light in their eyes: Creating multicultural learning communities.* New York: Teachers College Press.

Nieto, S.(1999b). Critical multicultural education and students' perspectives. In S. May (Ed.), *Critical multiculturalism: Rethinking multicultural and antiracist education* (pp. 11–41). London: Falmer Press.

Nieto, S.(2000). *Affirming diversity: The sociopolitical context of multicultural education* (3rd ed.). New York: Addison Wesley Longman.

Nieto, S.(2004). *Affirming diversity: The sociopolitical context of multicultural education* (4th ed.). New York: Addison Wesley Longman.

Norton, B.(1997). Language, identity, and the ownership of English. *TESOL Quarterly, 31*, 409-429.

Norton, B.(2000). *Identity and language learning: Gender, ethnicity, and educational change.* London: Longman.

Norton, B., & Toohey, K.(Eds.).(2004). *Critical pedagogies and language learning.* New York: Cambridge University Press.

Nozaki, Y.(2000). Essentializing dilemma and multiculturalist pedagogy: An ethnographic study of Japanese children in a U. S. school. *Anthropology & Education Quarterly, 31*, 355-380.

Oakes, J.(1985). *Keeping track: How schools structure inequality.* New Haven, CT: Yale University Press.

Oi, M. K.(1984). Cross-cultural differences in rhetorical patterning: A study of Japanese and English. (Unpublished doctoral dissertation). State University of New York at Stony Brook, Stonybrook, NY.

Omi, M., & Winant, H.(1994). *Racial formation in the United States: From the 1970s to the 1990s* (2nd ed.). New York: Routledge.

Ostler, S. E.(1987). English in parallels: A comparison of English and Arabic prose. In U. Connor & R. B. Kaplan (Eds.), *Writing across languages: Analysis of L2 text* (pp. 141–152). Reading, MA: Addison-Wesley.

Ostler, S. E.(1990, March). The contrastive rhetorics of Arabic, English, Japanese and Spanish. Paper presented at the 24th Annual TESOL Convention, San Francisco.

Ovando, C. J., & Collier, V. P.(1998). *Bilingual and ESL classrooms: Teaching in multicultural contexts* (2nd ed.). New York: McGraw Hill.

Pak, C-S., & Acevedo, R.(2008). Spanish-language newspaper editorials from Mexico, Spain, and the U. S. In U. Connor, E. Nagelhout, & M. V. Rozycki (Eds.), *Contrastive rhetoric: Reaching to intercultural rhetoric* (pp. 123-145). Amsterdam, The Netherlands: John Benjamins.

Pao, D. L., Wong, S. D., & Teuben-Rowe, S.(1997). Identity formation for mixed-heritage adults and implications for educators. *TESOL Quarterly, 31*, 622-631.

Parker, L.(2003). Critical race theory and its implications for methodology and policy analysis in higher education desegregation. In G. R. López & L. Parker (Eds.), *Interrogating racism in qualitative research methodology* (pp. 145-180). New York: Peter Lang.

Pavlenko, A.(2001a). Language learning memoirs as a gendered genre. *Applied Linguistics, 22*, 213–240.

Pavlenko, A.(2001b). Bilingualism, gender, and ideology. *The International Journal of Bilingualism, 5*, 117–151.

Pavlenko, A., & Blackledge, A.(2004). *Negotiating identities in multilingual contexts*. Clevedon, UK: Multilingual Matters.

Peirce, B. N.(1989). Toward a pedagogy of possibility in the teaching of English internationally. *TESOL Quarterly, 23*, 401-420.

Peirce, B. N.(1995a). Social identity, investment, and language learning. *TESOL Quarterly, 29*, 9–31.

Peirce, B. N.(1995b). The theory of methodology in qualitative research. *TESOL Quarterly, 29*, 569-616.

Pennycook, A.(1989). The concepts of methods, interested knowledge and the politics of language teaching. *TESOL Quarterly, 23*, 589-618.

Pennycook, A.(1994). *The cultural politics of English as an international language*. New York: Longman.

Pennycook, A.(1996). Borrowing others' words: Text, ownership, memory, and plagiarism. *TESOL Quarterly, 30*, 201–230.

Pennycook, A.(1998). *English and the discourses of colonialism*. New York: Routledge.

Pennycook, A.(2001). *Critical applied linguistics: A critical introduction*. Mahwah, NJ: Lawrence Erlbaum Associates.

Petrić, B.(2005). Contrastive rhetoric in the writing classroom: A case study. *English for Specific Purposes, 24*, 213-228.

Phillipson, R.(1992). *Linguistic imperialism*. Oxford: Oxford University Press.

Prior, P. (2001). Voices in text, mind, and society: Sociohistoric accounts of discourse acquisition and use. *Journal of Second Language Writing, 10,* 55–81.

Purves, A. C. (1986). Rhetorical communities, the international student, and basic writing. *Journal of Basic Writing, 5,* 38–51.

Purves, A. C. (1988). Introduction. In A. C. Purves (Ed.), *Writing across languages and cultures* (pp. 9–21). Newbury Park, CA: Sage.

Purves, A. C., & Purves, W. C. (1986). Viewpoints: Cultures, text models, and the activity of writing. *Research in the Teaching of English, 20,* 174–197.

Quintero, E. (2002). A problem-posing approach to using native language writing in English literacy instruction. In S. Ransdell & M.-L. Barbier (Eds.), *New directions for research in L2 writing* (pp. 231–244). Dordrecht, The Netherlands: Kluwer Academic Publishers.

Radhakrishnan, R. (1996). *Diasporic mediations*. Minneapolis: University of Minnesota Press.

Raimes, A., & Zamel, V. (1997). Response to Ramanathan and Kaplan, *Journal of Second Language Writing, 6,* 79-81.

Ramanathan, V., & Atkinson, D. (1999). Individualism, academic writing, and ESL writers. *Journal of Second Language Writing, 8,* 45-75.

Ramanathan, V., & Kaplan, R. B. (1996). Audience and voice in current L1 composition texts: Some implications for ESL student writers. *Journal of Second Language Writing, 5,* 21-34.

Ramirez, J. D., Wiley, T. G., de Klerk, G., Lee, E., & Wright, W. E. (2005). *Ebonics: The urban education debate* (2nd ed.). Clevedon, UK: Multilingual Matters.

Rampton, B. (1990). Displacing the 'native speaker': Expertise, affiliation and inheritance. *ELT Journal, 44,* 97-101.

Reid, J. (1984). ESL composition: The linear product of American thought. *College Composition and Communication, 35,* 449–452.

Reid, J. (1989). English as second language composition in higher education: The expectations of the academic audience. In D. M. Johnson & D. H. Roen (Eds.), *Richness in writing: Empowering ESL students* (pp. 220-234), New York: Longman.

Reid, J. (1996). U. S. academic readers, ESL writers, and second sentences. *Journal of Second Language Writing, 5,* 129–161.

Reischauer, E. (1978). *The Japanese*. Cambridge, MA: Harvard University Press.

Reisigl, M., & Wodak, R. (2000). *The semiotics of racism: Approaches in critical discourse analysis*. Wien, Austria: Passagen.

Reyes, M. de la L. (1992). Challenging venerable assumptions: Literacy instruction for linguistically different students. *Harvard Educational Review, 62,* 427-446.

Rich, S., & Troudi, S. (2006). Hard times: Arab TESOL students' experiences of racialization and othering in the United Kingdom. *TESOL Quarterly, 40,* 615-627.

Richardson, T., & Villenas, S. (2000). "Other" encounters: Dances with whiteness in multicultural education. *Educational Theory, 50,* 255-273.

Rinnert, C., & Kobayashi, H. (2001). Differing perceptions of EFL writing among readers in Japan. *The Modern Language Journal, 85,* 189–209.

Rinnert, C., & Kobayashi, H. (2007). L1 and L2 pre-university writing experience: What effects on novice Japnese EFL learners? *Hiroshima Journal of International Studies (Faculty* of *International Studies, Hiroshima City University*), *13*, 65-92.

Rodby, J.(1992). *Appropriating literacy: Writing and reading in English as a second language.* Portsmouth, NH: Boynton/Cook.

Roen, D. H., & Johnson, D. M.(1992). Perceiving the effectiveness of written discourse through gender lenses: The contribution of complimenting. *Written Communication, 9*, 435–464.

Rogers, R.(Ed.).(2004). *An introduction to critical discourse analysis in education.* Mahwah, NJ: Lawrence Erlbaum Associates.

Rohlen, T. P.(1983). *Japan's high schools.* Berkeley: University of California Press.

Roman, L. G.(1993). White is a color!: White defensiveness, postmodernism, and anti-racist pedagogy. In C. McCarthy & W. Cricklow (Eds.), *Race, identity, and representation in education* (pp. 71–88). New York: Routledge.

Rose, M.(1989). *Lives on the boundary: A moving account of the struggles and achievements of America's educational underclass.* New York: Penguin Books.

Rotberg, I. C.(1990). I never promised you first place. *Phi Delta Kappan, 72,* 296–303.

Rubin, D. A., (1992). Nonlanguage factors affecting undergraduates; judgments of nonnative English-speaking teaching assistants. *Research in Higher Education, 33*, 511-531.

Rubin, D. L., Goodrum, R. and Hall, B.(1990). Orality, oral-based culture, and the academic writing of ESL learners. *Issues in Applied Linguistics, 1,* 56-76.

Sa'adeddin, M. A. M.(1989). Text development and Arabic-English negative interference. *Applied Linguistics, 10,* 36–51.

Said, E. W.(1978). *Orientalism.* New York: Pantheon Books.

Sasaki, M., & Hirose, K.(1996). Explanatory variables for EFL students' expository writing. *Language Learning, 46*, 137–174.

Sato, N.(1996). Honoring the individual. In T. Rohlen & G. LeTendre (Eds.), *Teaching and learning in Japan* (pp. 119–153). Cambridge, UK: Cambridge University Press.

Scheurich, J. J, (1997). *Research method in the postmodern.* London: Washington, DC: Falmer Press.

Schultz, E. A.(1990). *Dialogue at the margins: Whorf, Bakhtin, and linguistic relativity.* Madison, WI: The University of Wisconsin Press.

Scollon, R., & Scollon, S.(1997). Point of view and citation: Fourteen Chinese English versions of the "same" news story. *Text, 17,* 83-125.

Scollon, S.(1999). Not to waste words or students: Confucian and Socratic discourse in the tertiary classroom. In E. Hinkel (Ed.), *Culture in second language teaching and learning* (pp. 13–27). Cambridge, UK: Cambridge University Press.

Sheets, R. H.(2000). Advancing the field or taking center state: The white movement in multicultural education. *Educational Researcher, 29*(9), 15-21.

Shen, F.(1989). The classroom and the wider culture: Identity as a key to learning English composition. *College Composition and Communication, 40,* 459-466.

Shi, L.(2002). How Western-trained Chinese TESOL professionals publish in their home environment. *TESOL Quarterly, 36,* 625–634.

Shi, L., & Kubota, R.(2007). Patterns of rhetorical organizations in Canadian and American

language arts textbooks: An exploratory study. *English for Specific Purposes, 26*, 180-202.
Shimahara, N. K., & Sakai, A.(1995). *Learning to teach in two cultures: Japan and the United States.* New York: Garland.
Shome, R.(1999). Whiteness and the politics of location: Postcolonial reflections. In T. K. Nakayama & J. N. Martin (Eds.), *Whiteness: The communication of social identity* (pp. 107-128). Thousand Oaks, CA: Sage.
Shor, I.(1992). *Empowering education: Critical teaching for social change.* Chicago, IL: University of Chicago Press.
Silva, T., Leki, I., & Carson, J.(1997). Broadening the perspective of mainstream composition studies: Some thoughts from disciplinary margins. *Written Communication, 14*, 398–428.
Simon-Maeda, A.(2004). The complex construction of professional identities: Female EFL educators in Japan speak out. *TESOL Quarterly, 38*, 405-434.
Simpson, J. M.(2000). Topical structure analysis of academic paragraphs in English and Spanish. *Journal of Second Language Writing, 9*, 293–309.
Simpson, R. D., & Frost, S. H.(1993). *Inside college: Undergraduate education for the future.* New York: Plenum Press.
Sirotnik, K. A.(1983). What you see is what you get—consistency, persistency, and mediocrity in classrooms. *Harvard Educational Review, 53*, 16–32.
Sizer, T.(1984). *Horace's compromise: The dilemma of the American high school.* Boston, MA: Houghton Mifflin.
Sleeter, C. E.(1996). *Multicultural education as social activism.* Albany: State University of New York Press.
Sleeter, C. E., & Grant, C. A.(1987). An analysis of multicultural education in the United States. *Harvard Educational Review, 57*, 421-444.
Sleeter, C. E., & McLaren, P. L.(Eds.).(1995). *Multicultural education, critical pedagogy, and the politics of difference.* Albany: State University of New York Press.
Soliday, M.(1999). Symposium: English 1999 Class dismissed. *College English, 61*, 731–741.
Solomos, J.(2003). *Race and racism in Britain* (3rd ed.). Basingstoke, UK: Palgrave Macmillian.
Solórzano, D. G., & Yosso, T. J.(2002). Critical race methodology: Counter-story telling as an analytical framework for education research. *Qualitative Inquiry, 8*, 23-44.
Söter, A. O.(1988). The second language learner and cultural transfer in narration. In A. C. Purves (Ed.), *Writing across languages and cultures* (pp. 177–205). Newbury Park, CA: Sage.
Sower, C.(1999). Comments on Ryuko Kubota's "Japanese culture constructed by discourses: Implications for applied linguistics research and ELT" Postmodern applied linguistics: Problems and contradictions. *TESOL Quarterly, 33*, 736- 745.
Spack, R.(1997a). The acquisition of academic literacy in a second language: A longitudinal case study. *Written Communication, 14*, 3–62.
Spack, R.(1997b). The rhetorical construction of multilingual students. *TESOL Quarterly, 31*, 765–774.
Spack, R.(2002). *America's second tongue: American Indian education and the ownership of*

English, 1860-1900. Lincoln: University of Nebraska Press.

Spack, R.(2006). English lessons. *TESOL Quarterly, 40*, 595-604.

Spivak, G.(1988). Can the subaltern speak? In C. Nelson & L. Grossberg (Eds.), *Marxism and the interpretation of culture* (pp. 271-313). London: Macmillan.

Spivak, G.(1993). *Outside in teaching machine*. New York: Routledge.

St. Louis, B.(2005). Racialization in the "zone of ambiguity". In K. Muriji & J. Solomos (Eds.), *Racialization: Studies in theory and practice* (pp. 29-50). New York: Oxford University Press.

Stedman, L. C.(1997). International achievement differences: An assessment of a new perspective. *Educational Researcher, 26*(3), 4–15.

Stevenson, H. W., & Stigler, J. W.(1992). *The learning gap: Why our schools are failing and what we can learn from Japanese and Chinese education*. New York: Summit Books.

Stigler, J. W., Fernandez, C., & Yoshida, M.(1996). Cultures of mathematics instruction in Japanese and American elementary classrooms. In T. Rohlen & G. LeTendre (Eds.), *Teaching and learning in Japan* (pp. 213–247). Cambridge, UK: Cambridge University Press.

Study Group on the Conditions of Excellence in American Higher Education.(1984). *Involvement in learning: Realizing the potential of American higher education*. Washington, DC: U. S. Department of Education.

Sunderland, J.(2000). Issues of language and gender in second and foreign language education. *Language Teaching, 33*, 203–223.

Susser, B.(1998). EFL's othering of Japan: Orientalism in English language teaching. *JALT Journal, 20*, 49-82.

Tai, E.(1999). *Kokugo* and colonial education in Taiwan. *Position, 7*, 503–530.

Takaki, R.(1993). *A different mirror: A history of multicultural America*. Boston, MA: Little, Brown & Co.

Takezawa, Y.(2006). Race should be discussed and understood across the globe. *Anthropology News, 47*(3), 6-7.

Tannen, D.(1998). *The argument culture: Moving from debate to dialogue*. New York: Random House.

Taylor, D. L., Teddlie, C., Freeman, J., & Pounders, M.(1998). A child's day at school: Variations in more and less effective schools in low- and middle- socioeconomic status contexts. *Journal of Education for Students Placed at Risk, 3*, 115–132.

Taylor, L.(2006). Wrestling with race: Implications of integrative antiracism education for immigrant ESL youth. *TESOL Quarterly, 40*, 519-544.

Taylor, G., & Chen, T. (1991). Linguistic, cultural, and subcultural issues in contrastive discourse analysis: Anglo-American and Chinese scientific texts. *Applied Linguistics, 12*, 319–336.

Thomas, N.(1994). *Colonialism's culture: Anthropology, travel and government*. Princeton, NJ: Princeton University Press.

Thomas, W. P., & Collier, V. P.(1997). *School effectiveness for language minority students*. Washington, DC: National Clearinghouse for Bilingual Education.

Thompson, W. E., & Hickey, J. V.(1994). *Society in focus: An introduction to sociology.* New York: HarperCollins College Publishers.

Tobin, J. J., Wu, D. Y. H., Davidson, D. H.(1989). *Preschool in three cultures.* New Haven, CT: Yale University Press.

Torrance, E. P.(1980). Lessons about giftedness and creativity from a nation of 115 million overachieves. *Gifted Child Quarterly, 24,* 10-14.

Tsuchida, I., & Lewis, C.(1996). Responsibility and learning: Some preliminary hypotheses about Japanese elementary classrooms. In T. Rohlen & G. LeTendre (Eds.), *Teaching and learning in Japan* (pp. 190–212). Cambridge, UK: Cambridge University Press.

U. S. Census Bureau.(2001). Historical income data. Retrieved October 18, 2002, from http://www.census.gov/hhes/income/histinc/histinctb.html

Valdés, G.(1998). The world outside and inside schools: Language and immigrant children. *Educational Researcher, 27*(6), 4–18.

Valenzuela, A.(1999). *Subtractive schooling: U.S.-Mexican youth and the politics of caring.* Albany: State University of New York Press.

van Dijk, T. A.(1993). *Elite discourse and racism.* Newbury Park, CA: Sage.

Vandrick, S.(1994). Feminist pedagogy and ESL. *College ESL, 4*(2), 69-92.

Vandrick, S.(1995). Privileged ESL University students. *TESOL Quarterly, 29,* 375-380.

Vandrick, S.(2007, April). Understanding students of the new global elite. Paper presented at the meeting of the International Society for Language Studies, Honolulu, Hawaii.

Vogel, E.(1979). *Japan as number one.* Cambridge, MA: Harvard University Press.

Walberg, H. J., Harnisch, D. L., & Tsai, S. L.(1986). Elementary school mathematics productivity in twelve countries. *British Educational Research Journal, 12,* 237-248.

Walsh, C. E.(Ed.).(1991). *Literacy as praxis: Culture, language, and pedagogy.* Norwood, NJ: Ablex.

Wareing, S.(1994). Gender differences in language use. In J. Sunderland (Ed.), *Exploring gender: Questions and implications for English language education* (pp. 34–38). New York: Prentice Hall International English Language Teaching.

Warren, J. T.(1999). Whiteness and cultural theory: Perspectives on research and education. *Urban Review, 31*(2), 185-203.

Warschauer, M.(1998). Researching technology in TESOL: Determinist, instrumental, and crtical approaches. *TESOL Quarterly, 32,* 757-761.

Weaver, C.(1994). *Reading process and practice: From sociolinguistics to whole language* (2nd ed.). Portsmouth, NH: Heinemann.

Weedon, C.(1987). *Feminist practice & poststructuralist theory.* New York: Basil Blackwell.

Weedon, C.(1999). *Feminism, theory and the politics of difference.* Oxford, UK: Blackwell.

Werbner, P.(1997). Essentialising essentialism, essentialising silence: Ambivalence and multiplicity in the constructions of racism and ethnicity. In P. Werbner & T. Modood (Eds.), *Debating cultural hybirity: Multi-cultural identities and the polities anti-racism* (pp. 226-254). London: Zed Books.

Westbury, I.(1992). Comparing American and Japanese achievement: Is the United States really a low achiever? *Educational Researcher, 21*(5), 18–24.

Whorf, B. L.(1956). Linguistics as an exact science (1940). In J. B. Carroll (Ed.), *Language, thought and reality: Selected writings of Benjamin Lee Whorf* (pp. 220-278). Cambridge: The Technology Press of Massachusetts Institute of Technology.

Wildman, W. M., & Davis, A. D.(1997). Making systems of privilege visible. In R. Delgado & J. Stefancic (Eds.), *Critical white studies: Looking behind the mirror* (pp. 314-319). Philadelphia, PA: Temple University Press.

Wiley, T. G.(2004). Language policy and English-only, In E. Finegan & J. R. Rickford (Eds.), *Language in the USA: Perspectives for the twenty-first century* (pp. 319-338). Cambridge, UK: Cambridge University Press.

Wiley, T. G., & Lukes, M.(1996). English-only and standard English ideologies in the U.S. *TESOL Quarterly, 30*, 511-535.

Willett, J.(1996). Research as gendered practice. *TESOL Quarterly, 30*, 344-347.

Willinsky, J.(1998). *Learning to divide the world: Education at empire's end.* Minneapolis: University of Minnesota Press.

Wolfe, M. L.(2008). Different cultures—different discourses? Rhetorical patterns of business letters by English and Russian speakers. In U. Connor, E. Nagelhout, & M. V. Rozycki (Eds.), *Contrastive rhetoric: Reaching to intercultural rhetoric* (pp. 87-121). Amsterdam, The Netherlands: John Benjamins.

Wood, E. M.(1995). *Democracy against capitalism: Reviewing historical materialism.* New York: Cambridge University Press.

Woolard, K. A.(1998). Introduction: Language ideology as a field of inquiry. In B. B. Schieffelin, K. A. Woolard, & P. V. Kroskrity (Eds.), *Language ideologies: Practice and theory* (pp. 3-27). New York: Oxford University Press.

Wu, S-Y., & Robin, D. L.(2000). Evaluating the impact of collectivism and individualism on argumentative writing by Chinese and North American college students. *Research in the Teaching of English, 35*, 148-178.

Ying, H. G.(2000). The origin of contrastive rhetoric revisited. *International Journal of Applied Linguistics, 10*, 259–268.

Ying, H. G.(2001). On the origins of contrastive rhetoric: A reply to Matsuda. *International Journal of Applied Linguistics, 11*, 261–266.

Yoshino, K.(1992). *Cultural nationalism in contemporary Japan.* London: Routledge.

You, X.(2008). From Confucianism to Marxism: A century of theme treatment in Chinese writing instruction. In U. Connor, E. Nagelhout, & M. V. Rozycki (Eds.), *Contrastive rhetoric: Reaching to intercultural rhetoric* (pp. 241-256). Amsterdam, The Netherlands: John Benjamins.

Young, M.(1993). The dark underside of Japanese education. *Phi Delta Kappan, 75,* 130–132.

Yuval-Davis, N.(1997). Ethnicity, gender relations and multiculturalism. In P. Werbner & T. Modood (Eds.), *Debating cultural hybridity: Multi-cultural identities and the politics of anti-racism* (pp. 193-208). London: Zed Books.

Zamel, V.(1995). Strangers in academia: The experiences of faculty and ESL students across the curriculum. *College Composition and Communication, 46,* 506–521.

Zamel, V.(1997). Toward a model of transculturation, *TESOL Quarterly, 31,* 341- 352.

≪日本語文献≫

石澤靖治(1997)『日本人論・日本論の系譜』丸善
梅原利夫(1990)『新指導要領と子ども』新日本新書
角田忠信(1978)『日本人の脳——脳の働きと東西の文化』大修館書店
川村湊(1994)『海を渡った日本語—植民地の「国語」の時間』青土社
金田一春彦(1975)『日本人の言語表現』講談社
杉本良夫・マオア，ロス(1982)『日本人は「日本的」か』東洋経済新報社
土居健郎(1971)『「甘え」の構造』弘文堂
中根千枝(1967)『タテ社会の人間関係』講談社
ベフ，ハルミ(1997)『イデオロギーとしての日本文化論』思想の科学社
南博(1994)『日本人論——明治から今日まで』岩波書店
森田俊男(1998)『臨教審と日本人・日本文化論』新日本出版社
安田敏朗(1997)『帝国日本の言語編制』世織書房
ラミス，ダグラス・池田雅之(1985)『日本人論の深層——比較文化の落とし穴と可能性』はる書房
和田勝明(1999)「英語科における国際理解教育」『英語教育』(5月別冊)

翻訳協力者紹介

近藤明（こんどう　あきら）
[所属] ウィスコンシン大学マディソン校第二言語習得　博士後期課程

佐藤龍一（さとう　りゅういち）
[所属] 広島大学教育学研究科文化教育開発専攻英語文化教育学分野　博士課程後期

瀬尾匡輝（せお　まさき）
[所属] 茨城大学留学生センター　講師
[論文] 「香港の日本語生涯学習者の動機づけの変化―修正版グラウンデッド・セオリー・アプローチを用いた分析から探る―」『日本学刊』14(2011)

瀬尾悠希子（せお　ゆきこ）
[所属] 大阪大学大学院文学研究科　博士後期課程
[論文] 「ドイツで育った日本人青年たちの日本語学習経験―海外に暮らしながら日本語を学ぶ意味―」『阪大日本語研究』19(2007)

南志穂（みなみ　しほ）
[所属] ダグラス・カレッジ語学・文学・舞台芸術学部現代語学科　日本語講師

松本由美（まつもと　ゆみ）
[所属] ペンシルバニア州立大学応用言語学部　博士後期課程
[論文] Successful ELF communications and implications for ELT: Sequential analysis on ELF pronunciation negotiation strategies. *Modern Language Journal*, 95(1)(2011)

村川康二郎（むらかわ　こうじろう）
[所属] トロント大学オンタリオ教育研究所カリキュラム・ティーチング・ラーニング学部言語リテラシー教育学科　博士後期課程

柳瀬陽介（やなせ　ようすけ）
[所属] 広島大学大学院教育学研究科　教授
[主著] 『小学校からの英語教育をどうするか』（共著）岩波書店(2015)

米本和弘（よねもと　かずひろ）
[所属] 東京医科歯科大学国際交流センター　助教
[論文] 「「中国に行く」／「中国に帰る」―言語マイノリティ生徒の想像の共同体―」細川英雄編『言語教育とアイデンティティ―ことばの教育実践とその可能性―』春風社(2012)

著者・監訳者紹介

著者：久保田竜子（くぼた　りゅうこ）

ブリティッシュコロンビア大学教育学部，言語リテラシー教育学科教授(カナダ)。立教大学文学部英米文学科学士号，School for International Training（米国）英語教育修士号，トロント大学オンタリオ教育研究所博士号取得。1980年代には長野県・神奈川県の公立中高の英語教諭を勤め，1992年からモントレー国際大学院(米国)，1995年からノースカロライナ大学チャペルヒル(米国)で日本語および第二言語としての英語の教師教育と日本語教育に携わる。2009年から現職。著作として *Race, culture, and identity in second language education: Exploring critically engaged practice*（共編）New York: Routledge (2009), *Demystifying career paths after graduate school: A guide for second language professionals in higher education*（共編）Charlotte, NC: Information Age Publishing (2012)，その他多数の論文がある。

監訳者：奥田朋世（おくだ　ともよ）

ブリティッシュコロンビア大学教育学部言語リテラシー教育学科博士後期課程在籍。著作として，Confronting language myths, linguicism, and racism in English language teaching in Japan（共著）P. Bunce, R. Phillipson, V. Rapatahana, & R. Tupas（編），*Why English? Confronting the Hydra*. Bristol, UK: Multilingual Matters（印刷中），Beliefs about language learning, learning strategy use, and self-efficacy/confidence of EFL learners with and without living-abroad experience（共著）*Sophia Linguistica, 59*(2012)，ベーシックプログレッシブ英和・和英辞典(共同執筆)小学館(2010) などがある。

久保田竜子著作選 ②

英語教育と文化・人種・ジェンダー

2015年9月1日　第1刷発行

著　者　　久保田竜子

監　訳　　奥田朋世

発　行　　株式会社　くろしお出版
　　　　　〒113-0033　東京都文京区本郷 3-21-10
　　　　　電話：03-5684-3389　FAX：03-5684-4762

装　丁　　折原カズヒロ　　印刷所　　シナノ書籍印刷株式会社

©Ryuko, Kubota 2015. Printed in Japan
ISBN978-4-87424-669-6 C3082

本書の全部または一部を無断で複製することは，著作権法上の例外を除き禁じられています。